本书项目基金资助

1.国家社会科学基金"十三五"规划2019年度教育学一般项目：打造学做共创空间：新时代职业院校课堂生态及其优化研究，NO.BJA190102
2.教育部人文社会科学研究规划基金项目：混合所有制下高职集成化实践平台"共享工厂"模式研究，NO.20YJA880035
3.教育部人文社会科学研究规划基金项目：扩招背景下高职生源结构变化及对策研究，NO.20YJA880082
4.江苏省高等教育教学改革研究重点课题："双高计划"背景下智能制造专业集群人才培养体系的研究与实践，NO.2019JSJG089

高职教育的技术知识生产路径研究

Research on the Production Path of Technical Knowledge in Higher Vocational Education

李艳 著

上海交通大学出版社
SHANGHAI JIAO TONG UNIVERSITY PRESS

内容提要

本书是一部实证研究高职院校技术知识生产路径从实然到应然的著作,构建了个体技术知识的内在构成要素以及各要素对于个体技术知识生成的价值,进一步肯定了高等职业技术教育在技术知识生产中的积极价值,对推动我国职业技术教育遵循技术知识生成的规律,重新定位教育目标,确定教育内容、路径和方法,开展职业技术教育改革与发展具有重要的参考价值。

本书适合高职院校管理人员、教师以及职业教育研究领域的相关人士阅读使用。

图书在版编目(CIP)数据

高职教育的技术知识生产路径研究/李艳著. —上海:上海交通大学出版社,2021.12
ISBN 978 - 7 - 313 - 25836 - 6

Ⅰ.①高…　Ⅱ.①李…　Ⅲ.①高等职业教育-工科(教育)-教育研究-中国　Ⅳ.①G718.5

中国版本图书馆 CIP 数据核字(2021)第 241688 号

高职教育的技术知识生产路径研究
GAOZHI JIAOYU DE JISHU ZHISHI SHENGCHAN LUJING YANJIU

著　　者:李　艳
出版发行:上海交通大学出版社　　　　　　地　　址:上海市番禺路 951 号
邮政编码:200030　　　　　　　　　　　电　　话:021 - 64071208
印　　制:常熟市文化印刷有限公司　　　　经　　销:全国新华书店
开　　本:787mm×1092mm　1/16　　　　印　　张:18.25
字　　数:393 千字
版　　次:2021 年 12 月第 1 版　　　　　印　　次:2021 年 12 月第 1 次印刷
书　　号:ISBN 978 - 7 - 313 - 25836 - 6
定　　价:99.00 元

序 一

　　高职院校是否具有知识生产？或者说，职业技术教育本身是否属于知识生产的一个组成部分？这个问题不仅关系到技术知识生产，也关系到技术知识教育的改变。

　　李艳的著作《高职教育的技术知识生产路径研究》从技术知识学的视角，选择一所改革实验进行中的高职学校开展研究，运用了质性与量化相结合的研究方法，既采用问卷调查的方法，也采取了参与式观察、蹲点观察、档案研究、深度访谈等方法，而且对机电类专业中德合作改革实验班与普通教学班的教育教学成效进行了深入的比较分析，探究高职工科技术教育知识生产的路径。她认为，技术知识属于知识的一种类型而具有知识的共同属性，而其特殊性在于技术知识是有着具身特征的实践性知识。通过大量的实证、实验研究，进而提出了技术知识的生成路径有疑惑，发现问题，探照知识，发现、验证、理解与认知知识，应用技术知识和生成技术知识六个阶段，技术知识的构成要素包括个人参与系数、理解的客观知识域、发现但未理解的客观知识域和生成的问题域四个部分，技术教育的本体路径为技术知识生产的路径，高职工科技术教育要以技术知识生成观为依据定位教育目标、教育主体、教育内容和教育路径等独到的见解。

　　这些从学理和实证依据上对高职院校知识生产的内在程序与逻辑关系的考察、分析，其隐含的意义在于需要把职业技术教育列入整个知识生产的系统中，职业技术教育才有可能在本质上得以重新理解，得以实现真正意义上的变革。

　　这一著作对职业技术教育知识生产的探索性研究，具有较大的理论意义和实践价值，可为我国职业技术教育改革与发展提供重要的参考。

丁　钢

2020 年 6 月于华东师范大学

序　二

　　习近平总书记在全国教育大会上的讲话中就教育要"培养什么人、怎样培养人、为谁培养人"这一根本问题作了明确定位，提出"以凝聚人心、完善人格、开发人力、培育人才、造福人民为工作目标"。关于教育的目标是什么，是人类社会从古到今一直探讨的一个问题。儒家《论语》教育思想提出要培养仁人志士和君子，"君子食无求饱，居无求安，敏于事而慎于言，就有道而正焉，可谓好学也已"。《大学》中提出"大学之道，在明明德，在亲民，在止于至善"。道家《庄子·大宗师》教育思想的核心在以道为宗为师，培养"真人"，获得"真知"。墨家《墨子》教育目标起始于"有道相教"，重视德育与技能培育相统一。在世界范围内围绕教育的目标也在不断的探讨中，著述颇多。德国古典主义哲学家康德提出教育是"一种导向人格性的教育，是自由行动者的教育"，好的教育标准应该是一种"世界之善"。英国教育家、哲学家怀特海则表达了一种浪漫主义教育理想，教育的本质在于它的宗教性，教育的目标为"既有文化又掌握某些特殊领域的专门知识的人才"。纵观历史可以发现不同国度的教育传统中关于教育目标的论述各不相同。

　　从中华人民共和国成立以来，关于教育目标的规定中一直不变的是"培养社会主义建设者和接班人"。立足中华优秀传统文化的传承视角可以发现，从我国先秦诸子百家所奠定的优秀传统思想文化，到革命战争时期的革命文化，再到社会主义先进文化，本质是一脉相承的，而"立德树人"是亘古至今始终不变的根本教育目标。反观我国当前进行的职业技术教育改革，以"德技双修"为核心目标不断展开教育体制机制创新。"德"的要素包括哪些？"技术"的要素又包含哪些？如何正确处理"德育"和"技术教育"的关系？如何回答这些问题成了职业技术教育的核心命题的重要组成部分。常州机电职业技术学院从 2002 年升格以来不断探索职业技术教育规律，从校企合作到项目课程改革，再到德国职业教育模式的应用、实践与创新，进而提出全人格教育理念,创新全人格教育模式,以期达到职业技术教育"德技双修"的教育目标。

李艳的著作《高职教育的技术知识生产路径研究》立足高等职业院校"培养什么人、怎样培养人、为谁培养人"这一根本问题,以常州机电职业技术学院正在进行的中德合作教育改革实验成效为研究对象展开了实证研究,一方面论证了理论与实践相结合的路径对于工科职业技术教育的重要性,《论语》中的"传不习乎",怀特海的"第一手知识是智慧生活的首要基础"都旨在说明这一点;另一方面论证了职业技术教育中技术知识内在结构中前置要素的重要性,庄子的"且有真人而后有真知",波兰尼个体知识中的"理性内核"都说明了人的主体性对于知识生成的核心意义。该著作对于教育研究者、管理者、一线教师和学生反思我国职业技术教育领域技术知识观、职业技术教育的构成要素与教育成效之间的关系具有重要的理论参考价值和实践指导价值。

曹根基

常州机电职业技术学院党委书记、教授

序　二

习近平总书记在全国教育大会上的讲话中就教育要"培养什么人、怎样培养人、为谁培养人"这一根本问题作了明确定位,提出"以凝聚人心、完善人格、开发人力、培育人才、造福人民为工作目标"。关于教育的目标是什么,是人类社会从古到今一直探讨的一个问题。儒家《论语》教育思想提出要培养仁人志士和君子,"君子食无求饱,居无求安,敏于事而慎于言,就有道而正焉,可谓好学也已"。《大学》中提出"大学之道,在明明德,在亲民,在止于至善"。道家《庄子·大宗师》教育思想的核心在以道为宗为师,培养"真人",获得"真知"。墨家《墨子》教育目标起始于"有道相教",重视德育与技能培育相统一。在世界范围内围绕教育的目标也在不断的探讨中,著述颇多。德国古典主义哲学家康德提出教育是"一种导向人格性的教育,是自由行动者的教育",好的教育标准应该是一种"世界之善"。英国教育家、哲学家怀特海则表达了一种浪漫主义教育理想,教育的本质在于它的宗教性,教育的目标为"既有文化又掌握某些特殊领域的专门知识的人才"。纵观历史可以发现不同国度的教育传统中关于教育目标的论述各不相同。

从中华人民共和国成立以来,关于教育目标的规定中一直不变的是"培养社会主义建设者和接班人"。立足中华优秀传统文化的传承视角可以发现,从我国先秦诸子百家所奠定的优秀传统思想文化,到革命战争时期的革命文化,再到社会主义先进文化,本质是一脉相承的,而"立德树人"是亘古至今始终不变的根本教育目标。反观我国当前进行的职业技术教育改革,以"德技双修"为核心目标不断展开教育体制机制创新。"德"的要素包括哪些?"技术"的要素又包含哪些?如何正确处理"德育"和"技术教育"的关系?如何回答这些问题成了职业技术教育的核心命题的重要组成部分。常州机电职业技术学院从2002年升格以来不断探索职业技术教育规律,从校企合作到项目课程改革,再到德国职业教育模式的应用、实践与创新,进而提出全人格教育理念，创新全人格教育模式，以期达到职业技术教育"德技双修"的教育目标。

　　李艳的著作《高职教育的技术知识生产路径研究》立足高等职业院校"培养什么人、怎样培养人、为谁培养人"这一根本问题，以常州机电职业技术学院正在进行的中德合作教育改革实验成效为研究对象展开了实证研究，一方面论证了理论与实践相结合的路径对于工科职业技术教育的重要性，《论语》中的"传不习乎"，怀特海的"第一手知识是智慧生活的首要基础"都旨在说明这一点；另一方面论证了职业技术教育中技术知识内在结构中前置要素的重要性，庄子的"且有真人而后有真知"，波兰尼个体知识中的"理性内核"都说明了人的主体性对于知识生成的核心意义。该著作对于教育研究者、管理者、一线教师和学生反思我国职业技术教育领域技术知识观、职业技术教育的构成要素与教育成效之间的关系具有重要的理论参考价值和实践指导价值。

曹根基

常州机电职业技术学院党委书记、教授

前　言

　　当人工智能成为新一代科学技术发展的核心标志,智能制造成为装备制造类行业的引领性特征时,高等工科职业技术教育装备制造类人才培养模式的改革与创新从未像现在这样更为迫切,以适应社会、企业对工科职业技术类人才的需求。高等职业技术学校加强与政府、行业、企业、科研院所的合作,提高人才培养质量的社会切合度已经成为我国高等职业技术教育改革与发展的主导方向。

　　2019 年 1 月国务院印发的《国家职业教育改革实施方案》明确提出职业教育是与普通教育不同类型的教育,具有与普通教育同等重要的地位。职业技术教育作为一种类型教育,"职业"和"技术"两个核心词决定了其类型教育的特征。庄子通过寓言故事"轮扁斫轮"来暗讽书本知识只是一种"糟粕"罢了,对于技艺的传承而言是无用的,生动地说明了技艺传承与技艺教育的特殊性所在。又通过"庖丁解牛"的寓言故事来说明不同的人来做同一事情,事情的结果与行动者本人都是相关的。"良庖岁更刀,割也;族庖月更刀,折也。今臣之刀十九年矣,所解数千牛矣,而刀刃若新发于硎。彼节者有间,而刀刃者无厚,以无厚入有间,恢恢乎其于游刃必有余地矣。是以十九年而刀刃新发于硎。虽然,每至于族,吾见其难为,怵然为戒,视为止,行为迟,动刀甚微。謋然已解,如土委地。提刀而立,为之四顾,为之踌躇满志,善刀而藏之。"(《庄子·养生主》)庖丁对厨师与刀的关系加以分类,将解牛作为一门技艺,说明操作过程中的职业操守对于技艺提升,进而提升到"臣之所好者道也,近乎技矣"的状态的重要性。高等职业技术学校作为职业技术教育的主体,无论创新性地采取何种产教融合的路径,只要能够从学理上厘清职业素养与技术知识、技术能力的关系,并以此来指导职业技术教育的改革创新路径,都具有重要的理论价值与实践价值。

　　本书将质的研究与量的研究相结合,互为支撑,互为佐证,以比较研究法贯穿于整个研究过程。全书共分为七章。第一章绪论通过呈现常校日常课堂教学中不同的教学样态引出本书的研究起点：不同的教育模式会呈现出不同的学习状态。进而展开文献研究,提出本书研究的核心任务:"个体技术知识"在高等职业技术学校是如何被生产的。第二章通过师生问卷调查发现中德合作改革实验班较之普通教学班教学效果更好。这是对绪论部分发现的"不同的教育模式会呈现出不同的学习状态"的量化呈现。第三章通过文献研究提出对于"技术知识"的不同理解会导致职业技术院校两种不同的技术知识生产路径。根据是否有"个体生成"的成分,技术知识可以分为社会技术知识与个体技术知识两种类型。社会技术知识是对社会知识库中的科学知识的应用与转化,具有自身发展的逻辑与路径。对社会技术知识发展变化的理解我们称之为"技术知识应用观"。个体技术知识是个体经历了感知、疑惑、理解、验证、应用和具身化后生成的个体的技术知识,具有不可传承的特征。对个体技术知识生成的理解我们称之为技术知识生成观。两种类型的技术知识观应用到职业技术教育中便会产生不同的技术知识的生产路径。第四章以两种技术知识观反观职业技术教育实践,通过深度访谈进一步印证不同类型的技术知识生产路径教育效果截然不同,进而分析发现不同路径生产的个体技术知识内在构成要素不同。第五章通过毕业生跟踪研究,进一步验证了常州机电职业技术学院不同的技术知识生产路径毕业生教育效果反馈,同样呈现出不同的结论。第六章返回到规定技术知识生产路径的专业人才培养方案中发现,不同的职业技术教育目标决定了不同的教育内容、教育路径、教育方法和考核方法。第七章是本书的研究结论。本书的研究结论包括四个方面:①技术知识本体的生成路径分为六个阶段:疑惑—发现问题—探照知识—发现、验证、理解、认知知识—应用技术知识—生成技术知识。②技术知识的构成要素包括个人参与系数(感知、疑惑、发现、惊奇、验证、理解、推理、应用、成就感等)、理解了的客观知识域、生成的能力域(人格能力、方法能力、社会能力与专业能力)、发现但未理解的客观知识域和生成的问题域四个部分,其中个体参与系数对于个体技术知识的生成具有优先重要意义。③技术教育的本体路径为技术知识生产的路径,以生成的技术知识为教育目标,依循技术知识生成的路径开展教育。④高职工科技术教育要以技术知识生成观为依据,科学定位教育目标、教育主体、教育内容及教育路径。

前　言

当人工智能成为新一代科学技术发展的核心标志,智能制造成为装备制造类行业的引领性特征时,高等工科职业技术教育装备制造类人才培养模式的改革与创新从未像现在这样更为迫切,以适应社会、企业对工科职业技术类人才的需求。高等职业技术学校加强与政府、行业、企业、科研院所的合作,提高人才培养质量的社会切合度已经成为我国高等职业技术教育改革与发展的主导方向。

2019年1月国务院印发的《国家职业教育改革实施方案》明确提出职业教育是与普通教育不同类型的教育,具有与普通教育同等重要的地位。职业技术教育作为一种类型教育,"职业"和"技术"两个核心词决定了其类型教育的特征。庄子通过寓言故事"轮扁斫轮"来暗讽书本知识只是一种"糟粕"罢了,对于技艺的传承而言是无用的,生动地说明了技艺传承与技艺教育的特殊性所在。又通过"庖丁解牛"的寓言故事来说明不同的人来做同一事情,事情的结果与行动者本人都是相关的。"良庖岁更刀,割也;族庖月更刀,折也。今臣之刀十九年矣,所解数千牛矣,而刀刃若新发于硎。彼节者有间,而刀刃者无厚,以无厚入有间,恢恢乎其于游刃必有余地矣。是以十九年而刀刃新发于硎。虽然,每至于族,吾见其难为,怵然为戒,视为止,行为迟,动刀甚微。謋然已解,如土委地。提刀而立,为之四顾,为之踌躇满志,善刀而藏之。"(《庄子·养生主》)庖丁对厨师与刀的关系加以分类,将解牛作为一门技艺,说明操作过程中的职业操守对于技艺提升,进而提升到"臣之所好者道也,近乎技矣"的状态的重要性。高等职业技术学校作为职业技术教育的主体,无论创新性地采取何种产教融合的路径,只要能够从学理上厘清职业素养与技术知识、技术能力的关系,并以此来指导职业技术教育的改革创新路径,都具有重要的理论价值与实践价值。

本书将质的研究与量的研究相结合,互为支撑,互为佐证,以比较研究法贯穿于整个研究过程。全书共分为七章。第一章绪论通过呈现常校日常课堂教学中不同的教学样态引出本书的研究起点：不同的教育模式会呈现出不同的学习状态。进而展开文献研究，提出本书研究的核心任务："个体技术知识"在高等职业技术学校是如何被生产的。第二章通过师生问卷调查发现中德合作改革实验班较之普通教学班教学效果更好。这是对绪论部分发现的"不同的教育模式会呈现出不同的学习状态"的量化呈现。第三章通过文献研究提出对于"技术知识"的不同理解会导致职业技术院校两种不同的技术知识生产路径。根据是否有"个体生成"的成分，技术知识可以分为社会技术知识与个体技术知识两种类型。社会技术知识是对社会知识库中的科学知识的应用与转化，具有自身发展的逻辑与路径。对社会技术知识发展变化的理解我们称之为"技术知识应用观"。个体技术知识是个体经历了感知、疑惑、理解、验证、应用和具身化后生成的个体的技术知识，具有不可传承的特征。对个体技术知识生成的理解我们称之为技术知识生成观。两种类型的技术知识观应用到职业技术教育中便会产生不同的技术知识的生产路径。第四章以两种技术知识观反观职业技术教育实践，通过深度访谈进一步印证不同类型的技术知识生产路径教育效果截然不同，进而分析发现不同路径生产的个体技术知识内在构成要素不同。第五章通过毕业生跟踪研究，进一步验证了常州机电职业技术学院不同的技术知识生产路径毕业生教育效果反馈，同样呈现出不同的结论。第六章返回到规定技术知识生产路径的专业人才培养方案中发现，不同的职业技术教育目标决定了不同的教育内容、教育路径、教育方法和考核方法。第七章是本书的研究结论。本书的研究结论包括四个方面：①技术知识本体的生成路径分为六个阶段：疑惑—发现问题—探照知识—发现、验证、理解、认知知识—应用技术知识—生成技术知识。②技术知识的构成要素包括个人参与系数（感知、疑惑、发现、惊奇、验证、理解、推理、应用、成就感等）、理解了的客观知识域、生成的能力域（人格能力、方法能力、社会能力与专业能力）、发现但未理解的客观知识域和生成的问题域四个部分，其中个体参与系数对于个体技术知识的生成具有优先重要意义。③技术教育的本体路径为技术知识生产的路径，以生成的技术知识为教育目标，依循技术知识生成的路径开展教育。④高职工科技术教育要以技术知识生成观为依据，科学定位教育目标、教育主体、教育内容及教育路径。

插图目录

Contents

表格目录

Contents

目　录

第一章

绪 论

在政治、经济、文化以及社会生态中，都离不开知识这一人类智慧的产物，包括知识的生产、知识的分配、知识的流通、知识的应用等等。在知识分类中，技术知识属于哪一种类型的知识，有着什么样的生成路径？技术知识与科学知识的关系如何定位？带着这些问题，首先展开探索性调查，即通过实地观察了解从而发现问题。

本书所聚焦的对象是地处江南历史文化名城常州的常州机电职业技术学院（以下简称"常校"），呈现发生在这里的一些教育实践活动。

第一节 引子

一、教学场景呈现

（一）即使在吃饭，也会想着怎么把产品做好

常校正在进行教学改革，该校选择了 2014 级机械制造与自动化专业一个班级，正在进行试点性教学改革实验。抱着一种了解和学习的态度，笔者走进了这个改革班的教学课堂。

时间：2016 年 4 月的一天，早上 8：00。

地点和人物：能容纳 50 人规模，一个理论教学室，学生以组为单位圆桌式排坐，桌椅可移动。

活动内容：实践课老师正在给学生上课。

观察记录：

最开始是一个小时的课堂讨论，围绕接下来要做的任务（完成一个手动冲压机作品的实物小零件）进行图纸的解释学习和说明。任务是学生两个人一组,配套一台实体机床、一台实体铣床制作两个不同的零件,每个人要制作两个。针对接下来要操作的内容,老师就加工程序围绕学生作业进行分析,让学生站起来回答,感觉很多同学还是听不懂,理解不了。老师已经讲了很多遍了,但学生还是会犯一些不应该犯的错误。任课老师都有些失望。课堂上学生会对照图纸和老师黑板上讲的内容,熟悉工作程序。

我在观摩学生进行手动操作的过程,由于好奇心驱使,不知不觉一整天的观摩学习很快就结束了。在听完这一天课后,针对自己的收获我作了以下记录。

出汗与紧张:学生在机床、铣床实体操作的过程中有紧张感,有收获感,也有新问题的不断出现以及探照式学习知识需求的不断增加。在加工零件过程中发现有学生额头都在冒汗,让人明显感觉到他们在这一实践过程中的难度,同时也是遇到困难、认识困难,进而发现问题和解决问题的过程。在这一过程中也是他们的意志力、兴趣、合作意识、专业知识与专业能力等诸方面能力综合形成的过程,也是诸多感官通力合作的过程。所有这些都是在实际完成任务过程中的收获。

老师对学生的惩罚:机械制造是一项首先需要注意安全的工作岗位,要求工作者将工作流程与安全规则牢记在心,而这些只有在操作中才能去体会和习得,需要熟练掌握,容不得半点马虎。因此这就要求初学者要更加注意重视这一点。也正是因为这一点,不少学生受到了老师的惩罚(当老师发现学生违规操作时会拍脑袋……)。能够感觉到老师对学生生气时候的那种愤怒心理。学生被老师严厉地批评后脸上顿时是一副窘样、很难为情的样子,但他们也不会因此而生气,他们默认了老师对自己的惩罚。是啊,如果没有今日老师的严厉批评,哪有明日技术的精湛。不吃"苦中苦",哪有"甜中甜"。这种惩罚,加上对学生安全意识的教育、严谨工作态度的教育、精密技术要求的教育、同伴之间合作的教育等等,在这一系列的互动中,学生的技术能力与综合能力得到提升。

老师的辛苦:机械制造过程中老师的指导也是一件辛苦的工作,劳心劳力。任课教师告诉我实践教学的关键环节是在学生做的过程中发现问题,有针对性地指导学生。在操作过程中,学生会有各种各样的问题呈现在老师面前,需要老师示范,手把手地传授,辅之以职业精神、工作习惯和技术要求这三方面的指导。老师需要在整个车间里来回察看,不断地辅导和管理,费心费力。

学生成就感的获得:在我所跟随的一组同学中,我对他们进行了简短的询问。当问及学生对这样的教学形式的态度时,学生的脸上洋溢着满足的心情。一方面,他们在不断地加工产品,原材料在他们的手里在不断地发生变化,成就感也就油然而生。即使自己做的产品被老师很生气地报废掉、扔掉,他们也会窃喜。一方面,他们感觉到过得很充实。学生们说,即使在吃饭,也会想着怎么把产品如何做好,时间会过得很快,不知不觉两天时间就会结束,带着自己的产品,成就感是满满的。有学生这样说道:"在这里待一天,都不知不觉的,也不会觉得累。因为一直在想着怎么做好,所以也就不知道累了。"

对于科学发现的研究,迈克尔·波兰尼感到不满的是,哲学家们主要致力于证明"归纳法过程的合理性",形成对照的是,"似乎没有人曾经尝试过确定并证明技术发明过程的合理性,例如当一台机器被发明的时候"①。波兰尼通过观察动物发现和解决问题的过程来划分科学发现的阶段。动物解决问题的过程包括两个方面:一是困惑阶段,二是驱除困惑的行为以及感知阶段。波兰尼在"发现"与"问题"之间建立起了联结。他指出发现一个有意义的并且可以解决的问题本身就是一种重要贡献,偶然性在发现中起着非常突出的作用。与上述案例形成鲜明对比的是,面对最先进的教学设备,一个班的学生观摩相对最新的模具机床制造设备,并没有我所想象的大家因为好奇而产生争先恐后观察和学习的场景。或许这正是有没有相对应的学习任务而造成的显著差别。

(二)老师,我可以转专业吗?

时间:2016年5月的一天,上午10:15。

地点和人物:能容纳50人的一个理论教学室,桌椅不可移动。一位教师在讲台上授课,学生在讲台下面向黑板和老师听课。

活动内容:机械制图课老师正在给学生上课。

观察记录:

这节课的主要目标是,把一个实物横剖后让学生画该实物的横剖平面图,这里涉及实物与其平面图之间的分离。把同一零件的四种图放在PPT上,老师依次讲解,教育目标是剖视图的识别和绘制。任务书是95页,对照PPT的图和书上的图,让学生想象实物,班级同学中有部分回应老师,部分同学不作回应。老师一直借助PPT上的图引导学生进行实物想象。老师问学生:"外形的形状有没有想象出来?我看我们有些同学反应不来了。"

我坐在了最后一排,旁边坐着一位正在认真听课的男同学。作为一个外来者和旁观者,我在想,如果学生不能充分感知实物,熟练地在实物与平面图之间进行切换,以及展开平面图构建的训练,无疑看着平面图来想想实物是比较困难的。或许我不应该打扰学生上课,但是因为有这一疑惑,无意当中开始了和该同学的简短对话。

问:这个图的原型在哪里?

学生这样回答道:"我要是知道就会了。这个是要靠想象的,只可意会不可言传。我们共有八个人不懂,老师,知道吗?我们不懂装懂啊。我们是完全不懂也装懂。老师已经找过我好多次了。你要多看图,要培养自己的空间想象力,空间想象力是不好培养的啊!"

该学生突然皱着眉头问我:"老师,好转专业吗?"

"你想转什么专业啊?"

"反正不画图就行。"该同学边摇头,边皱眉头。

---

① [英]迈克尔·波兰尼. 个人知识——迈向后批判哲学[M]. 许泽民译. 贵州:贵州人民出版社,2000:189.

"你画得不是挺好的？"

"不是我（画）的，是别人（画）的，我的不见了。"

"那你听懂了吗？"

"没懂，不是老师没讲懂，是我没听懂。好转专业吗？"

"你要好好学。"

"不想学。真的。"

"作业会做吗？"

"不会做。动手我可以，但是一到画图我就不会了。"

"让老师教教你。"

"别……别……老师教我，我也听不懂。"该同学一副局促不安的样子。

"先打草稿，然后再画。"

"老师你要不要画一下。这东西讲没用，要自己动手的。操作是都会做的，但我就是脑子笨，想象不出来。"他指着自己的头说，"我就是脑子笨。每节课下来都有一部分人转换不过来。挂科的都是通不过的。我们班聪明人很多的，其他人都没有我们班强大。我只挂了一科。"他朝我做了个鬼脸，拿起自己的书说，"这本书（指《机械制图》教材）是两个学期上的，一个老师上。"

看到他书上画的内容，我问道："这是你画的吗？"

"是啊，很认真吧?!"

"这本书你平时看吗？"

"不怎么看。"

"是看不懂还是不愿意看？"

"不愿意看。看不懂就不愿意看。但是我考试还是过了。"

"为什么呢？"

"因为我背啊！我花了好几天工夫呢！"

"那你们有题库吗？"

"有啊，是从（题库）里面抽出一部分来考的。我就是背，就是整天盯着图看，总归会背会的。但是我高数还是挂了。哎！老师，可以转专业吗？"

我还是对该同学表示了好好学习的重要性，所以这样回应了他的问题："只要认真学习，可以的。"

"你知道我上学期是怎么过来的吗？煎熬啊，真的不堪回首。关键是我不感兴趣。有的兴趣是可以培养出来的，有的兴趣是培养不出来的。"

"你当时为什么要选这个专业呢？"

"我当时就觉得好玩，没想到要画图。哎，否则我就不来了。"该同学一副很难过的样子。

"那你这样的情况有没有和父母讲啊？"

"干吗要讲这个啊，那他们要担心死了。"

从这一节课以后,这位学生当时对我说的话,表达的焦虑情绪一直清晰地印在了我的脑海中,一个问题一直在缠着我:"这样的课究竟该怎样上,学生才能够听得懂,学得会?"而在听像这样的专业课时,对于机械类专业究竟培养什么样的人才,这样的专业技术究竟是什么样的技术,对于文科背景的我而言,一无所知。

(三)学校的人才培养模式是有问题的,是要动手术的,不动手术是不行的

时间:2016年3月的一天,上午8:30。

地点:常州市大学城南区现代加工实训中心,配有数控铣系列加工实训设备。

活动内容:模具设计与制造课程实训设备的观摩课,学生参观德国进口的五轴联动数控机床DMU65。

观察记录:

学生观摩DMU65五轴联动数控机床的加工过程,任课教师向学生展示这样的机器是如何完成加工任务的。在学生观摩学习的过程中,我向任课教师作了简短咨询。

任课教师:现在企业里需要模具设计与制造专业的程序编程员,一个月1万元,这样的人才向我们学校招聘,但是学校却提供不了这样的学生。所以我们学校的人才培养模式是有问题的,是要动手术的,不动手术是不行的。

笔者:像您这样懂这个的教师,是可以提出意见的。

任课教师:提出有什么用呢?设备是可以买的,但是关键是师资,怎么能跟得上呢?

笔者:现在这么好的设备给学生看,为什么有的学生却不听不看呢?(注:一个班有学生38人,分两批来参观。这一批共有20个人,有7—8人并没有认真听课,在旁边或手机游戏或聊天。同时这也引发了我的思考:学生为什么会对这个最先进的设备不感兴趣呢?学生学习兴趣来自哪里?深层次的原因是什么?

任课教师:我自己上课,也不怎么管学生,但是感觉上课还是好的。关键还是看上课的内容。你上课的内容能不能吸引学生,这个很重要。……现在的状态是,企业需要的人才我们提供不了,我们提供的人才企业不要,所以之间的缝隙很大,是有问题的。我们的人才培养模式还是停留在10年前的状态,不及时更新,是没有效果的。

笔者:这里让我想到了,我们要跟得上社会技术的发展需求,尤其是技术性行业,这是非常重要的。我们的教师要在企业中达到什么层次,是基本层次吗,还是……?

任课教师(感到很惊讶):基本层次,我们培养出来的人还有用吗?

笔者:那中等呢?

任课教师:也不行。需要的是高等层次的人才,我们的学校是引领作用,教师是引领这个行业发展的。

这让我回到了自己设定的路线上。我在最开始调研的时候发现,常校于1996年成立了模具培训中心后,因为有了资金支持和先进设备,当时在模具企业当中发挥了引领作用,现在却开始退步,需要开始向企业学习,终其原因是我们设备的落后还是教师先进技术水平的落后?抑或别的原因?

反思与问题呈现:不同的上课模式,显性效果为何不同?

其实像上面教学场景回放二和回放三所反映的情况是我们日常机械类课程教学中的常见现象,这一初步的推论一方面来自日常教师互动过程中对学生学习情况交流的信息,一方面来自笔者集中对机械类课程蹲点观察的结果。2016年4至6月,笔者集中进行了为期两个月的蹲点课堂教学观察,通过和任课教师、学生的不断交流,看到了机械类专业课程教学面临着教师和学生都无法克服的外在阻力,似乎就是这一外在阻力在影响着教学质量的有效性。而这一问题从此成为一个根本的问题一直在跟随着笔者,需要去探索、释疑。然而,更为重要的,且让人印象极为深刻的记忆和收获是在改革班的生动活泼的教学场景。为什么会有如此明显的差异呢?背后的原因是什么?影响学生学习效果的因素究竟是什么?他们需要学习和掌握的技术知识的内在结构又是什么呢?

二、一个电视节目的启示

中央电视台科教频道播出的《我爱发明》展现了一项源自人们实际生活需要,经过技术发明人基于现实的技术问题和扎实的理论基础,不断进行实验性探索与检验,从而获得新技术发明的过程。通过整个过程,可以发现一项技术知识在技术发明人那里生成究竟包括哪些构成要素,对于回答这里要追问的"技术知识究竟是什么"有非常重要的积极启示意义。

2016年12月17日18:58分,中央电视台科教频道准时播出节目《机甲耕船》,现围绕发明人发明机甲耕船的过程作一分析。

机甲耕船出现的场景与背景:随着人们对水稻需求量的增加,水稻耕种量也在不断增加,相应地,南方水稻田地保养的工作量也随之增大。记者在湖北省仙桃市水稻田地现场体验了农民使用水稻微耕船在人工操作下辛勤劳作的过程:他们需要穿上长筒雨靴,手把微耕船把手,对已耕种田地的翻耕保养。在一段时间的翻耕后,他们需要休息一阵以缓解因为微耕船震动带来的身体不适感。微耕船离不开人力手工操作,人力也就不得不在泥泞田地里艰难行进。为了进一步改善人力操作环境,更好地节省人力,提升微耕船的技术含量,新一代微耕船技术将应需而出。记者几经周折找到了当地一名机械制造师,让他来解决这一问题。

机械制造师发明技术经历了三个阶段。第一阶段:装配轮胎,解决了人力水中行进工作的问题。为了帮助人力摆脱行走在泥泞的田地里进行人工操作微耕船的环境,发明人采用了轮胎装置来解决问题。但是当带有轮胎的微耕船刚刚下地操作,就出现了裹足不前的困境。看来一般的轮胎装置不适合在泥水里行进,发明人发现了这一现实问题,对车轮配置进行更换就成为下一个阶段的目标。第二阶段:更换轮胎类型,解决微耕船泥水中行进的问题。通过更换成叶轮型车轮,发明人解决了微耕船在泥水中行进的问题。于是在微耕船销售商的组织下,开始了人工操作的微耕船与船上操作微耕船的工作绩效竞赛,分传统组和技术发明组两组比赛。传统组三个微耕船,配备三名操作手和三名手工施肥者;技术发明组只配备一名操作手和一名手工施肥者。第一次比赛,技术发明组并未取得胜利,原因在于在耕作过程中出现了一个核心问题:人力施肥跟不上机甲耕船的速度。如何解决手工施肥这一问题,技术发明人开始了第二轮的技术发明。第三阶段:通过增加液压动力耕船自动施肥技术,解决了人工施肥带来的不便。翻阅《机械手册》以及其他的技术知识,寻找适合的可以装施肥料的容器以及自动化设备,对机甲耕船改装来解决人工施肥的不便问题。同时,通过增加液压设备来解决装卸陆用车轮与水用叶轮,解决了人工交叉卸换两种车轮的不便问题。通过不断探索,技术发明人解决了微耕船水陆两通问题。第二次比赛,当传统微耕船以更多的设备、更多的人力来比赛时,技术发明人的机甲耕船以绝对的优势,包括速度和质量,在比赛中取得了胜利。

梳理技术发明人的发明过程,一艘完整的水上机甲耕船的诞生包括了这样三项因素:现实中明确的需要解决的技术问题,技术发明人已经学习过的机械类知识,在实践中不断检验设计是否合理的过程。三项因素属于完全不同类型的要素,缺了哪一项因素,这一发明都是不可能的。现实中明确需要解决的问题是外在于技术发明人的客观问题,是任何一个机械制造师都可能遇到的问题,这一问题既是独立于技术发明人,又是其开始发明创造的起点。技术发明人已经学习过的机械类知识是他人的"客观"的技术知识通过其内化而转为自己知识库中的内容,这些知识属于潜伏状态,等待被激活。现实的客观问题正是激活技术发明人知识库中具体知识点的外在动力。在实践中不断检验设计是否合理的过程。一方面是自己已经掌握的理论体系到实践中加以应用的过程,一方面也是新的发明得以诞生的阶段性蜕变过程。

研究《我爱发明》中各个技术发明人的技术发明过程,可以发现,他们的技术发明都不可避免经历了类似上述三个阶段的过程,揭示了作为一项新的技术其共同的构成要素,以及普遍意义上的技术发明路径。

那么,在学理层面技术知识究竟是什么类型的知识?它的形成遵循什么样的生成路径?技术知识与普遍科学知识有何区分,又有何种关系?厘清这些问题是进一步探讨技术教育路径的学理基础。这就成为接下来文献研究的内容。

三、学校发展简史

本书确定的研究对象常校创办于1963年,历经五十多年岁月的洗礼和积淀,六改校名,四迁校址。1997年常校被评为江苏省省级重点中专。2002年学校独立升格,隶属江苏省教育厅。2007年开启顶岗实习与校企合作教学改革,2008年以模具设计与制造专业为试点开展项目式教学改革。2010年被评为国家第二批骨干院校建设单位。2014年以优秀的考评成绩通过国家验收。在前面系列教学改革实践的基础上,2013年开展中德AHK教学实验改革。2014年开始胡格模式教学改革。2019年确定为"中国特色高水平高职学校和专业建设计划"(简称"双高计划")50强单位。

从该校的发展历程看,其在江苏机电类高职院校中处于领先地位,具有典型的代表意义。因此从微观层面对其开展研究,其中所呈现的研究结果由点及面应该具有一定的代表意义。笔者以期通过本书诠释我国高职工科技术教育中存在的问题,并就如何进一步科学开展高职工科技术教育提出基于学理的建议。

第二节 文献综述

带着对于高职工科技术教育领域主要教育的目标"技术知识"的本质究竟是什么的追问,笔者开始了"技术知识是如何生成的"探索。但是在文献资料中搜索并未得到相对系统的相关论述。而对于知识是如何生成的,影响知识生成的关键要素是什么,对本书而言,是为接近技术知识的本质奠定了基本的文献基础。

一、关于知识

(一)人文主义知识观对客观主义知识生成路径的解构

遵循着培根的科学实验归纳法的知识生成路径,科学主义作为知识生产的主要路径,也成为西方哲学史认识论的主要思想源泉。以科学的归纳的知识生成路径为基础,发展抑或基于反对,人文主义现象学视角的知识生成路径正在独树一帜,自成体系。

培根(1561—1626)提出了归纳的实验的科学研究方法,将知识的类型从宗教知识扩展到了归纳性的知识范畴[1]。法国社会学家圣西门(1760—1825)在论述道德教育与专业教育或职业教育时指出,科学技术可以快速发展,但带来的是往往是道德教育的滞后与落后[2],于是道德知识进入了研究领域。孔德(1798—1857)在认可科学实证主义的基础上作为社会学的创始人,将科学实证主义方法引入社会现象研究中,并从知识发展史的视角对知识进行了阶段式分类,包括神学的知识、形而上学的知识与实证的知识[3],涂尔干、莫斯、列维-斯特劳斯等都成为了孔德实证主义思想的承继人。

与实证主义完全不同路径的知识论的建构首先从感觉、意义、价值、主体间性这样一些概念的引入开始。卢梭、康德、卡西尔、韦伯、狄尔泰、舒茨等哲学家、思想家和社会学家都相继成为了人文科学发展史中的奠基性人物。卢梭的"三论"著作、康德的"三大批判"论、卡西尔的"人文科学的逻辑""人论"、狄尔泰的"主体间性"、舒茨的常人方法论、韦伯基于宗教研究的"文化"概念、赖尔的"心的概念"等成为知识生成的人文科学研究路径的奠基性成果。实证主义方法论与人文科学方法论构成了知识生成的两大方法论。在人文主义知识论中,个体主观参与在知识生成过程中的意义逐渐被凸显了出来。

舍勒对孔德的知识发展的三阶段论进行反驳,并从达尔文进化论的视角,提出神学知识、形而上学知识与实证的知识之间的相互独立、自成体系以及相互影响的关系,从而对知识进行了详细分类,包括常识、科学知识、神学知识、形而上学知识等等,提出主体意识、社会

---

[1] [英]Francis Bacon. The New Organon [M]. 北京:外语教学与研究出版社,2010.

[2] [法]巴扎尔,安凡丹,罗德里格. 圣西门学说释义[M]. 北京:商务印书馆,2011.

[3] [法]奥古斯特·孔德. 论实证精神[M]. 南京:译林出版社,2011.

精神实质、社会决定论对于知识形成的重要意义①。默顿专门针对"科学"这一社会现象进行社会学分析,提出追求科学的精神对于知识生成的独有贡献②。波普尔从进化论的视角分析各类客观知识③,并且赋予了客观知识以主体性、动态性等特征,无论是宗教知识、哲学知识还是科学知识,都是如此,并形象地用"探照灯"式的知识生成模式与"水桶"式的知识生产模式加以区分,表示与传统的知识生产的路径即"水桶"式的知识生产分道扬镳。

英国哲学家波兰尼反对客观主义知识观对科学知识形成中的理性内核的剔除。针对客观主义科学知识观,波兰尼从知识生成过程的角度对该知识观进行了批判,确立了个人知识的概念和范畴④。通过论证个人参与、求知热情和求知能力,个人的识知行为与识知结果在科学知识形成过程中的贡献,波兰尼批判了客观主义科学知识观将科学知识"简单"处理的倾向和做法,认为客观主义科学知识观剔除了科学知识中的理性内核。

(二)知识的默会维度

郁振华对默会知识的三个知识传统以及其他能够为默会知识认识论提供思想资源的理论进行了梳理,进一步丰富了现象学层面对于知识生成与知识构成要素的深入认识:①言述性知识与默会知识的区分。通过强调默会知识的意义来凸显默会知识不同于言述性知识,且重要性优于言述性知识。起始于对传统的命题知识观的质疑,相继出现了维特根斯坦派的强的默会知识与弱的默会知识⑤、波兰尼派默会知识之于明述性知识的优先性原则⑥、赖尔"能力之知"概念对默会知识论的贡献。②"交接的"认识论挑战"分离的"西方近代认识论。"交接的"理论旨在强调身体参与在知识生成过程中的意义,包括海德格尔"在世"的认识论⑦、梅洛-庞蒂关于身体如何参与知识的生成理论⑧、美国学者凯农的亲知理论。③普遍的与特殊的。旨在强调特殊、范例的重要性意义,包括亚里士多德关于 phronesis(实践智慧、实践知识或明智、审慎)的深刻洞见⑨、康德反思性判断力。④批判的和非批判的。旨在强调怀疑、信念在知识生成过程中的重要意义,包括维特根斯坦以合理怀疑反对错误怀疑、波兰尼之明述怀疑与默会怀疑、波兰尼原创性之不可逆特征等观点。

① [德]马克斯·舍勒. 知识社会学问题[M]. 北京:北京联合出版公司,2014.
② [美]R. K. 默顿. 科学社会学(上下册)[M]. 北京:商务印书馆,2010.
③ [英]卡尔·波普尔. 客观知识——一个进化论的研究[M]. 上海:上海译文出版社,2015.
④ [英]迈克尔·波兰尼. 个人知识——迈向后批判哲学[M]. 许泽民译. 贵州:贵州人民出版社,2000:244-245.
⑤ 在维特根斯坦的《哲学研究》中,可以看到作为语言学家,维特根斯坦对语言表述之有限性的怀疑与挑战。对于《哲学研究》的写作风格,有不同的观点。一种是维特根斯坦语言障碍的体现,该观点在辛提卡编写《维特根斯坦》中有集中体现。一种认为是一种维特根斯坦式的哲学对话。该观点在《哲学对话:柏拉图、休谟和维特根斯坦》中有集中体现。
⑥ 郁振华. 人类知识的默会维度[M]. 北京大学出版社,2012:53.
⑦ 同上:122.
⑧ [法]莫里斯·梅洛-庞蒂. 知觉现象学[M]. 北京:商务印书馆,2012.
⑨ 亚里士多德认为,实践智慧特别注重普遍与特殊的联结。亚氏重视经验、直觉、知觉在认识中的作用。以政治成功为例,亚氏提出一个熟悉政治的人可以成为政治家,但是对一个旨在了解政治技艺的人而言,还需要实践经验。亚氏对理解力与实践智慧进行了区分。二者面对同样的对象领域,差异在于,实践智慧与行动者有关,会告诉他该做什么和不该做什么,而理解则只是对他人行动的道德判断。参考郁振华. 人类知识的默会维度[M]. 北京大学出版社,2012:177-178.

（三）科学应用默会知识的意义

目前国外对默会知识的应用性研究也主要集中于对波兰尼默会知识论的理解与验证方面。

1. 医学领域集中于默会知识对于医学诊断的意义

蒂姆·桑顿（Tim Thornton）研究指出，默会知识在循证医学（Evidence-Based Medicine）中的重要作用，是构成好的医学诊断的基石，将研究活动、专业知识与意义整合在一起[1]。针对循证医学所提倡的所有的医疗决定都要建立在一定类型的定量的研究数据之上，史蒂芬·G.亨利（Stephen G. Henry）通过个案研究分析发现，通过健康的精心照顾能阻止循证医学的非临床性应用对好的临床实践的侵蚀[2]。

2. 经济领域集中于默会知识对于宏观的国家层面，微观的项目效益、经济效益等方面的意义

（1）萨米亚·穆罕默德·诺尔（Samia Mohamed Nour）以知识分类为自变量，分别从微观和宏观层面探究不同类型的知识对海湾国家地区经济发展的影响。探究发现，从宏观综合层面看，默会知识与学校教育具有互补性，而默会知识与规则性知识（明述性知识）都对GDP具有积极的正相关；从微观层面看，默会知识与利润、产出、产品输出分布等方面具有正相关关系。研究还更进一步发现，默会技能/知识可以内在而稳固地提升市场规模，包括总的投资额、资本、公司规模以及存在的时间[3]。

（2）默会知识在复杂工程项目中的意义。拉瑞·斯塔普雷顿（Larry Stapleton）通过分析两项复杂的技术驱动的项目研究发现，对于默会知识的审慎对待对于复杂项目工程的成功极为重要。[4]

（3）从公司管理的角度看，罗德里戈·里贝罗（Rodrigo Ribeiro）对默会知识进行分类，提出"熟悉的程度或水平"以及能够正确而快速地作出三种类型的判断的能力，共同构成了拥有"综合性默会知识"的核心能力。从实践的层面进行这一分类有助于公司通过系统的方式以及适当的识别，将员工的经验和默会知识进一步资本化，最终能够在管理人力资源系统杜绝事故，提高生产力以及遥远地区可持续发展项目的发展能力方面得到积极的影响[5]。

3. 教育领域集中于默会知识对于教育效果的意义

（1）技术与继续教育改革领域，约翰·史蒂森（John Stevenson）认为，从获得基础性知

[1] Tim Thornton. Tacit Knowledge as the Unifying Factor in Evidence Based Medicine and Clinical Judgement [J]. *Philosophy, Ethics, and Humanities in Medicine* (2006): 2.

[2] Stephen G. Henry. Recognizing Tacit Knowledge in Medical Epistemology [J]. *Theoretical Medicine and Bioethics* (2006) 27: 187-213.

[3] Samia Mohamed Nour. The Importance (Impacts) of Knowledge at the Macro-Micro Levels in the Arab Gulf Countries [J]. *Journal of the Knowledge Economy* (2014) 5: 521-537.

[4] Larry Stapleton, David Smith, Fiona Murphy. Systems Engineering Methodologies, Tacit Knowledge and Communities of Practice [J]. *AI and Society* (2005) 19: 159-180.

[5] Rodrigo Ribeiro. Tacit Knowledge Management [J]. *Phenomenol & the Cognitive Sciences* (2013) 12: 337-366.

识水平的角度看,从 20 世纪 60 年代以来在技术、继续教育与训练中由政府主导策划的持续性改革主要局限于形成合法性学习这一部分,从而缩小了知识的内在的重点范围。而且当前对这一部分内容的认识的变化还在进一步远离知识的重要部分。通过应用性研究旨在进一步转变对知识的认知范围,例如知识还包括感觉、意义、思维(思考)和行动(行为)等等要素①。

(2) 默会知识对于培养学生科学思维的意义。罗瑞·J.格拉斯(Rory J. Glass)从默会知识之于科学思维的意义的视角探究默会知识对于学生知识发展的基础性作用,旨在提出需要将默会知识进一步变得可辨别。罗瑞·J.格拉斯认为,在教育之外的活动和默会知识的活动方式能够被作为建构知识的起点②。

(3) 默会知识对于专业技能获得的意义。苏维·塔拉(Suvi Tala)从专业的微毫模型制作师的专业技能的知识建构的视角,来揭示默会知识之于专业技能知识形成的重要意义。作者以微毫模型制作者的工作为例,分析微毫模型制作师专业技能知识的建构中默会知识的重要作用,以此说明年轻的自然科学家通过研究小组进行科学研究从而获得的专业技能相对较少地具有探索性,分析原因在于专业技能的核心部分是默会的。苏维·塔拉通过经验的、实证的和跨学科合作的方法来揭示微毫模型制作师的专业技能的知识建构与年轻科学家通过科学教育进行的专业技能的知识建构的不同。在实际环境中进行模型制作在微毫模型制作科学中扮演主要角色,同样类似的模式(在实践中获得知识)在很多科学领域也是在不断发挥着主要作用。该研究主要在于增进人们对最新的科学知识的建构与专业技能发展的理解,从而有助于对未来科学家的教育③。

(4) 教师默会知识获得的应用性研究。黄丽锷(Jocelyn L. N. Wong)分析了中国上海 35 名教师通过参加在国内已经制度化的基于学校的教师培训活动所获取的知识类型,并且与教师自行参与或主持研究项目,写论文,进行案例研究所获取的知识类型进行对比发现,前者具有“剥削性”,少“探索性”,而后者属于探索性学习。在以学校为基础的教师学习活动中教师通过个体之间的互动而获得默会知识,并进一步将个人默会知识理论化。在参与或从事研究型活动中,教师获得知识具有创新性实践性特征,他们建构的知识属于“知道为什么”的知识④。

(5) 从修辞学的角度看学生数学理解力的提升。保罗·厄奈斯特(Paul Ernest)通过揭示数学知识中的不同内容来分析学生的数学理解力。数学知识中新的知识形式在数学教育中的重要性在不断增长,包括数学中的默会知识、知识的细节性内容以及语言与修

① John Stevenson. Technical and Further Education Reforms: Theoretical Issues [J]. The Australian Educational Researcher, 2007(34).

② Rory J. Glass. Tacit Beginnings Towards a Model of Scientific Thinking [J]. Science & Education (2013) 22: 2709 - 2725.

③ Suvi Tala. Knowledge Building Expertise: Nanomodellers' Education as an Example [J]. Science & Education (2013) 22: 1323 - 1346.

④ Jocelyn L. N. Wong. How Do Teachers Learn Through Engaging in School-Based Teacher Learning Activities? Applying a Knowledge Conversion Perspective [J]. Asia-Pacific Education Research, 2015(1): 45 - 55.

辞,在这些发展中也包括数学的社会背景中的哲学含义的识别。从认识论的视角看,所有的知识都有合法性问题。该研究旨在揭示默会知识通过公众事件与示范而得以生效和被认可。在知识的合法性中一个重要的因素是通过写作的形式进行有说服力的交流,例如修辞性数学。在学校数学中有各种类型的修辞形式,如果个体能够正确地应用,则有利于教师提高学生的理解力水平。该研究旨在强调数学修辞学的含义以及一系列数学修辞形式对于数学教育的重要意义①。

（6）对波兰尼"默会知识"概念的反思与丰富。约西姆·安德森（Joacim Andersson）从方法论的角度通过区分默会知识与默会认识,并以帆船运动为例来说明默会认识对于知识获得的重要性。通过借助约翰·杜威的交互学习的理论视角来说明学习默会认识也是被包括在知识的范围内的。作者因此提出了"身体教学法"来分析默会认识的获得。"身体教学法"认为,我们的身体存在与我们的行动不能归结到文化层面或主观层面,而且,在我们持续的学习过程中身体也在参与学习②。

国内默会知识应用研究同样也是集中于知识的默会维度的意义研究,包括综合的理论研究、意义及实证研究。

（1）默会知识的实践意义研究。方明通过对缄默知识的理论与实证研究说明缄默知识的实践意义,可以将缄默知识应用到科学研究、商业管理及教育教学等活动中③。

（2）默会知识之于企业经济效益研究。窦军生从家族企业发展管理的视角对企业家默会知识与关系网络的代际传承进行应用性实证探索研究④。在该研究中将企业家默会知识分为诀窍知识（包括管理经验类知识）、获取知识所有权（分诀窍知识获取和心智模式领悟两个维度）、家族凝聚力（分家族亲密度,家族集体倾向两个维度）、家族适应性等几个维度进行实证性探究。

（四）默会知识的传播载体与传播模式

安德尔斯·隆格伦（Anders Lundgren）从科学家的知识与教科书的知识相区分的视角反思默会知识的传播模式。从科学家的知识与教科书的知识相区分的角度来突出科学家知识的默会类型的重要意义。该研究的社会背景为,对于高等技术教育发展的研究很多,但是教科书在教育中发挥的作用被忽视了。教科书通常被认为是科学与知识传播的最后一步,一旦某个观点、理论或某一项技术在一本教科书中被发现,则通常被认可和当做准则来看待。对于教科书这样来发挥知识传播的教育功能而言,安德尔斯表示不满意。他旨在通过揭示科学与技术更为复杂的一面,来构建新的教科书得以发挥传播科学与技术知识的功能的模式。作者从分析 19 世纪瑞典在工业化进程中形成的关于化学技术的

① Paul Ernest. Forms of Knowledge in Mathematics and Mathematics Education：Philosophical and Rhetorical Perspectives [J]. Educational Studies in Mathematics，1999(38)：67 - 83.
② Joacim Andersson，Leif Östman. A Transactional Way of Analysing the Learning of "Tacit Knowledge" [J]. *Interchange* 2015 (46)：271 - 287.
③ 方明. 缄默知识面面观——有关缄默知识的心理学探讨[D]. 南京师范大学,2002.
④ 窦军生. 家族企业代际传承中企业家默会知识和关系网络的传承机理研究[D]. 浙江大学,2008.

教科书的知识类型来说明,科学技术中默会知识的不可明述性特征。在这一时期,技术教育教学普遍越来越立足于科学。安德尔斯认为单是在化学技术方面几乎没有教科书,主要原因被认为是用于发展化学工业的知识的主要要素具有默会和本土的特征。这样类型的知识是具有科学热情的人很难通过教科书加以表达的。因此由科学家编写或翻译的教科书并没有像工程师编写或翻译的教科书运用广泛。后者之所以能够被广泛应用是因为它们更适应当地环境,表达更具有概括性,而且不是通过科学规则,是通过动动拇指而已。通过这样的区分,作者旨在建议通过发挥教科书传播化学科学与技术知识的功能来构建传播知识的新教科书模式①。

上述对知识默会维度的应用性研究说明了默会知识对于个人知识生成的优先意义,在技术教育研究与实践中如何充分挖掘技术知识的默会成分,分析技术默会知识的构成要素,创造技术默会知识的有效利用方法,对于提升技术教育效果具有极为重要的实践指导价值。

二、关于技术知识

围绕技术究竟是什么类型的知识,目前国内的研究成果集中为以下两个方面:其一是技术知识本体的特征探讨,其二是关于技术知识与科学知识的关系探讨。

(一)技术知识本体特征的现象学解释

技术与人之间的关系,除了社会学、政治学意义上的技术对人的积极抑或消极的影响外,对技术进行现象学的考察成为国内技术哲学研究中的另一个重要内容。这些研究通过探索技术的空间性特征、实践性特征、具身性特征和情境性特征,从现象学的层面增加了对人的参与在技术知识生成过程中的作用的认识。

1. 技术的空间性揭示了人类此在空间的去远

杨庆峰通过现象学概念"空间性"进一步揭示了人与技术之间在空间结构的关系,技术进步体现了人类此在空间结构的不断实现。技术的进步带来了人类空间的去远——空间拉近体验——这凸显了人类及其技术在空间中的社会进步②。

2. 技术是一种实践性知识体系

禹智潭从经济与技术的关系出发,认为技术是关于怎么"做"的知识体系,即实践性的知识体系③。张成岗提出,对技术的反思已经从认识论、人、社会、形而上学等维度开始延伸至技术实践维度,技术实践与科学实践不同,包含制度、文化、器物在内的多维度活动④。

3. 技术的具身性特征

李宏伟通过梳理技术起源的身体发生(如恩格斯关于劳动在人类进化中的决定性意

① Anders Lundgren. The Transfer of Chemical Knowledge: The Case of Chemical Technology and Its Textbooks [J]. *Science & Education*, 2006(15): 761 - 778.
② 杨庆峰. "空间性":技术及其进步的先验基础[J]. 自然辩证法研究,2008(5): 43 - 46.
③ 禹智潭等. 技术:实践性的知识体系[J]. 科学技术与辩证法,1998(6): 33 - 35,60.
④ 张成岗. 理解"技术实践"——基于科学、技术的划界[J]. 安徽大学学报(哲学社会科学版),2009(6): 11 - 15.

义,柏拉图基于人类身体缺陷的技术起源说,卢梭基于人类的精神需求的技术起源说)与技术发展的体外进化(如恩斯特·卡普关于技术的"器官投影说",芒福德关于技术原始阶段的妇女身体特征的"容器技术"说,理查德·桑内特关于身体与城市建设的关系,唐·伊德的技术现象学中对具身的技术的阐释)两个路径的技术发展观,提出从人的身体维度对技术进行阐释对于技术哲学发展的贡献①。围绕伊德关于身体与技术之间的关系,杨庆峰提出了物质的身体、文化的身体与技术的身体三种类型②,周丽昀提出了体验的身体、文化的身体与技术的身体③,较之杨庆峰更加突出了技术的具身性特征。

4. 技术的情境性特征

程海东等认为技术的情境既包括客观的时空,也有社会的政治、经济、文化等宏观因素,还包括有个体的认知、情感、动机和态度等微观因素,情境是内在于技术的外在关联域④。情境是技术内在的构成部分,需要在情境中认识真实的技术。从情境的维度认识技术是从技术哲学的视角为弥合工程传统与人文传统的分立提供了一个新的视角。

上述关于技术本体的特征论述都在努力凸显技术的人文性特征、人对技术的具身性特征。

（二）技术知识的生成

1. 解读亚里士多德的技术知识之生成

围绕亚里士多德对技术本质的追问,雷德鹏认为国内仍存在着认为亚里士多德轻视技术的偏见,从而不能显明亚里士多德基于技术生成论述其实体论思想。亚里士多德在《形而上学》中对技术做了生成论的解释,提出求知是所有人的本性,包括对技术的追求。同样,亚里士多德在《尼各马可伦理学》中提出,技术是人们追求善的一种表现。在《形而上学》第六卷中提出技术为三种科学形式中的一种"创制科学",此外还包括思辨科学(数学、物理学和第一哲学或神学)与实践科学(政治学和伦理学等)。雷德鹏认为亚里士多德为技术证明的一种更深刻的动机在于试图通过揭示技术的本质,提出一种关于技术的学说,以完善其实体论,从而克服柏拉图理念论的缺陷,彻底解决他所处的那个时代提出来的最重大哲学问题——拯救现象的问题,从而赋予技术概念以极其重要的哲学意义⑤。雷德鹏认为在某种意义上,《形而上学》是对柏拉图理念论的全面清算与批判。通过区分自然实体与人工实体,亚里士多德引入了技术这一实体,其最深刻的动机在于解释"人工产物"这一实体是如何生成的,从而为其找到合法的存在根据并"拯救"之。与自然实体自然生成不同,人工实体因人工而生成,因而叫做"制作"。在《尼各马可伦理学》中亚里士多德

① 李宏伟. 技术阐释的身体维度——超越工程与人文两种研究传统的技术哲学理路[J]. 自然辩证法研究,2012(7):
30-34.
② 杨庆峰. 物质身体、文化身体与技术身体——唐·伊德的"三个身体"理论之简析[J]. 上海大学学报(社会科学版),
2007(1)12-17.
③ 周丽昀. 唐·伊德的身体理论探析:涉身、知觉与行动[J]. 科学技术哲学研究,2010(5):60-65.
④ 程海东. 刘炜. 情境:技术认知的一个必要维度[J]. 科学技术哲学研究,2014(3):59-64.
⑤ 雷德鹏. 论亚里士多德《形而上学》中的技术观点[J]. 科学技术与辩证法,2007(6):80-83,112.

强调,一切技术都与生成有关,而创制是去思辨某种可能生成的东西怎样生成,分可能存在和可能不存在两种类型。这些事物的开始之点是在创制者中,而不在创制物中。那些由于必然而存在或生成的东西因为自身内有着生存的始点,都与技术无关,而技术则是"人工产物"实体的本原。为了进一步说明人工物是如何生成的,亚里士多德提出了"四因说"。雷德鹏认为其"四因说"实质上就是技术制作或生成的"四因说"。在第九卷中又通过"潜能说"来说明技术生成的本质。技术潜能的本质在于,它具有"作为……"的结构,而"作为……"结构体现了人对世界的筹划,技术的这种潜能性质体现了其中蕴含的理性品质。而任何一种理性的潜能都具有两种相反的可能的结果,而非理性的潜能只有一种结果。基于技术的理性的性质,他进一步提出通过技术理性来规避技术危险。在这里,亚里士多德提出了实用的技术和供消磨时间的、休闲的技术,后者具有更高的智慧。基于此,雷德鹏得出结论,若是从实用技术的角度去理解亚里士多德技术观,就不会领会到他对技术的真正深刻的用意。亚里士多德的技术生成的论述旨在揭示人类的创造性特征,是基于技术生成的乐观主义哲学观①。

2. 技术是人的目的性预期与自然规律相结合的统一体

郭晓辉从发生学的视角分析技术的形成与发展提出,技术并非像我们在日常生活的直观、静观、经验的,只是实现人之目的的单纯手段或纯工具本身,而是人在自己已经掌握了自然规律,并能动地将对自然规律的认识整合到自己的目的性预期中来的一系列过程及结果②。从其结果看,技术是人的目的性预期与其相应手段或工具(其核心是自然规律)的实现了的统一体。

(三)科学知识与技术知识的关系

1. 科学与技术的区分

"科技"一词从字面上的合用,到实际人们理解中的混用,引起了科学哲学与技术哲学的关注。吴海江提出"科技"一词的创用及其广泛流行模糊了科学与技术二者的差别,从而造成了人们对科学观念认知上的混乱,并且导致国家在科学体制和科学政策上出现偏差③。从本质上分析,科学活动与技术活动是两种不同的研究范式,二者之间的关系必须厘清。

2. 科学对于技术发展的意义

钱兆华④通过区分经验技术与科学技术来说明近代技术没有诞生在历史上一直先进的中国,原因在于西方近代技术是以实证知识的科学作为基础。近代中国由于没有出现实证知识的科学,也就不会出现以它为基础的技术——科学技术。近代以来西方科学技术是一种前生技术、多生技术、知识技术和突变技术,其发展速度明显呈加速趋势,所以在很短的时间里超过了中国缓慢发展的传统经验技术。

---

① 雷德鹏. 论亚里士多德《形而上学》中的技术观点[J]. 科学技术与辩证法,2007(6):80-83,112.
② 郭晓辉. 试论技术的发生学本质[J]. 科学技术与辩证法,1998(6):36-38.
③ 吴海江. "科技"一词的创用及其对中国科学与技术发展的影响[J]. 自然辩证法研究,2006(5):88-93,112.
④ 钱兆华. 科学、技术、经验——谈"李约瑟难题"[J]. 科学学研究,1999(3):15-19.

3. 技术究竟是不是应用科学?

以著名技术哲学家邦格的"技术是应用科学"的观点在国内技术哲学界流传甚广这一现象作为分析的出发点,何继江[①]为了进一步确认"技术是应用科学"是否是邦格的技术哲学观点,重新深入解读了邦格写于 1966 年的《作为应用科学的技术》和写于 1979 年的《技术的哲学输入和哲学输出》等文献,从而论证了邦格对技术定义的变化,认为邦格早已摒弃了"技术是应用科学"这一观点,并通过设计科学技术的"七阶连续统",揭示"技术"比"应用科学"含义更丰富。"七阶连续统"包括 S1、S2、S3(T1)、T2、T3、T4,其中技术是对科学的应用集中在 T1 和 S3 汇合的环节。其余各个阶段,二者是相对独立,且自成连续性的。从这一追溯和澄清中看出,研究者旨在说明"技术是应用科学"如果作为邦格技术哲学中的代表性观点之一,则一方面窄化了邦格技术哲学中对技术的界定,另一方面窄化了技术与科学之间的关系,即技术不仅仅是对科学技术的应用,还有其独立的一面。

4. 技术和科学孰先孰后?

王志康[②]提出科学和技术是从属关系,不能被划为并列或平行关系。针对传统的"技术是应用科学"这一观点,易显飞[③]提出"技术先于科学",该论点是对传统观点的倒置,是对技术与科学关系在存在论上的揭示。"技术是应用科学"这一观点停留于知识论层次上,相比而言,"技术先于科学"是深入到了本体论层次上理解技术与科学之最本真的存在关系,这一存在论观点实现了技术与科学关系在历史与逻辑上的统一。

上述关于技术和科学相互关系的探讨,为本书基于技术知识的本体构成、技术知识与科学知识的先后关系,围绕高等职业院校的技术知识生产路径展开研究提供了存在论的认知视角。

三、关于教育中的知识生产

目前关于教育领域的知识生产主要集中于四个方面:①知识生产的研究综述;②学校内部知识生产方式的变革;③从社会学的视角探究新知识生产模式背景下具有异质性的知识生产主体如何各自以及合作开展知识生产的问题,尤其以高校作为社会的知识生产主体,其地位、制度保障以及路径问题的探讨;④知识何以可能形成。

(一)知识生产研究综述

傅翠晓[④]等对知识生产的研究成果进行了综述研究,发现包括知识生产概念、研究现状两个方面,指出当前探讨的知识生产主体还是以高等院校为主体,并探讨了知识生产的机制、模式及其绩效评价方法等。

---

① 何继江. 从邦格技术定义的发展看技术哲学[J]. 自然辩证法研究,2012(12):36 - 40.
② 王志康. 论科学与技术的划界问题[J]. 自然辩证法研究,2007(1):95 - 98.
③ 易显飞. 论"技术先于科学"——一种对技术与科学关系的存在论解释[J]. 内蒙古社会科学(汉文版),2012(6):47 - 51.
④ 傅翠晓. 知识生产研究综述[J]. 科技进步与对策,2009(2):155 - 160.

（二）知识生产模式变革与高校知识生产

基于知识生产模式Ⅱ，围绕学校、企业（行业）、政府三角合作进行知识生产问题的探讨。胡继妹[①]用个案研究法，基于"供给-需求"理论，提出政府在产学研合作发展到一定程度时更应从"需求角度"发挥其作用，进一步推动产学研合作的快速发展。姜尔林[②]从完善制度环境的层面提出引导培养单位及企业的行为，实现培养高层次工程硕士生应用型人才的目标。肖丁丁[③]、朱冰莹[④]等通过实证研究发现，在"模式Ⅱ"情境下以产学联合申请专利数为产出变量，知识生成模式Ⅱ对知识生产效率的积极影响。周倩[⑤]提出高校应不断革新知识生产方式，加强同其他知识生产机构的合作，调整人才培养目标，从而应对分散性知识生产带来的挑战。张乾友[⑥]从知识社会学的视角指出，大学作为知识生产主体越来越多地受到社会的干预，知识生产正在变成一种社会活动，专业知识也开始朝向社会知识转型。王志玲[⑦]、王玉丰[⑧]探究了英美大学知识生产方式的变革更加倾向于知识生产模式Ⅱ的特征。张国昌[⑨]探讨了新知识生产模式下高校进行知识生产的组织结构的变迁。

知识生产模式开始成为研究者探索高校进行知识生产的路径内容[⑩,⑪]，尤为突出作为知识生产主体的高校的社会地位与社会功能。赵伟[⑫]运用知识计量学的基本思想，构建了论文和专利这两个科技知识计量指标的动力增长模型，从而进一步构造了知识生产函数。罗琳[⑬]、沈国麟[⑭]、陈劲[⑮]通过实证研究、理论研究探索大学在产学研合作中知识生产的基本定位。徐建培[⑯]提出高等学校关于知识生产制度安排的政策建议。陆根书[⑰]提出需要重视高校的投入产出效率，通过提高高校科技经费投入量，并提高高校与其他部门之间的合

① 胡继妹，黄祖辉. 产学研合作中的地方政府行为——基于浙江省湖州市的个案研究[J]. 浙江学刊，2007(5)：176 - 180.
② 姜尔林等. 工程硕士研究生教育中的路径依赖与制度创新——新制度经济学的视角[J]. 中国高教研究，2011(3)：32 - 34,56.
③ 肖丁丁，朱桂龙. 产学合作中的知识生产效率——基于"模式Ⅱ"的实证研究[J]. 科学学研究，2012(6)：895 - 903.
④ 朱冰莹，董维春. 大学知识生产"动力源"解读——对美国研究型大学科研崛起的分析[J]. 高教探索，2013(6)：78 - 83.
⑤ 周倩. 分散性知识生产：高等学校在变革中调适[J]. 现代教育管理，2010(12)：40 - 43.
⑥ 张乾友. 个人知识、专业知识与社会知识——知识生产的历史叙事[J]. 自然辩证法通讯，2017,39(1)：100 - 109.
⑦ 王志玲. 知识生产模式Ⅱ对我国研究型大学优势学科培育的启示[J]. 中国高教研究，2013(3)：47 - 51.
⑧ 王玉丰. 美国大学技术转移政策驱动下的知识生产方式变革[J]. 高教探索，2012(4)：39 - 42.
⑨ 张国昌. 胡赤弟. 知识生产方式变迁下的产业—教学—科研—学习连结体的组织特征[J]. 高等教育研究，2012(11)：27 - 31.
⑩ 卓泽林. 大学知识生产范式的转向[J]. 教育学报，2016,12(2)：9 - 17.
⑪ 蒋文昭. 基于模式3的大学知识生产方式变革[J]. 黑龙江高教研究，2017(4)：34 - 37.
⑫ 赵伟，姜照华，刘则渊. OECD国家知识增长动力模型与科技知识生产量测算[J]. 科技管理研究，2006(1)：44 - 48.
⑬ 罗琳，邹明建，李清泉. 产学研合作中大学的基本定位——以武汉大学为例[J]. 科技进步与对策，2008,25(7)：193 - 196。
⑭ 沈国麟，李婪. 高校智库建设：构建知识生产和社会实践的良性互动[J]. 新疆师范大学学报（哲学社会科学版），2015,36(4)：46 - 50.
⑮ 陈劲，周杨. 后学院时代高校知识生产模式研究[J]. 西安电子科技大学学报（社会科学版），2012,22(3)：85 - 90.
⑯ 徐建培. 论高等学校的知识生产活动[J]. 清华大学教育研究，2003,24(6)：12 - 16.
⑰ 陆根书，顾丽娜，刘蕾论. 高校在知识生产中的地位与作用[J]. 西安交通大学学报（社会科学版），2006(2)：85 - 91.

作力度,提升高校在知识生产中的中心地位。李习保[①]基于实证研究发现高校科研产出与本科生规模成反比,与研究生规模,与企业合作联系度,重视基础研究等成正比。

可以发现,上述研究成果都是基于高校如何外在地与社会组织合作,提升其知识生产的效率和水平,加强知识生产主体地位。这为本书进一步认识高校作为知识生产主体如何有效知识生产提供了社会学的、经济学的解释视角。

(三)学习者视角探讨知识生产方式变革

吴刚[②]基于建构主义视角提出以深度学习为主的学习科学知识生产方式变革对学习的影响。

(四)知识何以可能形成

约翰·齐曼(John Ziman)[③]从进化论角度围绕技术创新,探讨了可靠的知识是怎样形成的。

四、小结

通过上述三个维度:知识的视角、技术知识的视角以及教育中知识生产的视角的文献梳理发现,已有的研究成果对本书的意义在于:①知识的视角为本书进一步探究技术知识的本质与构成要素奠定了扎实的理论基础。一方面,技术知识作为知识的一种类型具有知识的共同属性;另一方面,技术知识作为实用性知识又有其特殊性,这主要体现在其与科学知识的关系中。②技术知识的视角为本书进一步探究技术知识本体的独特性特征提供了启发性视角,如具身性特征、实践性特性、情境性特征,都进一步揭示了技术知识作为人的个体知识,人的参与(包括理性参与和具身参与)在其中的重要性,这为本书进一步探索技术知识的内在构成要素以及不同要素之于个体技术知识生成的意义具有基础性参考价值。③教育中的知识生产视角为本书进一步探究高等职业院校工科技术教育的知识生产问题提供了视角更为宏观的经济学的、社会学的研究维度。对从教育教学的视角展开高职院校技术知识生产研究具有重要的参考价值。

第三节　研究目标、内容、方法与意义

本书基于知识论和技术知识论的视角,运用个案研究、比较研究、质的研究与量的研究相结合的研究方法,从教育的视角探究高等工科职业技术院校技术知识生产的路径,即高职工科院校如何从学生有效学习的视角展开学生个体技术知识生产的路径问题。

一、研究目标

(1)研究总目标:从教育主体层面探究高职工科技术教育知识生产的本体路径。

---

① 李习保,解峰. 我国高校知识生产和创新活动影响因素的实证研究[J]. 数量经济技术经济研究,2013(1):39-53.
② 吴刚. 建构主义与学习科学的崛起[J]. 南京社会科学,2009(6):98-104.
③ 约翰·齐曼. 知识的生产[J]. 科学学研究,2003,21(1):8-11.

（2）学理目标：路径：个体技术知识何以生成；要素：技术知识的本体构成要素。

（3）实践目标：路径理论反观实践：以个体技术知识生成路径为理论工具，反观高职工科技术教育路径类型；要素理论反观实践：以技术知识的本体构成要素为理论依据，反观工科技术教育的目标定位与内容定位。

二、研究步骤与发现

首先，问题探索与发现。围绕学生专业学习效果影响因素进行实证研究（包括探索性调查和问卷调查），研究发现，学生专业学习效果与班级类型之间呈显性相关关系。

其次，学理梳理。追溯技术知识的本体构成要素。通过梳理，围绕技术知识与科学知识之核心关系，建构两种技术知识观：技术知识生成观与技术知识应用观，分别适用于现象学意义上的个体技术知识与社会学意义上的技术知识。基于这一发现，反观在高职技术教育实践中技术知识观、技术教育路径与技术教育效果之相关关系。

再次，通过质的研究发现，技术知识观、技术教育路径与技术教育效果之间存在显性相关关系，初步得出结论：秉持的技术知识观不同，则依循的技术教育路径与教育效果也不同。其中，以技术知识生成观为依托的技术教育路径教育效果更好，其生产的技术知识是学习者的个体知识。

最后，高职工科技术教育中技术知识目标定位。结合个体技术知识的生成路径，对照技术知识生成观指导下学习者生成的技术知识的构成要素与技术知识应用观指导下的学习者获得的技术知识的构成要素发现，生成的个体技术知识包括四个基本要素：①个人的具身参与系数（包括疑惑、困惑、紧张、探照、发现、验证、理解等个体参与）；②理解了的客观知识域（不同领域的系统知识集）；③系列能力域（包括人格能力、方法能力、社会能力与专业技术能力）；④探照到但并未理解的客观知识域和问题域。具备该四项要素，个体技术知识才得以生成。其中个体具身参与系数对于技术知识的生成具有优先重要的意义。高职工科技术教育要以生成的个体技术知识作为教育目标。"应用"的技术观认为，只要"掌握"了客观技术知识，就可"拿来"应用。该技术知识观忽略了客观知识中所内嵌的个体知识生成过程中的个体参与成分，从而决定了技术教育实践中学生个体技术知识生产的特殊路径。

三、章节框架

第一章：提出问题，查找文献，确定研究目标、内容、方法等。

第二章：量化研究，发现研究问题。也即本书研究的第一阶段——探索性调查阶段，旨在探索影响学生专业学习效果的主要因素，主要采用蹲点观察、访谈和问卷调查的方法。访谈方法包括，结构式访谈、个体访谈与集体访谈。访谈对象为常校工科机电类专业2014级在校学生，工科机电类专业技术课教师与专业基础课教师。问卷调查采用随机抽样和整群抽样的方法。通过调查发现，学校正在进行的改革实验班学生和教师反馈教学效果更好。基于这一发现进一步确定了本书所要探究的现象问题：为什么实验班教育效果会更好？好在哪些方面？为了回答这两个问题，需要追问个体技术知识的内在构成要素。

第三章：学理梳理，确定理论工具。在文献研究的基础上结合前期实证研究结果围绕个体技术知识的生成路径开展进一步的文献研究，从而构建了两种技术知识观，技术知识生成观与技术知识应用观，明确指出二者各自所适用的技术知识类型不同。技术知识应用观适应于社会技术知识的发展历程，如钟表技术的更新换代、通信技术的更新换代、交通工具的更新换代等说明，社会技术是如何在应用已有科学知识的基础上不断发展和完善。技术知识生成观适应于个体技术知识的生成路径。如个体从面对一个实践问题开始，如何通过自我的实践最终将问题得到解释或解决，从而生成了个人的技术知识。技术知识观成为本书所依托的理论工具。

混淆了技术知识应用观和技术知识生成观的适应对象，认为客观技术知识也可以通过学习了解后直接加以应用，在技术教育领域极易造成"应用型"教育路径，即依循"先集中理论学习，后集中实践应用"的教育路径，教育目标包括客观技术知识目标、技术能力目标与素养能力目标三部分，教学体系框架是将三者并列组织展开。

第四章：质性研究，技术知识观反观技术教育路径。采用结构式深度访谈法和跟踪研究法，访谈在校学生、在校专业教师、毕业生和毕业生单位领导，收集实证资料，用叙事研究的方法分析访谈所得口述资料，以两种不同的技术知识观反观常校不同的教育路径及其教育效果。研究发现：①进一步证实，不同的教育路径与教育效果之间存在显性相关。②不同教育路径下学习者生成的个体技术知识构成要素不同。其中技术知识应用观指导下的技术教育路径中学习者生成的知识是脱离了个人参与系数在内，理解不深或没有理解的显性理论知识或规则性知识；知识生成观指导下的技术教育路径中学习者生成的知识是融有个人默会参与系数的，理解并内化的个人规则性知识以及应用个体内化的规则性知识解释或解决问题的能力，还包括对未知领域探究的兴趣和能力。

第五章：量化研究，进一步发现技术知识构成要素与教育效果之相关关系。基于结构式访谈实证资料，对毕业生展开问卷跟踪调查研究。调查数据结果显示，在技术知识的内在构成要素中，个体默会参与系数对于教育效果有着优先的相关性意义，如疑惑、态度，习惯，兴趣、直观教育等，对于教育效果有着优先的显性影响力。

第六章：文本分析，进一步发现教育目标与教育效果之显性相关关系。以机电类专业人才培养方案的历史资料为研究对象，通过纵横梳理进一步确定蕴含在不同人才培养方案中的不同的技术知识教育路径和教育目标，从而在教育目标、教育内容、教育路径和教育效果之间建立了显性相关关系。

第七章：结论与讨论，依托不同的班级类型，构建了隐藏在其背后的技术知识观、教育目标、教育内容、教育路径与教育效果之间的相关关系。在对整个研究过程和研究发现加以对照和整合的基础上最终构建了五要素之显性相关关系，并进一步提出高职工科技术教育应该以生成的个体技术知识而非以"可应用"的客观技术知识为其知识生产的目标开展技术教育。

四、研究方法

(一) **方法论**

1. 涂尔干的社会实体论思想

(1) 社会实体论思想的内涵。法国社会学家埃米尔·涂尔干将社会现象进行了分阶，分初阶现象和高阶现象，初阶现象是高阶现象的产生原因，但高阶现象是不能化约解释初阶的层次。他认为，包括人际互动、组织、结构关系、相互联结等较初阶的现象组合成为较高阶的"社会现象"(涂尔干称之为"社会事实")，社会现象是由各种细微的人际关系所组成，但社会现象是一个较高阶的、整体的客观事实，不能化约到个人的、主观的层面来加以解释。以涂尔干的社会事实"自杀"现象来说，"自杀个案"具有了"自杀社会现象"的普通性特征，但是"自杀社会现象"却不能囊括所有的"自杀个案"的具体特征。

(2) 社会实体论思想在本书的应用。围绕影响机电类专业学习效果的因素开展研究需要从两个维度开展，一是社会事实的维度，一是个体的维度。其中社会事实的维度正是涂尔干社会实体论思想的应用。通过设定反映学生专业学习效果的特定变量(专业理论学习情况)，探究各个相关自变量与该因变量之间的相关性，从而确定影响学生群体专业学习效果的社会变量。这是进行个体层面的微观研究所不能及的。

在本书中通过数据分析发现，影响学生在校期间专业学习效果的主要因素是学生所在的班级类型，不同班级类型的专业学习效果存在显著差异。由此初步建立了班级类型与专业学习效果两种社会事实之间的因果关系，正是体现了涂尔干社会学方法准则的核心方法之一：用一种社会事实来解释另一种社会事实。

2. 韦伯理想典型社会科学方法论

(1) 韦伯理想典型社会科学方法论内涵。韦伯认为："科学自我监控的基本义务和避免受骗的唯一手段，就是严格地区分逻辑上以比较的方式把现实与逻辑意义上的理想典型联系起来和从理想出发对现实作出评价性判断。"[①]他在区分"价值判断"和"经验知识"的基础上假定在社会科学领域事实上存在着一种绝对有效的知识，即对经验现实的思维整理，社会科学领域的"客观事实"自身是存在的，而不是通过苦思冥想杜撰出来的。社会科学的客观性诉求正在于此。理想典型是社会科学追求科学研究客观性，构建社会事实的主要工具。

(2) 韦伯理想类型方法论在本书中的应用。本书在文献研究的基础提出了两种知识观——技术知识生成观、技术知识应用观，并以此为理论参考依据，基于实证研究提出高职工科技术教育领域两种典型的知识生产路径都是一种基于"意义关联体"而建构的理想典型，在一定意义上厘清了两种教育路径各自的构成要素、特征以及彼此之间的界限，一方面是对客观现实的概括，一方面又高于现实概括，建立一种概念框架以期方便于作进一

---

① ［德］马克斯·韦伯. 社会科学方法论［M］. 李秋零，田薇，译. 北京：中国人民大学出版社，2012：38.

步的事实判断与价值判断。

3. 利奥塔后现代知识论

(1) 利奥塔后现代知识论内涵。利奥塔在其著作《话语,图像》中,主要反对以文本和论述为中心的文本主义,代之以强调经验、感官和意象的重要性。其著作《后现代状况:关于知识的报告》集中概括了其后现代主义思想,即主要是针对现代社会的知识正当性危机提出了解"正当性"的办法。他认为西方已经进入后资本主义、后现代主义或后工业社会,科技、经济的快速发展尤其是电脑信息技术的运用和发展,已经对传统的知识"正当性"问题带来了危机,亦即对西方启蒙运动以来的现代性问题提出挑战。如何解决这一正当性危机问题,他提出了通过"小叙述"来取代"大叙述"并且以"实作性"作为衡量知识有效性的标准。

(2) 利奥塔后现代知识论思想在本书中的应用。分析"小叙述"的本质,是将科学主义知识得以形成的描述性方法的基础地位、首要地位重新恢复,将它放置在和科学主义知识同样重要的位置,二者之间是相辅相成的关系。因此当运用涂尔干社会事实论以及韦伯的理想类型方法论找到了影响机械类专业教育教学效果的社会事实性影响因素是代表社会事实的概念班级类型,以及更为宏观的是技术知识生成路径与技术知识观的差别时,如何从更为微观的、实效的层面指导高职教育教学领域的技术知识生产时,就需要应用利奥塔的"小叙述"思想了。

基于这样的逻辑关系,即基于探索性调查初步形成问题"为什么不同的班级类型出现不同的学习状态"——进一步实证调查(因果关系研究:不同班级类型带来的不同的学习状态与学习效果)——进一步追踪性实证调查(毕业后是否也呈现出显性相关性:不同班级类型毕业生工作状态与教育效果满意度效果显性不同)——文本证据的追溯(不同班级类型知识生产路径的追溯)——研究结论。从这一逻辑关系可以看出,本书所采用的研究方法正是在质的研究与量的研究之间不断穿梭,互为佐证和深化诠释,从而体现了"小叙述"与"大叙述"同时共用,二者在研究者知识生成过程中的功能互补作用。

(二) 研究方法

1. 定性研究

(1) 定性研究的内涵。定性研究也被称为自然的(naturalistic)研究,研究者获取数据不是基于已有的假设以及对假设的验证,而是从研究者自己参与的行为中——包括与别人的交谈、参观、观察、用餐等获取数据,研究者将自己放置在"局内人"与"局外人"两种角色的互换交替中。波格丹提出:"一项研究是否是定性研究,不是一个纯粹的'是与不是'的问题,而是一个在多大程度上'是'的问题。"[1]

(2) 定性研究方法在本书中的应用。定性研究主要包括参与式观察、档案研究、深度个案访谈、集体访谈。①参与式观察。笔者到实验班,非实验班上课班级进行蹲点观察,

---

[1] [美]罗伯特·C.波格丹(Robert C. Bogdan),萨利·诺普·比克伦(Sari Knopp Biklen)等著,教育研究方法:定性研究的视角(第四版)[M].钟周等译,中国人民大学出版社,2008:4.

作为一名听课者听讲课程,和教师和学生交流互动,也就有了绪论开始部分不同类型班级学生学习状态的发现。②档案研究。笔者到常市档案馆、学校历史档案室、学校二级学院教学资料室查阅教学方面的历史资料,获得了关于学校发展以及专业发展的历史性资料。③深度个案访谈。在进行问卷调查之前笔者和不同班级类型的学生、教师、企业技术领导进行了深度访谈,旨在探索影响学生学习效果的根本因素。④集体访谈。集体访谈发生在问卷制定的第二阶段。第一阶段是探索性阶段,是带着第一阶的问题进行开放式访谈。经过这一阶段的访谈后第一阶问题转化为问卷初稿。带着问卷初稿继续进行个案访谈,将问卷里面每个问题的指标加以确定。集体访谈是对问卷初稿进行验证和完善,问卷进一步定稿。

2. 定量研究

本书中主要采用问卷调查法与 SPSS 统计分析法开展因果关系探索。①问卷调查的初始目的。在本书中问卷调查的初始目的旨在探索影响学生学习效果的因素。在问卷中主要包括五个方面的内容:学生基本信息,学生学习效果情况,教师教的因素,教学设计因素以及考试因素。通过问卷调查,并对问卷数据资料进行 SPSS 统计软件进行分析,发现不同类型的班级与学生学习效果之间存在显性相关关系。这就为后续的研究奠定了分析的主要任务。②问卷调查的扩展。在对学生学习效果进行问卷调查的基础上,为了进一步探索影响学生学习效果的影响因素,本书又对教师、用人单位和毕业生进行了深度访谈和问卷调查。③问卷调查的过程。本书问卷调查先后经历了探索性调查(参与式观察与蹲点观察)、确定问卷提纲、制定问卷初稿(通过深度访谈)、问卷修改、问卷定稿、问卷发放以及问卷资料分析的过程。

3. 比较研究

通过深度访谈问卷调查发现学校内部机电类专业中非实验班和实验班学习效果存在明显的不同。基于这一现象层面的不同开始了"阶梯"、"递进"式追问和探索,探索造成这种不同学习效果的深层次原因,成为贯穿于本书的主要线索和方法。

4. 历史研究

历史研究是对研究对象进行纵向的发展脉络的梳理,分析它的变化过程、变化内容与变化的本质。在本书中历史研究主要包括两个维度,其一是学校作为一个实体纵向变迁历史的梳理;其二是在教育教学层面学生个体技术知识生产路径的发展变迁过程的梳理。通过历史的梳理,重点分析后者发生变化的形式、内容和效果,进一步追溯技术知识观、技术教育路径与教育效果之间的关联度。

五、研究创新与意义

(一)研究视角创新:进一步突破了当前高校知识生产研究的局限

在高校知识生产的金字塔结构中,当研究者都将知识生产的对象聚焦到生产高深科学技术知识并向外输出知识时,中端以及更为基础的知识生产任务往往被研究者忽视。事实上这一生产问题更为重要和需要迫切解决,因为它涉及更多的受益群体,主要包括学生群体与社会。本书以影响学生专业学习效果的因素为切入点，选取高职工科院校技术教育之知识生产路径作为研究对象，从知识观视角探索高职工科院校如何有效进行技术知识生产，以提高技术知识生产质量。该研究突破了当前高校知识生产限于高深知识生产研究的现状。

（二）理论成果创新：从学理上确立高职工科技术教育依托的技术知识观

从微观层面看，当前困扰高职教育实践者与研究者的核心问题包括两个方面，其一是学生"软文化"教育，即素质教育问题；其二是专业教育的有效性问题。梳理常校工科专业人才培养方案可以发现，素质教育目标从无到有，人才培养规格三要素目标（素质目标、知识目标、能力目标）并列开展教育，分别归属功能定位不同的课程体系，以及高职教育目标定位的变幻不定，这说明一直以来高职教育的人才培养目标定位处于含混不清的状态。本书从技术知识生成路径的视角，通过逐步推进的实证研究，在技术知识观和技术教育目标、教育内容、教育路径和教育效果之间建立了显性相关关系，从而为高职工科技术教育科学定位人才培养目标及规格要素提供了学理的和实证的依据。

首先，提出技术教育应该依托技术知识生成观而非"应用"观。本书从知识生成的视角区分了社会的技术形成与个体的技术生成两种不同的技术变化类型，并且进一步确定了技术教育的主要目标为个体技术知识的生成。围绕"技术是对科学知识的应用"这一命题，本书提出需要从两个层面解读，其一是社会的技术知识离不开对社会的科学知识的应用，前者是后者的进一步延伸与发展，我们称之为技术知识应用观；其二是个体对社会技术知识的应用是建立在个体将社会的技术知识转为个体生成的技术知识基础上，本书称之为技术知识生成观。从个体微观层面看，社会技术的不断发展仍然以个体技术知识的生成为基础，技术知识生成与应用的关系如图 1-1 所示。在高职工科技术教育中，混淆这两个维度的"应用"，认为客观的技术知识在主观"理解"的基础上即可应用，从而忽略了个体技术知识的生成"黑箱"，极易造成技术知识"应用型"教育路径，该路径依循"先集中理论学习后集中实践应用"之模式。

其次，明确技术教育技术知识目标构成要素及要素间关系。本书依据技术知识生成的路径明确了个体技术知识本体的构成要素。以技术知识生成路径为依据，通过基于问卷调查的量的研究，基于访谈与口述的叙事研究，两方面相互印证和深化诠释，进一步确立了个体技术知识本体的构成要素，包括个体具身参与系数（感知、疑惑、探照、发现、理解、验证惊奇、有成就感等等）、理解了的客观知识域、生成的能力域（人格能力、方法能力、社会能力与专业技术能力），探照到未理解的客观知识域以及问题域。除了显性的能力域与生成的客观知识域，个人具身参与系数也被纳入技术知识的构成要素中。并且，本书基于实证的视角确立了素养能力要素之于技术教育目标达成的优先性意义。这对正困惑于素质教育与专业教育之关系的高职教育实践者而言，生成的技术知识之构成要素的明确确立，为其重新审视教育目标以及各要素之关系，进一步调整教育内容，有效进行教育教学层面基础的技术知识生产具有学理的参考意义。

最后，提出高职工科技术教育目标达成应依循知识生成而非"应用"的路径。在科学主

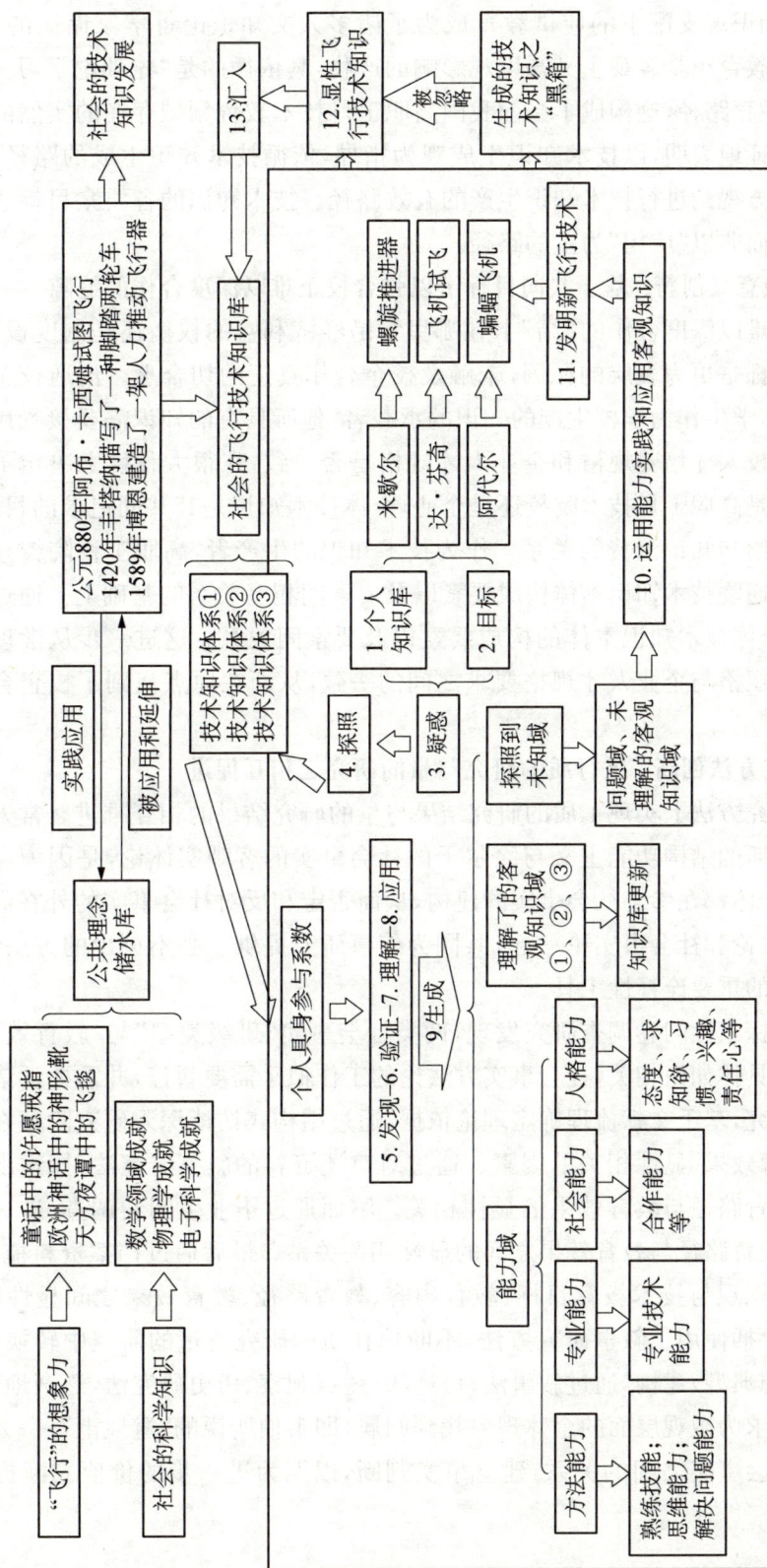

图1-1 技术知识的生成与应用举例

义、客观主义知识观支配下的应试教育成为了诸多人文知识论哲学家诟病的对象,知识"应用"型技术教育正是客观主义知识观影响的产物,其依循的是"先理论学习—后理论实践与应用"之教育路径,这构成了当前我国高职工科技术教育领域存在的实然的主体教育路径。本书实证地表明,以技术知识生成观为指导,依循技术知识生成的路径,是技术教育从学生受益方视角进行技术知识生产的有效路径。技术知识的各要素目标达成都要依循以生成为主而非以"应用"为主的路径。

（三）实践意义创新：基于共同目标予以弥合校企难以深度合作的缝隙

校企合作难以深度合作的"结"卡在哪里？是经济利益的权衡还是制度设置的障碍？本书认为这些都是更为表层的原因,未触及校企合作真正的切合点。沟通校企合作的核心桥梁是学生,学生作为学校生产的知识的承载者,他所具有的知识需要接受用人单位的考核检验。学校人才培养规格和企业人才规格是否一致,在很大程度上决定了产品合格的程度。无论是高职工科技术院校还是企业,个体技术知识是其共同追求的目标,校企双方属于知识供给与知识消费的关系。作为技术知识的生产者,高职工科院校开展技术教育需要建立在通晓技术知识本体构成要素以及要素间相互关系的基础上。通过本项实证研究,厘清了个体技术知识本体的构成要素以及要素间关系。这进一步从学理上保证了学校人才培养规格与企业人才规格要求之间的一致,从而在原点找到了校企合作的本质性共同点。

（四）研究方法创新：进行质的研究与量的研究之相互促进

本书在研究方法上实现了质的研究结果与量的研究结果的相互推进。常人方法论之所以反对帕森斯的结构功能主义与涂尔干的社会事实的客观实体论,是因为在日常生活实践中,每个个体都在参与社会事实的建构,从而否定和反对社会事实的外在约制说。事实上,常人方法论和社会事实论一起,共同为叙事研究提供了必不可少的方法论,构成了探索本体世界的重要诠释性工具。

通过初期探索性问卷调查研究发现,两类社会事实"班级类型"与"教育效果"之间存在显性相关。具体如何相关,社会事实方法论的工作似乎需要暂停,并需要诉诸常人方法论的现象学探究,基于文献梳理确定理论依据,通过结构式访谈深入研究隐藏在班级类型背后并与"教育效果"显性相关的因素。通过对口述资料的叙事研究法,探索出了班级类型所隐藏的教育路径与教育效果的显性相关。继而通过毕业生问卷调查,进一步探索出了教育内容、教育路径与教育效果之间的显性相关关系。最后通过档案资料梳理,进一步建构了技术知识观与技术教育目标、教育内容、教育路径、教育效果之间显性相关关系。也就是,本书穿插使用了叙事研究方法,不断地在质的研究与量的研究中转换,一方面是社会事实（理想典型）建构,通过叙事法、口述法、蹲点观察、历史研究法,逐渐地建立了"意义关联体",以求为微观层面的个体现象找到归属,即韦伯所说的"避风港";一方面是探寻社会事实与社会事实之间的关系,建立事实判断,以期为进一步的价值判断提供合法性依据。

第二章

问题发现：量化研究

在探索性调查阶段，通过横向蹲点观察不同类型的机电制造类专业课程可以发现，非实验班和改革实验班的学习效果完全不同。因此促使笔者着手第二步的探索，即开展描述性调查，通过面向在校学生和教师开展本次问卷调查，从前期访谈（个案访谈和集体访谈）到拟定访谈提纲、问卷定稿、发放问卷、整理和分析问卷数据。问卷数据采用 SPSS 软件分析。

第一节　学习效果的影响因素

一、调查内容与研究方法

（一）调查对象与调查方法

本阶段研究选取一所高职机电类专业领域具有代表性的常校作为研究对象所在地，以该校机电工程类专业全校大二年级学习阶段结束，即将开始顶岗实习的大三年级（2014）级学生作为调查总体，以专业学习效果的影响因素为研究对象，以期从中找到影响教育教学效果的普遍的和根本的因素。在学校选取五个机电类专业，包括机械制造与自动化、机电一体化、模具设计与制造、数控技术、汽车检测与维修技术，样本采用随机抽样和整群抽样的方法。实验班共两个班（中德胡格实验班和中德 AHK 双元实验班）全部参与调查；对在校期间的普通班，每个专业随机抽取两到三个班级，对口单招班随机抽取三个班级，在校生调查样本情况如表 2-1 所示。

校内调查问卷共发出 809 份，收回 762 份，问卷回收率为 94.2%；有效问卷 693 份，有效回收率为 90.9%。校内选取"学生专业理论学习情况"作为测量学生专业学习效果的因变量，设置了"基本上听不懂"（1 分）、"只有一少部分能听得懂"（2 分）、"大部分能听得懂"（3 分）、"全都听得懂"（4 分）

四个指标。频数统计显示,"大部分能听得懂"和"全都听得懂"合计比例为 68%,"基本上听不懂"和"只有一少部分能听得懂"合计比例为 32%,平均值为 2.61,标准偏差为 0.764,表明参与调查学生在校期间专业学习效果处于一般偏好状态。

表 2-1　在校学生调查样本构成特点

变量	指标	百分比(%)(样本数)	变量	指标	百分比(%)(样本数)
专业	机械制造与自动化	20.6(143)	班级类型	对口单招班	16.5(114)
	机电一体化	14.1(98)		普通教学班	75.6(524)
	模具设计与制造	27.1(188)		中德 AHK 双元实验班	3.3(23)
	数控技术	19.2(133)		中德胡格实验班	4.6(32)
	汽车检测与维修技术	18.9(131)			
入学考试类型	普通高考生	51.2(355)	高中阶段文化基础	高中文科	13.6(94)
	提前单独考生	25.7(178)		高中理科	69.1(479)
	对口单招生	19.2(133)		职高、中专技校	16(111)
性别	男	92.6(642)	籍贯	江苏省	78.6(545)
	女	6.1(42)		江苏省外	19.6(136)
出生地	农村	81.4(564)	担任班干部情况	有	40.8(283)
	城市	13.9(82)		无	59.2(410)

n=693

(二) 问卷情况

对在校学生开展学习效果影响因素的调查问卷主要包括五个方面的内容:学生背景因素、学生学习主动性因素、教师教的因素、实训设备配备情况以及理论教学与实践教学衔接情况。

1. 学生背景因素

包括专业、性别、出生年份、籍贯(省内与省外)、出生地(农村与城市〔镇〕)、高中学习背景(文科与理科)、参加高考类型(提前单独生源、对口单招生源和普通高考毕业生生源)、担任班干部情况、班级类型(普通班、对口单招班、中德 AHK 双元实验班和中德胡格实验班)。

2. 学生学习主动性因素

学生学习主动性因素旨在测量学生对专业学习的积极主动状态,包括完成专业课程作业的方式、学习态度、两年专业学习结束后对专业的学习态度、对任课教师教学严格程度的期望、复习考试的态度。设置"完成作业的方式"是基于访谈过程中学生反映抄写专业课作业比较严重的现象。为什么会有大量的学生存在着抄写他人作业的情况,究竟是否属实,有多少比例? 为此共设置了四个选项,按照抄写作业内容的比例大小从高到低依次赋值 1—4 分,分别为:①都是抄同学的(1 分);②大部分抄别人的,少部分独立完成(2 分);③大部分独立完成,少部分抄别人的(3 分);④全部是独立完成(4 分)。

3. 教师教的因素

教师教的因素主要设置了三个核心要素,即教师对学生的严格要求程度、教师的教学态度和教学方法,旨在从学生的维度测量三个要素对学生专业学习效果的影响因素的权重,即哪个要素居于首要影响地位。

4. 实训设备配备情况

实训设备配备情况旨在测量实验实训设备是否是专业学习效果的必要条件。包括四个方面的指标:①理论课教学中辅助实物模型配备情况;②实验实训设备配备情况;③实验实训课时量充足情况;④理想的实验实训设备配备情况。

5. 理论教学与实践教学衔接情况

理论教学与实践教学衔接情况旨在测量衔接程度对于专业学习效果的影响力,包括衔接情况、理论课与实践课之间的先后顺序、理论课与实践课衔接合理的先后顺序。其中,衔接情况设置了三个指标:①大部分衔接得不好,存在着割裂现象(1 分);②只有部分衔接得好(2 分);③大部分衔接得好(3 分)。理论课与实践课之间的(理想的)先后顺序设置了四个指标:①先教理论,再去实训(2 分);②先实训,再学习理论(3 分);③理论与实践交叉进行(4 分);④其他(1 分)。

(三) 问卷信度与效度

对于调查所得样本数据信度与效度分别采用克朗巴哈(Cronbach)的 Alpha 系数与因子分析法检验。学生在校期间的问卷信度,基于标准化项目的 Alpha 系数为 0.615,说明该样本数据信度属于正常[1];问卷效度通过 KMO 检验发现,KMO 值为 0.707,表明这个样本适合进行因子分析[2]。通过 Bartlett 球形检定发现,学生在校期间样本数据显著性水平为 0.000<0.001,说明本书选取的调查样本来自服从多元正态分布的总体,问卷效度水平因子分析检测显示较高。

二、数据分析结果

(一) 回归分析与双变量分析

1. 学生背景因素

采用多重线性回归分析法,以"专业理论学习情况"为因变量,以学生背景因素为自变量,采用自变量"逐步"输入法,线性回归分析结果如下系列表 2-2 到表 2-6 所示。在所有的背景因素中,唯有"班级类型"对"专业理论学习情况"具有统计学意义上的显性影响。

---

[1] 克朗巴哈的 Alpha 值为 0.9 以上表示很好,0.8 以上表示可以接受,0.7 以上表示需要修正,0.7 以下表示可以放弃。

[2] KMO 值为 0.9—1 表示极好;0.8—0.9 表示可奖励;0.7—0.8 表示还好;0.6—0.7 表示中等;0.5—0.6 表示糟糕;0.5 以下表示不可接受。

表2-2—表2-6　学生背景因素对学习效果的回归分析

表2-2　学生背景因素对学习效果　变数已输入/已移除[a]

模型	变数已输入	变数已移除	方法
1	班级类型	.	逐步（准则：F-to-enter 的概率≤0.050，F-to-remove 的概率≥0.100）。

a. 应变数：专业理论学习情况

表2-3　学生背景因素对学习效果　模型摘要

模型	R	R 平方	调整后 R 平方	标准偏斜度错误
1	0.137a	0.019	0.017	0.737

a. 预测值：（常数），班级类型

表2-4　学生背景因素对学习效果　变异数分析[a]

模型		平方和	Df	平均值平方	F	显著性
1	回归	6.215	1	6.215	11.434	0.001[b]
	残差	322.890	594	0.544		
	总计	329.106	595			

a. 应变数：专业理论学习情况

b. 预测值：（常数），班级类型

表2-5　学生背景因素对学习效果　系数[a]

模型		非标准化系数		标准化系数	T	显著性
		B	标准错误	Beta		
1	（常数）	2.464	0.064		38.757	0.000
	班级类型	0.138	0.041	0.137	3.381	0.001

a. 应变数：专业理论学习情况

表2-6　学生背景因素对学习效果　排除的变数[a]

模型		Beta 入	T	显著性	偏相间	共线性统计资料
						允差
1	专业	0.064[b]	1.566	0.118	0.064	1.000
	性别	−0.017[b]	−0.420	0.674	−0.017	0.967
	出生年份	−0.060[b]	−1.471	0.142	−0.060	0.996
	籍贯	0.067[b]	1.661	0.097	0.068	1.000
	出生地	−0.035[b]	−0.860	0.390	−0.035	0.999

（续表）

模型	Beta 入	T	显著性	偏相间	共线性统计资料
					允差
高中学习背景	-0.022^b	-0.529	0.597	-0.022	0.915
参加的高考类型	-0.020^b	-0.478	0.633	-0.020	0.910
担任班干部情况	0.014^b	0.352	0.725	0.014	0.998
a. 应变数：专业理论学习情况					
b. 模型中的预测值：（常数），班级类型					

从表2-5模型系数表中看出，专业理论学习情况＝2.464＋0.138×班级类型，即班级类型对专业理论学习情况的解释力为13.8%。在班级类型中，基于前期探索性调查发现，实验班学生学习效果相对更好，所以在班级类型赋值时实验班的分值更高，学生背景因素对专业理论学习效果的回归分析结果验证了这一点，说明了班级类型对于专业理论学习效果的显性解释力，也进一步说明了实验班教学对于专业理论性学习效果提升的显性解释力。

2. 学习主动性因素

1）回归分析

采用多重线性回归分析法，以"专业理论学习情况"为因变量，以学习主动性因素为自变量，采用自变量"逐步"输入法，结果显示，"完成专业课作业的方式""希望任课教师学习要求严格程度"两个自变量对"专业理论学习情况"具有统计学意义上的显性解释力，回归分析结果如表2-7—表2-10所示。

表2-7—表2-10　学习主动因素对学习效果的回归分析

表2-7　学习主动因素对学习效果　变数已输入/已移除ª			
模型	变数已输入	变数已移除	方法
1	完成专业课作业方式	.	逐步（准则：F-to-enter 的概率≤0.050，F-to-remove 的概率≥0.100）。
2	希望任课教师学习要求严格程度	.	逐步（准则：F-to-enter 的概率≤0.050，F-to-remove 的概率≥0.100）。
a. 应变数：专业理论学习情况			

表2-8　学习主动因素对学习效果　模型摘要				
模型	R	R 平方	调整后 R 平方	标准偏斜度错误
1	0.258^a	0.066	0.065	0.737
2	0.303^b	0.092	0.089	0.728
a. 预测值：（常数），完成专业课作业方式				
b. 预测值：（常数），完成专业课作业方式，希望任课教师学习要求严格程度				

表2-9　学习主动因素对学习效果　变异数分析[a]

模型		平方和	Df	平均值平方	F	显著性
1	回归	26.042	1	26.042	47.911	0.000[b]
	残差	365.810	673	0.544		
	总计	391.852	674			
2	回归	35.858	2	17.929	33.844	0.000[c]
	残差	355.994	672	0.530		
	总计	391.852	674			

a. 应变数：专业理论学习情况

b. 预测值：(常数)，完成专业课作业方式

c. 预测值：(常数)，完成专业课作业方式，希望任课教师学习要求严格程度

表2-10　学习主动因素对学习效果　系数[a]

模型		非标准化系数		标准化系数	T	显著性
		B	标准错误	Beta		
1	(常数)	1.861	0.112		16.549	0.000
	完成专业课作业方式	0.245	0.035	0.258	6.922	0.000
2	(常数)	1.509	0.138		10.931	0.000
	完成专业课作业方式	0.243	0.035	0.256	6.966	0.000
	希望任课教师学习要求严格程度	0.158	0.037	0.158	4.305	0.000

a. 应变数：专业理论学习情况

从表2-10模型系数表中看出，在学生主动性因素中，专业理论学习情况＝1.509＋0.243×完成专业课作业方式＋0.158×希望任课教师学习要求严格程度，即越是能够独立完成作业，也希望教师能够严格要求的学生，专业理论学习效果越好。

2）双变量分析

双变量分析发现，两年专业学习后对所学专业的态度、复习考试方式对专业理论学习情况之间显性相关。

表2-11　学习主动因素与学习效果的皮尔森相关系数

		专业理论学习情况	专业态度	专业课考试复习方式
专业理论学习情况	皮尔森相关系数	1	0.106**	0.138**
	显著性(双尾)		0.006	0.000
	N	692	689	685

（续表）

		专业理论学习情况	专业态度	专业课考试复习方式
专业态度	皮尔森相关系数	0.106**	1	0.080*
	显著性（双尾）	0.006		0.037
	N	689	690	683
专业课复习方式	皮尔森相关系数	0.138**	0.080*	1
	显著性（双尾）	0.000	0.037	
	N	685	683	686
**. 相关性在 0.01 层上显著（双尾）				
*. 相关性在 0.05 层上显著（双尾）				

如表 2-11 所示，皮尔森相关系数双尾检测显示，"专业态度"对"专业理论学习情况"的显性解释力为 10.6%，"专业课考试复习方式"对"专业理论学习情况"的显性解释力为 13.8%，即越是以积极主动的方式对待考试，对专业越喜欢的学生，说明其专业理论学习效果越好。

3. 教师教学因素

1）回归分析

在教师教学因素中，自变量"教学态度状况"设置了四个指标：①全都不认真（1分）；②只有少部分认真（2分）；③大部分认真（3分）；④全都很认真（4分）。自变量"三因素重要性排序"，其中三因素包括：①教师的严格要求（1分）；②教师认真的教学态度（2分）；③教师恰当的教学方法（3分）。研究假设"教学方法"为第一影响因素，"教学态度"为第二影响因素，"严格要求"为第三影响因素，因此赋值依据假设的重要性程度从低到高数值依次增加。如表 2-12—表 2-15 所示，教师教学因素对专业理论学习情况的回归模型为："专业理论学习情况"=1.406+0.196×"教学态度基本状况"+0.001×"三因素重要性排序"+0.094×"学习效果与教学态度关系"。可以看出，研究假设成立，严格要求并没有对专业理论学习情况具有显性解释力；相反，教学态度与教学方法都具有显性解释力。

表 2-12—表 2-15　教师教学因素对学习效果的回归分析

表 2-12　教师教学因素对学习效果　变数已输入/已移除ª			
模型	变数已输入	变数已移除	方法
1	教学态度状况	·	逐步（准则：F-to-enter 的概率≤0.050，F-to-remove 的概率≥0.100）。
2	三因素重要性排序	·	逐步（准则：F-to-enter 的概率≤0.050，F-to-remove 的概率≥0.100）。
3	学习效果与教学态度关系	·	逐步（准则：F-to-enter 的概率≤0.050，F-to-remove 的概率≥0.100）。
a. 应变数：专业理论学习情况			

表 2-13　教师教学因素对学习效果　模型摘要

模型	R	R 平方	调整后 R 平方	标准偏斜度错误
1	0.268[a]	0.072	0.070	0.735
2	0.294[b]	0.087	0.084	0.730
3	0.314[c]	0.099	0.094	0.726

a. 预测值：(常数)，教学态度状况

b. 预测值：(常数)，教学态度状况，三因素重要性排序

c. 预测值：(常数)，教学态度本状况，三因素重要性排序，学习效果与教学态度关系

表 2-14　教师教学因素对学习效果　变异数分析[a]

模型		平方和	Df	平均值平方	F	显著性
1	回归	27.378	1	27.378	50.662	0.000[b]
	残差	353.965	655	0.540		
	总计	381.342	656			
2	回归	32.989	2	16.495	30.967	0.000[c]
	残差	348.353	654	0.533		
	总计	381.342	656			
3	回归	37.598	3	12.533	23.808	0.000[d]
	残差	343.745	653	0.526		
	总计	381.342	656			

a. 应变数：专业理论学习情况

b. 预测值：(常数)，教学态度状况

c. 预测值：(常数)，教学态度状况，三因素重要排序

d. 预测值：(常数)，教学态度状况，三因素重要性排序，学习效果与教学态度关系

表 2-15　教师教学因素对学习效果　系数[a]

模型		非标准化系数		标准化系数	T	显著性
		B	标准错误	Beta		
1	(常数)	1.929	0.101		19.162	0.000
	教学态度状况	0.239	0.034	0.268	7.118	0.000
2	(常数)	1.707	0.121		14.072	0.000
	教学态度状况	0.210	0.035	0.236	6.092	0.000
	三因素重要性排序	0.001	0.000	0.126	3.246	0.001

（续表）

模型		非标准化系数		标准化系数	T	显著性
		B	标准错误	Beta		
3	（常数）	1.406	0.158		8.926	0.000
	教学态度状况	0.196	0.035	0.219	5.636	0.000
	三因素重要性排序	0.001	0.000	0.141	3.623	0.000
	学习效果与教学态度关系	0.094	0.032	0.112	2.959	0.003
a. 应变数：专业理论学习情况						

2）双变量分析

表2-16　教师教学因素与学生学习效果的皮尔森相关系数

变量	学生专业理论学习情况		
	皮尔森相关系数	显著性（双尾）	N
教学态度状况	0.261**	0.000	688
学习效果与教学态度关系	0.127**	0.001	688
三因素重要性排序	0.189**	0.000	688
好的专业教学方法	0.077*	0.046	675
学习效果与教学方法关系	0.141**	0.000	688
**. 相关性在0.01层上显著（双尾）			
*. 相关性在0.05层上显著（双尾）			

　　通过双变量分析发现，教师教学态度与教学方法对于专业理论学习情况具有显性解释力，而教师严格要求并没有显性解释力，如表2-16所示。越是认可教师的教学态度良好的学生（皮尔森相关系数＝0.261），专业理论学习效果越好（皮尔森相关系数＝0.127）。在三要素中，教学方法对于专业理论学习效果的显性解释力验证了研究假设（假设教学方法具有首要解释力）。"专业理论课的好的教学方法"与"学习效果与老师的教学方法的关系"对"专业理论学习情况"分别具有0.077和0.141的解释力。由此可以发现，作为专业技术课教师需要掌握符合技术知识本体结构规律的教学方法。

　　4. 实验实训设备因素

　　1）回归分析

　　多重线性回归分析发现，在实验实训设备因素中，"理想的实训资源配备情况""专业课教学实物模型够用情况"对专业学习效果的解释力分别为0.145和0.107，如表2-17—表2-20所示，也即学生希望实验实训设备配备充足；专业课教学中实物模型越是够用，学生专业学习效果越好。回归模型为：专业理论学习情况＝2.032＋0.145×"理想的实训资源配备情况"＋0.107×"专业课教学中实物模型够用情况"。

表 2‐17—表 2‐20　实验实训设备因素对学习效果的回归分析

表 2‐17　实验实训设备因素对学习效果　变数已输入/已移除[a]

模型	变数已输入	变数已移除	方法
1	理想实训资源配备情况	·	逐步(准则：F‐to‐enter 的概率≤0.050，F‐to‐remove 的概率≥0.100)。
2	专业教学中实物模型够用情况	·	逐步(准则：F‐to‐enter 的概率≤0.050，F‐to‐remove 的概率≥0.100)。

a. 应变数：专业理论学习情况

表 2‐18　实验实训设备因素对学习效果　模型摘要

模型	R	R 平方	调整后 R 平方	标准偏斜度错误
1	0.102[a]	0.010	0.009	0.761
2	0.131[b]	0.017	0.014	0.759

a. 预测值：(常数)，理想的实训资源配备情况

b. 预测值：(常数)，理想的实训资源配备情况，专业课教学中实物模型够用情况

表 2‐19　实验实训设备因素对学习效果　变异数分析[a]

模型		平方和	Df	平均值平方	F	显著性
1	回归	4.106	1	4.106	7.090	0.008[b]
	残差	392.115	677	0.579		
	总计	396.221	678			
2	回归	6.752	2	3.376	5.860	0.003[c]
	残差	389.469	676	0.576		
	总计	396.221	678			

a. 应变数：专业理论学习情况

b. 预测值：(常数)，理想的实训资源配备情况

c. 预测值：(常数)，理想的实训资源配备情况，专业课教学中实物模型够用情况

表 2‐20　实验实训设备因素对学习效果　系数[a]

模型		非标准化系数		标准化系数	T	显著性
		B	标准错误	Beta		
1	(常数)	2.230	0.144		15.515	0.000
	理想的实训资源配备情况	0.145	0.054	0.102	2.663	0.008

（续表）

模型		非标准化系数		标准化系数	T	显著性
		B	标准错误	Beta		
2	（常数）	2.032	0.171		11.902	0.000
	理想的实训资源配备情况	0.145	0.054	0.101	2.661	0.008
	专业课教学中实物模型的够用情况	0.107	0.050	0.082	2.143	0.032
a. 应变数：专业理论学习情况						

2）双变量分析

通过实验实训设备因素与学生专业理论学习效果的双变量相关分析发现，实验实训课时量并未显示显性解释力，而"专业课教学中实物模型的够用情况""学校提供的实训资源实际充足情况"以及"理想的实训资源配备情况"都对"学生专业理论学习效果"具有显性解释力，解释力（皮尔森相关系数）分别为 0.092、0.075、0.102，如表 2-21 所示。

表 2-21 实验实训设备因素与学生学习效果的皮尔森相关系数

变量	学生专业理论学习情况		
	皮尔森相关系数	显著性（双尾）	N
专业课教学中实物模型够用情况	0.092*	0.016	690
实训资源实际充足情况	0.075*	0.048	689
理想实训资源配备情况	0.102**	0.007	687
实训环节安排课时量充足情况	0.023	0.545	689
**. 相关性在 0.01 层上显著（双尾）			
*. 相关性在 0.05 层上显著（双尾）			

5. 理论教学与实践教学关系因素

1）回归分析

如表 2-22 到 2-25 所示，理论教学与实践教学的衔接程度对学习效果具有显性解释力。多重线性回归分析发现，理论教学与实践教学关系因素中，"理论教学与技能课教学的衔接情况""理论课与实践衔接合理关系"对专业理论学习效果的解释力分别为 0.159、0.11。回归模型如表 6-25 所示，专业理论学习情况=1.89+0.159×"理论教学与技能课教学的衔接情况"+0.11×"理论课与实践衔接合理关系"。

表 2-22—表 2-25 理实教学衔接程度对学习效果的回归分析

表 2-22 理实教学衔接程度对学习效果 变数已输入/已移除[a]			
模型	变数已输入	变数已移除	方法
1	理论与技能教学的衔接情况	.	逐步（准则：F-to-enter 的概率≤0.050，F-to-remove 的概率≥0.100）。

（续表）

模型	变数已输入	变数已移除	方法
2	理论课与实践衔接合理关系	.	逐步（准则：F-to-enter 的概率≤0.050，F-to-remove 的概率≥0.100）。
a. 应变数：专业理论学习情况			

表 2-23　理实教学衔接程度对学习效果　模型摘要

模型	R	R 平方	调整后 R 平方	标准偏斜度错误
1	0.151[a]	0.023	0.021	0.750
2	0.184[b]	0.034	0.031	0.746

a. 预测值：（常数），理论与技能教学的衔接情况

b. 预测值：（常数），理论教学与技能教学的衔接情况，理论课与实践课衔接合理关系

表 2-24　变异数分析[a]

模型		平方和	Df	平均值平方	F	显著性
1	回归	8.839	1	8.839	15.709	0.000[b]
	残差	380.364	676	0.563		
	总计	389.204	677			
2	回归	13.216	2	6.608	11.864	0.000[c]
	残差	375.987	675	0.557		
	总计	389.204	677			

a. 应变数：专业理论学习情况

b. 预测值：（常数），理论与技能教学的衔接情况

c. 预测值：（常数），理论与技能教学的衔接情况，理论课与实践课衔接合理关系

表 2-25　理实教学衔接程度对学习效果　系数[a]

模型		非标准化系数		标准化系数	T	显著性
		B	标准错误	Beta		
1	（常数）	2.240	0.098		22.920	0.000
	理论与技能教学的衔接情况	0.154	0.039	0.151	3.963	0.000
2	（常数）	1.890	0.158		11.937	0.000
	理论与技能教学的衔接情况	0.159	0.039	0.156	4.115	0.000
	理论课与实践课衔接合理关系	0.110	0.039	0.106	2.803	0.005

a. 应变数：专业理论学习情况

2）双变量分析

通过双变量分析发现，不论是理实衔接情况，还是先后顺序中的理论实践交叉，都反映了理论与实践之间的紧密衔接程度对于专业学习效果的显性解释力。其中衔接情况的解释力更为明显，为 0.145，如表 2-26 所示。

表 2-26　理实教学衔接情况与专业理论学习效果的皮尔森相关系数

变量	学生专业理论学习情况		
	皮尔森相关系数	显著性（双尾）	N
理论与技能教学的衔接情况	0.145**	0.000	685
理论课与实践课之间实际先后顺序	0.097*	0.011	690
理论课与实践课衔接合理关系	0.099**	0.01	686
**．相关性在 0.01 层上显著（双尾）			
*．相关性在 0.05 层上显著（双尾）			

（二）实验班教育效果优势的双变量分析

1. 实验班学生学习主动性更强

研究假设为，实验班学生学习效果要好于非实验班，因此在对自变量班级类型赋值时，分别赋值为中德 AHK 实验班 4 分，胡格实验班 3 分，普通班 2 分，对口单招班 1 分。通过双变量相关关系检测发现，研究假设得到了部分验证。班级类型与对教师严格程度的期望（皮尔森相关系数＝0.101），专业态度（皮尔森相关系数＝0.096）以及专业课复习方式（是否积极主动）（皮尔森相关系数＝0.095）之间都呈现出双尾显性相关关系，如表 2-27 所示。说明相比较普通教学班学生和对口单招班学生，实验班学生学习主动性更好，对专业的喜欢程度也更高。

表 2-27　班级类型与学生学习主动因素的皮尔森相关系数

变量	班级类型		
	皮尔森相关系数	显著性（双尾）	N
学生完成专业课作业的方式	0.067	0.079	692
学生认为自己的学习态度	−0.001	0.982	691
学校两年学习结束后对自己所学专业的态度	0.096*	0.011	690
学生希望任课教师对自己的学习要求严格程度	0.101**	0.008	688
学生专业理论课考试的主要复习方式	0.095*	0.013	686
**．相关性在 0.01 层上显著（双尾）			
*．相关性在 0.05 层上显著（双尾）			

2. 实验班学生更加认可教学方法的重要性

班级类型与"三因素"重要性排序、学习效果与教学方法之关系两个要素之间呈现出双尾显性相关关系,说明实验班学生较之其他班级类型的学生更加认可教学方法的重要性,而教学态度与班级类型之间也并未显现显性关系,也进一步说明实验班教学方法的有效性和特殊性,如表2-28所示。

表2-28　班级类型与教师教学要素的皮尔森相关系数

变量	班级类型		
	皮尔森相关系数	显著性(双尾)	N
三因素重要性排顺序	0.172**	0.000	689
学习效果与教学态度关系	0.024	0.522	689
学习效果与教学方法关系	0.112**	0.003	689
学习效果与教师严格要求关系	0.015	0.694	691
好的专业理论课的教学方法	0.036	0.344	676
教学态度基本状况	0.066	0.085	689
**. 相关性在0.01层上显著(双尾)			
*. 相关性在0.05层上显著(双尾)			

3. 实验班实验实训设备配备更为充足

班级类型与实验实训资源配备情况(皮尔森相关系数=0.158)、实验实训资源理想配备情况(皮尔森相关系数=0.116)之间呈双尾显性相关关系,即实验班较其他类型班级,实验实训设备配备更为充足,而且他们也更认可实验实训配备充足对于学习效果的重要意义,如表2-29所示。

表2-29　班级类型与实验实训设备因素的皮尔森相关系数

变量	班级类型		
	皮尔森相关系数	显著性(双尾)	N
专业课教学中实物模型够用情况	0.04	0.289	691
实训资源实际充足情况	0.158**	0.000	690
理想实训资源配备情况	0.116**	0.002	688
实训环节课时量充足情况	0.073	0.057	690
**. 相关性在0.01层上显著(双尾)			
*. 相关性在0.05层上显著(双尾)			

4. 实验班理论学习与实践操作之间衔接更好

双变量相关检测发现,班级类型与理实衔接程度(皮尔森相关系数=0.102),理实实际顺序安排(皮尔森相关系数=0.118)之间呈显性相关关系,进一步说明,实验班的教学安排中更加注重理论教学与实践教学的交叉安排与有效衔接,这是其良好教育效果得到保证的必要条件,如表2-30所示。

表 2-30　班级类型与理实关系因素的皮尔森相关系数

变量	班级类型		
	皮尔森相关系数	显著性（双尾）	N
理论教学与技能课教学之间的衔接情况	0.102**	0.008	686
学校理论课与实践课之间实际的先后顺序	0.118**	0.002	691
理论课与实践衔接合理的关系	-0.042	0.272	687
**．相关性在 0.01 层上显著（双尾）			
*．相关性在 0.05 层上显著（双尾）			

三、小结

通过上述多重线性回归分析与双变量分析可以发现：①专业理论学习效果与班级类型、学生学习主动性情况、教师的教学方法与教学态度、充足的实验实训设备以及理论实践的紧密衔接程度之间呈现显性相关关系；②实验班初步具备了使学生专业学习效果好的基本条件：学习主动性较好，教学方法较好，实验实训设备较为充足，理论实践之间较为紧密衔接。

基于上述实验班之间、普通教学班与实验班之间的数据分析结果，也留给笔者追问的空间：为何实验班会有明显的教学效果优势？实验班学生学习主动性更好，教学方法更为有效，实训实验条件更为充足，理论与实践衔接更为紧密，而隐藏在这些要素背后的深层次因素又会是什么？这便成为了接下来要追问探索的问题目标。

第二节　教师因素与教学效果

工科技术教育专业教师具备何种条件有助于提升专业教学效果，这构成了以机电类专业教师群体为调查对象开展调查研究的主要问题性目标。

一、调查对象与研究工具

（一）调查对象与调查方法

2016 年 12 月笔者对常校机电工程类专业的专业教师在探索性个案访谈的基础上进行了问卷调查，部门单位包括专业基础部、四个机电类专业二级学院，共发出问卷 110 份，回收问卷 109 份，有效问卷 109 份，问卷回收率和有效回收率均为 99.1%。被调查对象的基本情况如表 2-31 所示。

（二）问卷内容与结构

对教师开展教学效果影响因素的调查问卷主要包括五个方面的内容：个人基本信息、学生学情认知、教师教学状态自我认知、实训设备配备情况认知以及学习成效考核认知。

1. 个人基本信息

包括性别、出生年代、毕业院校类型、所属二级部门、"双师"型教师情况、企业工作经历与企业技术服务项目数量这七个题项。

2. 学生学情认知

包括学生的学习态度、学习效果与学习能力三个方面。学习态度设置了完成专业课作业方式与学习积极性两项分指标;学习效果设置了学生学习效果变化趋势一项分指标;学习能力设置了自主学习比例与达成预定教学目标的学生比例两项指标。

3. 教师教学自我认知

设定了教师教学态度、教学能力认知两项分指标。其中教学态度包括教学总体态度、教学投入程度、对学生的严格要求程度等三项分指标;教学能力包括教育教学能力、教育能力满足度、职业成就感、专业技术能力等四项分指标。

4. 教学条件认知

包括专业课时量充足情况、辅助教具配备情况、学生动手操作的机会、有关项目化教学的设备充足问题、项目化教学意义等五项指标。

5. 教学效果认知

包括考核方式的意义、人才市场需求满足度、学生学习成效认知、课程体系的意义等四项指标。

表 2-31 教师调查样本基本信息情况

变量	样本总数	指标	有效样本数	百分比(%)
所属二级教学部门	109	专业基础部	28	25.7
		机械工程学院	28	25.7
		模具技术学院	22	20.2
		电气工程学院	19	17.4
		车辆工程学院	12	11.0
性别	107	男	70	64.2
		女	37	33.9
出生年代	109	1950—1959 年	2	1.8
		1960—1969 年	40	36.7
		1970—1979 年	35	32.1
		1980—1989 年	31	28.4
		1990 年及以后	1	0.9
最高学位或学历归属学校类型	100	师范院校	11	10.1
		工科院校	79	72.5
		综合院校	19	17.4

（续表）

变量	样本总数	指标	有效样本数	百分比（%）
企业工作经历	109	无	27	24.8
		1 年以下	13	11.9
		1—5 年	27	24.8
		6—10 年	12	11.0
		10 年以上	30	27.5
"双师"型教师情况	97	是	88	80.7
		否	9	8.3
承接过的企业技术服务项目数量	109	没有承接过	21	19.3
		1—4 项	55	50.5
		5—10 项	22	20.2
		10 项以上	11	10.1

（三）问卷信度和效度

1. 信度检测显示该问卷可以接受

如表 2-32 可靠性统计资料显示，克朗巴哈的 Alpha 值为 0.798，说明该问卷指标信度良好，可以接受。

2. 效度检测显示该问卷正常中等

效度检测采用 KMO 测量取样适当性和 Bartlett 的球形检定如表 2-32 所示，KMO 值为 0.696，说明该问卷指标正常还好，适合进行因子分析。Bartlett 的球形检定值为 0.000，表示调查样本来自服从多元正态分布的整体。

表 2-32　教师问卷信度与效度检测情况

可靠性统计资料		克朗巴哈的 Alpha	0.798
		基于标准化项目的 Cronbach 的 Alpha	0.805
		项目个数	26
KMO 与 Bartlett 检定		KMO 测量取样适当性	0.696
	Bartlett 的球形检定	近似卡方	922.007
		Df	300
		显著性	0.000

3. 确定测量专业教学效果的核心因变量指标

研究设定了三项备选指标，分别为教师教育教学能力情况、专业技术应用能力情况和教师"能够实现从理论学习到理论应用转化的课程内容的比例"情况。根据本书所界定的技术知识内在构成要素，技术知识是指包括个人参与系数在内的对规则性知识的理解、转化和应用的能力,本书选择教师的"专业技术应用能力"作为测量教师专业教学效果的核心指标。相比教育教学能力,专业技术应用能力更为基础和首要,更能反映教师的技术知识水平,而这对于教师专业教学而言更为重要。教师"能够实现从理论学习到理论应用转化的课程内容的比例"需要根据教学阶段来定,具有不确定性。教师的专业技术应用能力可以通过教师的技术服务数量来加以测量。"专业技术应用能力"变量从弱到强分为五个等级,分别赋值1—5分,为很弱1分、较弱2分、一般3分、较强4分、很强5分。描述性统计资料显示,该变量平均值为3.71,介于六成到七成之间,如表2-33所示,表明被调查群体自我认知专业技术能力正常偏强。

表2-33 教师专业技术能力描述性统计资料

范围		4	总和		401
最小值		1	最大值		5
平均数	统计资料	3.71	偏斜度	统计资料	−0.423
	标准错误	0.072		标准错误	0.233
峰度	统计资料	0.833	标准偏差		0.749
	标准错误	0.461	变异数		0.562

4. 问卷测量模型 R 平方值

如表2-34所示,多重线性回归分析发现,表示教师专业教学效果的基础和首要指标"专业技术应用能力"情况的问卷结构内容的模型 R 值为0.769,R 平方值为0.633,调整后 R 平方值为0.427,表明该模型对于专业技术应用能力具有47.7%的解释力,该解释力较好。

表2-34 教师教学效果影响因素多元回归模型摘要

模型	R	R 平方	调整后 R 平方	标准偏斜度错误
1	0.796[a]	0.633	0.427	0.598
a. 预测值:(常数),性别等				

二、数据分析结果

(一)多重变量回归分析

1. 个人背景因素

采用自变量逐步"输入"法,个人背景因素对教师专业技术应用能力的多重回归分析发现,教师企业工作经历和承接过的企业技术服务项目数量对专业技术应用能力具有显性解释力。如表2-35—表2-39所示。

表2-35—表2-39 个人背景因素对教学效果的回归分析

表2-35 个人背景因素对教学效果 变数已输入/已移除[a]

模型	变数已输入	变数已移除	方法
1	企业工作经历	.	逐步(准则：F-to-enter 的概率≤0.050，F-to-remove 的概率≥0.100)。
2	承接过的企业技术服务项目数量	.	逐步(准则：F-to-enter 的概率≤0.050，F-to-remove 的概率≥0.100)。

a. 应变数：专业技术应用能力情况

表2-36 个人背景因素对教学效果 模型摘要

模型	R	R 平方	调整后 R 平方	标准偏斜度错误
1	0.346[a]	0.120	0.110	0.737
2	0.400[b]	0.160	0.141	0.724

a. 预测值：(常数)，企业工作经历

b. 预测值：(常数)，企业工作经历，承接过的企业技术服务项目数量

如表2-36所示，两个变量"企业工作经历""承接过的企业技术服务项目数量"，依次输入，模型的解释力 R 值在提高。

表2-37 个人背景因素对教学效果 变异数分析[a]

模型		平方和	Df	平均值平方	F	显著性
1	回归	6.802	1	6.802	12.514	0.000[b]
	残差	50.007	92	0.544		
	总计	56.809	93			
2	回归	9.069	2	4.535	8.644	0.000[c]
	残差	47.739	91	0.525		
	总计	56.809	93			

a. 应变数：您认为自己当前专业技术应用能力情况

b. 预测值：(常数)，企业工作经历

c. 预测值：(常数)，企业工作经历，承接过的企业技术服务项目数量

如表2-38所示，回归模型为："专业技术应用能力"＝2.882＋0.144×"企业工作经历"＋0.183×"企业技术服务项目数量"，且企业技术服务项目数量对专业技术应用能力具有更强的解释力，即为企业的技术服务项目越多，则个人的技术应用能力越强。

表2-38　个人背景因素对教学效果　系数[a]

模型		非标准化系数		标准化系数	T	显著性
		B	标准错误	Beta		
1	（常数）	3.178	0.172		18.498	0.000
	企业工作经历	0.175	0.050	0.346	3.538	0.001
2	（常数）	2.882	0.221		13.055	0.000
	企业工作经历	0.144	0.051	0.283	2.814	0.006
	承接过的企业技术服务项目数量	0.183	0.088	0.209	2.079	0.040

a. 应变数：专业技术应用能力

如表2-39所示，其他个人背景信息，包括年龄、性别、毕业院校、单位、"双师"情况等都没有显性解释力。

表2-39　个人背景因素对教学效果　排除的变数[a]

模型		Beta入	T	显著性	偏相关	共线性统计资料 允差
1	性别	0.166[b]	1.710	0.091	0.176	0.992
	出生年代	−0.037[b]	−0.318	0.751	−0.033	0.715
	最高学位或学历归属学校类型	0.130[b]	1.330	0.187	0.138	0.995
	目前所属二级教学部门	0.035[b]	0.346	0.730	0.036	0.963
	"双师"型教师情况	−0.158[b]	−1.622	0.108	−0.168	0.986
	承接过的企业技术服务项目数量	0.209[b]	2.079	0.040	0.213	0.911
2	性别	0.114[c]	1.126	0.263	0.118	0.893
	出生年代	−0.046[c]	−0.401	0.690	−0.042	0.714
	最高学位或学历归属学校类型	0.116[c]	1.209	0.230	0.126	0.990
	目前所属二级教学部门	0.029[c]	0.298	0.766	0.031	0.962
	"双师"型教师情况	−0.139[c]	−1.437	0.154	−0.150	0.976

a. 应变数：专业技术应用能力

b. 模型中的预测值：（常数），企业工作经历

c. 模型中的预测者：（常数），企业工作经历，承接过的企业技术服务项目数量

2. 学生学情因素

多重回归线性分析发现，在学生学情因素中学生对教师"所授课程作业独立完成情况"具有显性解释力。该变量共设计了四个指标：①都是抄别人的（1分）；②少部分独立

完成,大部分抄别人(2分);③大部分独立完成,少部分抄别人(3分);④全部是独立完成(4分)。数据结果表明,学生越是能够独立完成作业,说明教师的专业技术应用能力越强,从而带动教师的专业教学效果好。

表 2-40—表 2-44 学生学情因素对教学效果的回归分析

表 2-40 学情因素对教学效果 变数已输入/已移除[a]			
模型	变数已输入	变数已移除	方法
1	学生课程作业独立完成情况	·	逐步(准则：F-to-enter 的概率≤0.050,F-to-remove 的概率≥0.100)。
a. 应变数：专业技术应用能力			

表 2-41 学情因素对教学效果 模型摘要				
模型	R	R 平方	调整后 R 平方	标准偏斜度错误
1	0.230[a]	0.053	0.044	0.737
a. 预测值：(常数),学生课程作业独立完成情况				

表 2-42 学情因素对教学效果 变异数分析[a]					
模型		平方和	Df	平均值平方	F	显著性
1	回归	3.116	1	3.116	5.744	0.018[b]
	残差	55.875	103	0.542		
	总计	58.990	104			
a. 应变数：专业技术应用能力						
b. 预测值：(常数),学生所授课程作业独立完成情况						

从表 2-43 可以看出,回归模型为"教师专业技术应用能力"＝3.021＋0.278×"所授课程作业独立完成情况"。如表 2-44 所示,学生的专业学习状态、自主学习比例等因素不具有显性解释力。

表 2-43 学情因素对教学效果 系数[a]						
模型		非标准化系数		标准化系数	T	显著性
		B	标准错误	Beta		
1	(常数)	3.021	0.302		10.007	0.000
	学生授课程作业独立完成情况	0.278	0.116	0.230	2.397	0.018
a. 应变数：专业技术应用能力						

表 2-44　学情因素对教学效果　排除的变数[a]

模型		Beta 入	T	显著性	偏相关	共线性统计资料
						允差
1	学生专业学习状态	0.037[b]	0.322	0.748	0.032	0.701
	学生专业学习效果变化趋势	0.072[b]	0.731	0.466	0.072	0.965
	学生自主学习比例情况	0.125[b]	1.271	0.207	0.125	0.949
	能够达到预定课堂教学目标的学生比例情况	0.017[b]	0.165	0.869	0.016	0.859
	毕业生专业理论学习成效情况	0.064[b]	0.618	0.538	0.061	0.852
a. 应变数：专业技术应用能力						
b. 模型中的预测值：(常数)，学生课程作业独立完成情况						

3. 教师教学自我认知因素

如表 2-45—2-49 所示，多重线性回归分析发现，教师教学自我认知因素中教师的"教育能力对达成教育目标的满足度""职业成就感情况""对学生的专业学习要求严格状况"三个自变量对"专业技术应用能力情况"具有显性解释力。

表 2-45—表 2-49　教师自我认知对教学效果的回归分析

表 2-45　教师自我认知对教学效果　变数已输入/已移除[a]

模型	变数已输入	变数已移除	方法
1	教育能力对达成教育目标的满足度	·	逐步(准则：F-to-enter 的概率≤0.050，F-to-remove 的概率≥0.100)。
2	职业成就感	·	逐步(准则：F-to-enter 的概率≤0.050，F-to-remove 的概率≥0.100)。
3	对学生专业学习要求严格状况	·	逐步(准则：F-to-enter 的概率≤0.050，F-to-remove 的概率≥0.100)。
a. 应变数：专业技术应用能力			

表 2-46　教师自我认知对教学效果　模型摘要

模型	R	R 平方	调整后 R 平方	标准偏斜度错误
1	0.415[a]	0.172	0.164	0.691
2	0.530[b]	0.281	0.267	0.647
3	0.560[c]	0.313	0.293	0.635
a. 预测值：(常数)，教育能力对达成教育目标的满足度				
b. 预测值：(常数)，教育能力对达成教育目标的满足度，职业成就感				
c. 预测值：(常数)，教育能力对达成教育目标的满足度，职业成就感，对学生专业学习要求严格状况				

如表2-46所示，三个变量"教育能力对达成教育目标的满足度""职业成就感""对学生专业学习要求严格状况"依次输入，模型的解释力R值在提高，说明三者对于专业技术能力的显性解释力。

表2-47 教师自我认知对教学效果 变异数分析[a]

模型		平方和	Df	平均值平方	F	显著性
1	回归	10.306	1	10.306	21.597	0.000[b]
	残差	49.628	104	0.477		
	总计	59.934	105			
2	回归	16.853	2	8.427	20.147	0.000[c]
	残差	43.081	103	0.418		
	总计	59.934	105			
3	回归	18.776	3	6.259	15.510	0.000[d]
	残差	41.158	102	0.404		
	总计	59.934	105			

a. 应变数：专业技术应用能力

b. 预测值：（常数），教育能力对达成教育目标的满足度

c. 预测值：（常数），教育能力对达成教育目标的满足度，职业成就感

d. 预测值：（常数），教育能力对达成教育目标的满足度，职业成就感情况，对学生专业学习要求严格状况

表2-48 教师自我认知对教学效果 系数[a]

模型		非标准化系数		标准化系数	T	显著性
		B	标准错误	Beta		
1	（常数）	2.186	0.334		6.538	0.000
	教育能力对达成教育目标的满足度	0.384	0.083	0.415	4.647	0.000
2	（常数）	1.304	0.384		3.396	0.001
	教育能力对达成教育目标的满足度	0.438	0.079	0.473	5.579	0.000
	职业成就感	0.239	0.060	0.336	3.956	0.000
3	（常数）	0.605	0.495		1.222	0.225
	教育能力对达成教育目标的满足度	0.387	0.081	0.418	4.791	0.000
	职业成就感情况	0.240	0.059	0.336	4.035	0.000
	对学生专业学习要求严格状况	0.219	0.100	0.188	2.183	0.031

a. 应变数：专业技术应用能力

如表2-49所示，教师之教学态度、工作投入度、教育能力情况等并没有显性解释力。

表 2 - 49　教师自我认知对教学效果　排除的变数[a]					共线性统计资料
模型	Beta 入	T	显著性	偏相关	允差
1　教学态度情况	-0.048^{b}	-0.503	0.616	-0.050	0.887
1　教育教学工作投入程度	0.090^{b}	0.893	0.374	0.088	0.788
1　对学生专业学习要求严格状况	0.187^{b}	2.025	0.045	0.196	0.911
1　教育教学能力情况	0.220^{b}	1.810	0.073	0.176	0.528
1　职业成就感	0.336^{b}	3.956	0.000	0.363	0.969
2　教学态度情况	0.074^{c}	0.789	0.432	0.078	0.794
2　教育教学质量工作投入程度	0.125^{c}	1.330	0.187	0.131	0.782
2　对学生专业学习要求严格状况	0.188^{c}	2.183	0.031	0.211	0.911
2　教育教学能力情况	0.202^{c}	1.772	0.079	0.173	0.527
3　教学态度情况	-0.024^{d}	-0.229	0.819	-0.023	0.624
3　教育教学质量工作投入程度	0.064^{d}	0.651	0.516	0.065	0.693
3　教育教学能力情况	0.155^{d}	1.343	0.182	0.132	0.501
a. 应变数：专业技术应用能力					
b. 模型中的预测值：(常数)，教育能力对达成教育目标满足度					
c. 模型中的预测值：(常数)，教育能力对达成教育目标满足度，职业成就感					
d. 模型中的预测值：(常数)，教育能力对达成教育目标的满足度，职业成就感情况，对学生专业学习要求严格状况					

4. 教学条件认知因素

采用多重线性回归分析发现，如表 2 - 50—表 2 - 54 所示，在教学条件认知因素中，"专业课课时量充足情况""理想项目化教学方式意义"两个自变量对教师专业技术应用能力具有显性解释力。如表 2 - 51 所示，两个变量依次输入后，回归模型的 R 值在提升。

表 2 - 50—表 2 - 54　教学条件认知因素对教学效果的回归分析

表 2 - 50　教学条件认知因素对教学效果　变数已输入/已移除[a]			
模型	变数已输入	变数已移除	方法
1	专业课课时量充足情况	.	逐步(准则：F-to-enter 的概率≤0.050，F-to-remove 的概率≥0.100)。
2	理想项目化教学方式意义	.	逐步(准则：F-to-enter 的概率≤0.050，F-to-remove 的概率≥0.100)。
a. 应变数：专业技术应用能力			

表2-51　教学条件认知因素对教学效果　模型摘要

模型	R	R平方	调整后R平方	标准偏斜度错误
1	0.342[a]	0.117	0.109	0.710
2	0.419[b]	0.175	0.159	0.690

a. 预测值：（常数），专业课课时量充足情况

b. 预测值：（常数），专业课课时量充足情况，理想项目化教学方式意义

表2-52　教学条件认知因素对教学效果　变异数分析[a]

模型		平方和	df	平均值平方	F	显著性
1	回归	7.032	1	7.032	13.935	0.000[b]
	残差	52.987	105	0.505		
	总计	60.019	106			
2	回归	10.517	2	5.259	11.048	0.000[c]
	残差	49.501	104	0.476		
	总计	60.019	106			

a. 应变数：专业技术应用能力

b. 预测值：（常数），专业课课时量充足情况

c. 预测值：（常数），专业课课时量充足情况，理想项目化教学方式意义

表2-53　教学条件认知因素对教学效果　系数[a]

模型		非标准化系数		标准化系数	T	显著性
		B	标准错误	Beta		
1	（常数）	2.916	0.224		13.040	0.000
	专业课课时量充足情况	0.228	0.061	0.342	3.733	0.000
2	（常数）	2.035	0.391		5.202	0.000
	专业课课时量充足情况	0.252	0.060	0.377	4.194	0.000
	理想项目化教学方式意义	0.195	0.072	0.244	2.706	0.008

a. 应变数：专业技术应用能力情况

如表2-54所示，实验实训教学设备情况并未显示显性解释力。

表2-54　教学条件认知因素对教学效果　排除的变数[a]

模型		Beta入	T	显著性	偏相关	共线性统计资料
						允差
1	专业课辅助教具配备情况	0.08[b]	0.905	0.367	0.088	0.881

(续表)

模型		Beta 入	T	显著性	偏相关	共线性统计资料
						允差
	所授专业学生动手实践机会情况	0.080^b	0.830	0.409	0.081	0.913
	理想实践实训资源配备情况	0.056^b	0.605	0.547	0.059	1.000
	从理论学习到理论应用转化的课程内容比例	0.195^b	2.148	0.034	0.206	0.988
	学校开展有效项目化教学的基本条件具备情况	-0.043^b	-0.461	0.646	-0.045	0.972
	理想项目化教学方式意义	0.244^b	2.706	0.008	0.256	0.979
2	专业课辅助教具配备情况	0.090^c	0.944	0.347	0.093	0.881
	所授专业学生动手实践机会情况	0.099^c	1.065	0.289	0.104	0.908
	理想的实践实训资源配备情况	0.020^c	0.220	0.826	0.022	0.977
	从理论学习到理论应用转化的课程内容比例	0.166^c	1.857	0.066	0.180	0.971
	学校开展有效项目化教学的基本条件具备情况	-0.063^c	-0.690	0.492	-0.068	0.966
a. 应变数：专业技术应用能力						
b. 模型中的预测值：（常数），所授专业课课时量充足情况						
c. 模型中的预测值：（常数），所授专业课课时量充足情况，理想项目化教学方式意义						

5. 教学效果检测认知因素

如表 2-55—表 2-59 所示，教学效果检测认知因素中，有两个变量"高职教师职称评定体系对人才培养质量的意义""所授课程对学生所学专业的意义程度"对教师专业技术应用能力具有显性解释力。其中"高职教师职称评定体系对人才培养质量的意义"具有反向解释力，即对于高职教师职称评定体系具有疑义的专业教师因其专业技术应用能力好，更加能理解高职工科技术教育对于教师要求的能力要素结构。越是认可自己所授课程的实际意义，说明其专业技术能力也越好，影响其专业教育效果更好。

表 2-55—表 2-59　教学效果检测认知因素对教学效果的回归分析

表 2-55　教学效果检测认知因素对教学效果　变数已输入/已移除[a]			
模型	变数已输入	变数已移除	方法
1	高职教师职称评定体系对人才培养质量的意义	·	逐步（准则：F-to-enter 的概率≤0.050，F-to-remove 的概率≥0.100）。
2	所授课程对学生所学专业的意义程度	·	逐步（准则：F-to-enter 的概率≤0.050，F-to-remove 的概率≥0.100）。
a. 应变数：专业技术应用能力			

如表 2-56 所示，两个变量"高职教师职称评定体系对人才培养质量的意义""所授课程对学生所学专业的意义程度"依次进入，回归模型的 R 值在递增。

表 2-56　教学效果检测认知因素对教学效果　模型摘要

模型	R	R 平方	调整后 R 平方	标准偏斜度错误
1	0.413[a]	0.170	0.162	0.686
2	0.496[b]	0.246	0.232	0.657
a. 预测值：(常数)，高职教师职称评定体系对人才培养质量的意义				
b. 预测值：(常数)，高职教师职称评定体系对人才培养质量的意义，所授课程对学生所学专业的意义程度				

表 2-57　教学效果检测认知因素对教学效果　变异数分析[a]

模型		平方和	df	平均值平方	F	显著性
1	回归	10.228	1	10.228	21.739	0.000[b]
	残差	49.874	106	0.471		
	总计	60.102	107			
2	回归	14.805	2	7.402	17.159	0.000[c]
	残差	45.297	105	0.431		
	总计	60.102	107			
a. 应变数：专业技术应用能力						
b. 预测值：(常数)，高职教师职称评定体系对人才培养质量的意义						
c. 预测值：(常数)，高职教师职称评定体系对人才培养质量的意义，所授课程对学生所学专业的意义程度						

如表 2-58 所示，回归模型为：专业技术应用能力情况＝3.331－0.25×高职教师职称评定体系对人才培养质量的意义＋0.285×所授课程对学生所学专业的意义程度。

表 2-58　教学效果检测认知因素对教学效果　系数[a]

模型		非标准化系数		标准化系数	T	显著性
		B	标准错误	Beta		
1	(常数)	4.565	0.194		23.501	0.000
	高职教师职称评定体系对人才培养质量的意义	−0.271	0.058	−0.413	−4.662	0.000
2	(常数)	3.331	0.422		7.893	0.000
	高职教师职称评定体系对人才培养质量的意义	−0.250	0.056	−0.380	−4.456	0.000
	所授课程对学生所学专业的意义程度	0.285	0.088	0.278	3.257	0.002
a. 应变数：专业技术应用能力						

如表2-59所示,对于考核方式的评价,人才规格满足度并没有对其专业技术能力具有显性解释力。

模型1		Beta λ	T	显著性	偏相关	共线性统计资料
						允差
1	专业课的考核方式对学生学习效果的反映状况	0.169[b]	1.928	0.057	0.185	0.991
	当前专业课考核方式对学生学习主动性意义	0.157[b]	1.745	0.084	0.168	0.952
	学生学习效果考核的有效方式	0.004[b]	0.048	0.962	0.005	0.986
	专业课程体系对高职技术类人才规格满足度	0.065[b]	0.725	0.470	0.071	0.966
	所授课程对学生所学专业的意义程度	0.278[b]	3.257	0.002	0.303	0.986
2	专业课的考核方式对学生学习效果的反映状况	0.070[c]	0.750	0.455	0.073	0.834
	当前专业课考核方式对学生学习主动性意义	0.127[c]	1.465	0.146	0.142	0.940
	学生学习效果考核的有效方式	0.017[c]	0.199	0.843	0.019	0.984
	专业课程体系对高职技术类人才规格满足度	0.016[c]	0.185	0.853	0.018	0.936

表2-59　教学效果检测认知因素对教学效果　排除的变数[a]

a. 应变数:专业技术应用能力

b. 模型中的预测值:(常数),高职教师职称评定体系对人才培养质量的意义

c. 模型中的预测值:(常数),高职教师职称评定体系对人才培养质量的意义,所授课程对学生所学专业的意义程度

6. 小结

通过对影响教师教育效果的核心指标专业技术应用能力的影响因素的回归分析发现:①在教师个人因素中,教师的工作经历中越是与企业联系紧密,则专业技术应用能力越强,从而保证其教育教学效果越好,具体体现在两个方面,一是企业的工作经历;一是为企业提供技术服务项目的数量。②在学生学情因素中,与专业技术应用能力和教学效果显性相关的是,学生独立完成作业的能力。这是工科专业教学效果检测的重要指标。③在教师自我教学认知中,越是有职业成就感的教师,其对学生相对更为严格要求,也认为教育能力教学目标满足度好,这是从教师层面测量教师教育教学能力和教学效果的重要指标。④从实验实训设备因素看,越是认可项目化教学,说明其能够理解项目化教学对于机械工科技术类专业人才培养的意义,其专业技术能力越强,教育效果也越好。⑤越是认可所教课程对于学生专业学习的意义,说明其对课程内容理解掌握得更好,也熟知专业教师

应该具备什么要素能够教好专业课,因而也就对当前的高职教师职称评定体系持怀疑态度。

（二）"企业经历"的双变量分析

1. 学生学习主动性因素

如表2－60所示,通过双变量分析并未发现企业工作年限与学生学情之间的显性相关关系。也即说明,企业工作年限并不能保证积极或消极影响学生学习主动性。

表2－60　企业工作年限与学生学习主动性因素的皮尔森相关系数

变量	企业工作年限		
	皮尔森相关系数	显著性（双尾）	N
学生对您所授课程作业独立完成情况	0.043	0.66	107
学生整体专业学习状态	0.107	0.269	108
机械工程类学生专业课整体学习效果变化趋势	0.045	0.64	109
目前学生自主学习比例情况	0.088	0.364	109
能够达到预定课堂教学目标的学生比例情况	−0.011	0.91	109
本专业毕业生专业理论学习成效主要情况	−0.1	0.299	109
＊＊．相关性在0.01层上显著（双尾）			
＊．相关性在0.05层上显著（双尾）			

2. 教师教学认知因素

如表2－61所示,企业工作年限对教师教育目标达成度具有0.243的解释力,也即企业工作年限越高,相对教师的教育教学能力会越高,目标达成度也越高。

表2－61　企业工作年限与教师教学认知因素的双变量显性相关系数

变量	企业工作年限		
	皮尔森相关系数	显著性（双尾）	N
目前的教学态度情况	0.056	0.561	109
提升教育教学质量工作的投入程度	0.094	0.331	109
对学生的专业学习要求严格状况	0.138	0.155	108
从理论学习到理论应用转化的课程内容比例	0.022	0.821	109
教育教学能力情况	0.16	0.096	109
职业成就感情况	0.115	0.233	109
当前教育能力对达成教育目标的满足度	0.234*	0.015	108
＊＊．相关性在0.01层上显著（双尾）			
＊．相关性在0.05层上显著（双尾）			

3. 教学设备情况

如表2－62所示,企业工作年限与教师教学条件认知因素之间并未显示显性相关关系。

表 2-62　企业工作年限与教师教学条件认知因素的皮尔森相关系数

变量	企业工作年限		
	皮尔森相关系数	显著性（双尾）	N
所授专业课课时量充足情况	0.003	0.975	109
所教专业课中辅助教具配备情况	−0.167	0.082	109
所授专业中学生动手实践机会情况	−0.171	0.078	108
理想实践实训资源配备情况	−0.075	0.437	109
学校开展有效项目化教学的基本条件具备情况	−0.157	0.102	109
理想项目化教学方式意义	0.164	0.088	109
**. 相关性在 0.01 层上显著（双尾）			
*. 相关性在 0.05 层上显著（双尾）			

4. 对教学效果检测认知因素

如表 2-63 所示，企业工作年限与"高职教师职称评定体系对人才培养质量的意义""所授课程对学生所学专业的意义程度"之间呈显性相关关系，即企业工作年限越长，越是对当前的高职教师职称评定体系持有疑义，解释力为 −0.212；且越认可所授课程对学生所学专业的意义程度，解释力为 0.271。这也说明企业工作经历对于教师教学能力提升有着更为积极的影响。

表 2-63　企业工作年限与教学效果检测认知因素的皮尔森相关系数

变量	企业工作年限		
	皮尔森相关系数	显著性（双尾）	N
专业课考核方式对学生学习效果反映状况	−0.007	0.944	109
专业课考核方式对学生学习主动性意义	0.06	0.537	109
学生学习效果考核的有效方式	0.129	0.181	109
专业课程体系对高职技术类人才规格满足度	0.027	0.784	109
所授课程对学生所学专业的意义程度	0.271**	0.004	109
高职教师职称评定体系对人才培养质量的意义	−0.212*	0.027	109
**. 相关性在 0.01 层上显著（双尾）			
*. 相关性在 0.05 层上显著（双尾）			

5. 小结

通过上述个人企业工作年限对各个影响教师教育效果的因素的双变量分析发现，企业工作年限并没有如预期的假设一样对诸多要素具有显性解释力，也从另一面说明，即使在企业工作年限很长，其专业教育效果未必一定会好，但相对其他背景因素而言，积极效果会更明显些，如对于自己所授课程的意义认可度更高，教育能力满足度更高，而对职称评定体系有着更多的质疑。

（三）"企业技术服务项目数量"的双变量分析

1. 学生学习主动性因素

如表2-64所示，"企业技术服务项目数量"与"学生整体专业学习状态""能够达到预定教学目标的学生比例情况"两个变量之间呈显性相关关系，即企业技术服务项目数量越多，则学生整体学习状态越好，越积极，解释力为0.226；能够达到预定课堂教学目标的学生比例越高，解释力为0.249。

表2-64　企业技术服务项目数量与学生学习主动因素的皮尔森相关系数

变量	企业技术服务项目数量		
	皮尔森相关系数	显著性（双尾）	N
学生所授课程作业独立完成情况	0.074	0.448	107
学生整体专业学习状态	0.226*	0.018	108
机械工程类学生专业课整体学习效果变化趋势	0.104	0.283	109
目前学生自主学习比例情况	0.166	0.084	109
能够达到预定课堂教学目标的学生比例情况	0.249**	0.009	109
本专业毕业生专业理论学习成效主要情况	0.086	0.374	109
**. 相关性在0.01层上显著（双尾）			
*. 相关性在0.05层上显著（双尾）			

2. 教师教学状态认知因素

如表2-65所示，企业技术服务项目数量与"从理论学习到理论应用转化的课程内容比例"（皮尔森相关系数＝0.248）、"教师教育目标达成度"具有显性相关关系（皮尔森相关系数＝0.244），也即企业技术服务项目数量越多，教师专业教育教学中理论联系实际和转化的能力会越高，课程内容灵活掌握更好；教育目标达成度也越高。

3. 教师教学条件认知因素

如表2-66所示，企业技术服务项目数量与"所教专业课中辅助教具配备情况""所授专业中学生动手实践机会的情况"两个变量呈显性相关，即企业技术服务项目数量越多，则会引导学生有更多的动手实践机会（皮尔森相关系数＝0.191），对于辅助教具的配备也更为充足（皮尔森相关系数＝0.286）。

表2-65　企业技术服务项目数量与教师教学状态认知因素的皮尔森相关系数

变量	企业技术服务项目数量		
	皮尔森相关系数	显著性（双尾）	N
目前的教学态度情况	−0.134	0.166	109
提升教育教学质量工作的投入程度	0.036	0.714	109

（续表）

变量	企业技术服务项目数量		
	皮尔森相关系数	显著性（双尾）	N
对学生的专业学习要求严格状况	0.037	0.707	108
从理论学习到理论应用转化的课程内容比例	0.248**	0.009	109
教育教学能力情况	0.176	0.153	109
职业成就感情况	0.067	0.112	109
当前教育能力对达成教育目标的满足度	0.244*	0.011	108
**．相关性在 0.01 层上显著（双尾）			
*．相关性在 0.05 层上显著（双尾）			

表 2-66　企业技术服务项目数量与教师教学条件认知因素的双变量显性相关系数

变量	企业技术服务项目数量		
	皮尔森相关系数	显著性（双尾）	N
目前所授专业课课时量充足情况	0.169	0.079	109
所教专业课中辅助教具配备情况	0.286**	0.003	109
所授专业中学生动手实践机会的情况	0.191*	0.048	109
理想的实践实训资源配备情况	0.126	0.193	109
学校开展有效项目化教学的基本条件具备情况	0.089	0.359	109
理想项目化教学方式意义	0.08	0.409	109
**．相关性在 0.01 层上显著（双尾）			
*．相关性在 0.05 层上显著（双尾）			

4. 对教学效果检测认知因素

如表 2-67 所示，企业技术服务项目数量与"高职教师职称评定体系对人才培养质量的意义""所授课程对学生所学专业的意义程度"之间呈显性相关关系，即企业技术服务项目数量越多，越是对当前的高职教师职称评定体系持有疑义（皮尔森相关系数＝－0.376），且越认可所授课程对学生所学专业的意义程度（皮尔森相关系数＝0.188）。

表 2-67　企业技术服务项目数量与教学效果检测认知因素的皮尔森相关系数

变量	企业技术服务项目数量		
	皮尔森相关系数	显著性（双尾）	N
专业课的考核方式对学生学习效果的反映状况	0.112	0.246	109
当前专业课考核方式对学生学习主动性意义	0.117	0.227	109
学生学习效果考核的有效方式	－0.172	0.074	109

（续表）

变量	企业技术服务项目数量		
	皮尔森相关系数	显著性（双尾）	N
专业课程体系对高职技术类人才规格满足度	0.12	0.212	109
所授课程对学生所学专业的意义程度	0.188*	0.05	109
高职教师职称评定体系对人才培养质量的意义	−0.376**	0.000	109
**．相关性在 0.01 层上显著（双尾）			
*．相关性在 0.05 层上显著（双尾）			

通过上述企业技术服务项目数量对各个影响教师教育效果的因素的双变量分析发现，相比较企业工作年限的解释力，企业技术服务项目数量的解释力相对要更强一些，从另一方面也说明，企业技术服务项目数量越多，则无论是学生的学习积极主动性，还是教师的教育教学能力、教育效果等都会更好。

三、小结

综合上述对影响机电类专业教师专业技术应用能力进而影响其教育教学效果的因素的多重线性回归分析与双变量分析发现，一线专业教师的首要的基础能力是专业技术能力，专业技术应用能力的提升以及为企业提供技术服务项目的数量的提升，对于专业教育效果提升具有基础的意义。

第三节　研究问题的确定

基于量的研究，我们可以初步得出结论：其一是实验班在校生专业学习效果更好；其二是教师专业技术应用能力越强，技术服务量越多，会进而积极影响其专业教学效果。基于这一发现需要继续追问的是：实验班为何会具有好的学习效果？实验班人才培育质量是否符合社会需求？为何教师专业技术能力高、技术服务数量多，教育效果就会更好？

解释上述三个问题，需要追问以下子问题：改革实验班采取了何种不同于非实验班的教育路径？改革实验班与普通教学班的教育目标之间有何异同？二者的教育内容有何不同？二者考核学生学习效果的方法有何不同？

要回答上述延伸的子问题，首先需要追问属类的本质性根本问题：作为技术教育的主要核心目标，个体技术知识究竟是什么类型的知识？个体技术知识生成的路径是什么？个体技术知识的内在构成要素包括哪些？这就构成了本书理论探索的主要目标，也构成了第三章学理追溯的核心内容。

技术知识观：应用观与生成观

基于对知识的分类与知识生成的文献研究，进一步研读技术哲学经典文献，围绕技术知识的二阶问题呈现了出来。第一阶问题是"个体技术知识的生成"，基于该问题的第二阶问题是"个体技术知识本体结构的构成"。

在技术哲学经典文献中对于技术知识的探讨，始终离不开对"科学与技术"二者关系的论述来进一步明确技术知识的本质。技术知识是对科学知识的应用还是具有独立性成为了历史上诸多技术哲学家着力探究的问题。通过进一步的梳理发现，全面理解技术知识的本质，需要区分个体的技术知识与社会的技术知识的不同维度。社会的技术知识来源于对社会的科学知识的应用，任何一种新生代技术的出现都是基于对已有的科学知识的实践与应用的结果，本书将这一转化过程称为技术知识应用的路径，我们将与之相对应的技术知识观称为"技术知识应用观"。个体的技术知识来源于个体的热情参与与必不可少的能力，具有特定的生成路径，本书将这一生成过程称为技术知识生成的路径，我们将与之相对应的技术知识观称为"技术知识生成观"。在此区分两种技术知识观，旨在说明它们适用于技术在不同层面的类型。

第一节　技术知识应用观

"技术知识应用观"从广义上讲，适用于两个方面，一方面是指社会技术的生成与更新换代，另一方面是指个人对自己已经获得的普遍性理论知识的实践与应用，其中后者内嵌于个人知识的生成过程中。本书将"技术知识应用观"限定为宏观意义上"社会的技术"对"社会的科学知识"的应用。芒福德关于技术发展与人类文明之间的关系系统地论述了"社会的技术知识"是对"社会的科学知识的应用"这一关系。波兰尼关于个人技术知识生成的论述揭开了社会技术知识何以形成和发展的"黑箱"①。

一、社会技术知识的形成与发展

（一）技术的发明是人类想象力的实践与应用

培根在《新大西岛》中对发明人大加褒奖。在他的建议下成立的所罗门科学馆中有两个展馆，一个展馆用来收集技术样品，另一个展馆用来收集发明人事迹。芒福德在科学与技术的关系之间用这样一句话来表达自己的观点，"技术的想象力远远超过了工匠和工程师们的实际能力"。芒福德将人类需要突破自己的生理限制开展技术发明之前的想象力、欲望称为魔法，并对其在技术发明中的意义大为肯定。对大自然态度的改变，在其为人们普遍接受之前，首先出现在孤立于人群的少数人的头脑之中。人类飞行的欲望来源于对鸟的飞行的观察，在飞行器尚未发明出现之前首先出现在人们的梦中、祈祷中，人们希望有较大的征服从而摆脱对外面残酷无情缺乏安全感的世界的依赖，人们渴望丰盛的物品和高超的能力，渴望行动自由，活得更长久。

在魔法与技术发明出来之前的过渡阶段是具体操作，魔法与纯粹的想象一样，是通往知识和能力的捷径，技术发明起始于此。为了让科学知识转化为技术，当时建立了各种实验室与博物馆。16世纪左右初步出现的一系列技术革新来源于有生命的物体与机械物体之分离，例如古埃及工匠制作的椅子腿来源于公牛腿的模样，达·芬奇设计的飞机是对飞鸟翅膀运动的试图模仿。阿代尔（Ader）在1897年制造的蝙蝠飞机其肋来源于蝙蝠的身体；推进器极像飞鸟的羽毛，由薄木片组成。

芒福德总结到，基于人类的需求与想象力，存于人们内心的魔法为技术的呼之而出提供了创造的灵感。技术发明的想象力与技术发明本身因为主体不同使得想象力与发明本身是分开的，其目的还是在于说明社会技术的发明来自人类本身的想象力，是一种社会意义上的将想象力付诸实践与应用。

（二）社会的技术发展是对社会的科学知识的应用

芒福德追溯到，到了新生代技术时期，很多哲学家和技术专家如罗吉尔·培根、达·芬奇、弗朗西斯·培根、波尔塔等的概念、预期和专断的想象都终于找到了合适的应用环境。例如15世纪一些设想的草图变成了可以实现的图景，原先的猜测在技术的辅助下得到了加强，"整个社会准备做那些过去由个人独立承担的任务"②。具体的应用包括两个方面，一是数学与物理学上取得的科学成就开始扩展到其他的经验领域，主要体现为科学方法对已经存在的事物的影响。科学知识应用的第二个方面为其在技术和生活方式上的直接应用，芒福德对此通过举例说明，在新生代技术阶段，技术发明的主要推动力主要来自建立普遍规律的科学家而不是机敏的发明家。发明成为了科学规律知识衍生出来的

---

① 英国社会学家迈克尔·吉本斯提出，只有打开技术生成过程中的"黑箱"，揭示出技术生成中的认知维度，科学知识与技术知识之生成路径的共性才得以得到强调。参见：迈尔克·吉本斯. 知识生产的新模式——当代社会科学与研究的动力学[M]. 陈洪捷等译. 北京：北京大学出版社，2011：25.

② 刘易斯·芒福德. 技术与文明[M]. 陈允民等译. 北京：中国建筑工业出版社，2009：193.

结果。

> 发明电报的，实质上是亨利，而不是莫尔斯。发明发电机的，实质上是法拉第，而不是西门子。发明电动机的，实质上是奥斯特，而不是雅科比（Jacobi），发明无线电报的，实质上是……把科学知识转化为实用设施只不过是发明过程中的一个偶然性的事件。虽然诸如爱迪生、贝克兰（Baekeland）和斯佩里（Sperry）这样高超的发明家仍然存在，但新型发明天才依靠科学提供的素材来进行创造。[①]

技术发明一方面来源于科学知识的指导与具体应用，另一方面也促进产生了与科学家们所从事的工作完全不同的职业，如工程师。工程师是科学与技术相结合的社会产物。在科学知识指导的基础上，结合现实的问题以及特定必需的实用设施，不同于探索普遍规律的需求便出现了：寻找一种理论公式来解决发明与制造实用设施这一现实问题。于是，科学与技术的结合便出现了。因为开尔文爵士提供了必要的科学分析，海底电缆得以铺设；因为米歇尔（Michel）教授推算出了黏性流体的行为，汽船的推力借助于螺旋推进器得以实现；因为普平（Pupin）及其贝尔实验室的同事们经过系统研究解决问题，长距离电话才得以实现。"孤立的灵感以及经验性的摸索在发明中的作用越来越小。在一系列具有新生代技术特征的发明之中，想法都是先于发明愿望的，而且这种想法也往往是集体智慧的成果。"[②]芒福德一再强调科学知识、科学理念在技术发明中的不可或缺。科学知识的探索来源于对实际生活的启发与激励，但是其本身与实际的应用研究同样重要。芒福德分析到，一方面科学知识的发现成果都流入到可供参考和汲取养料的"公共的理念储水库"，从而有助于实际问题的解决，解决问题的可能性之大小不是取决于解决问题的压力的大小，而是取决于公共理念储水库中水的高度[③]，另一方面，到了19世纪，科学研究开始成为一种独立的思维习惯和行为方式，因为一流的科学家开始远离事务的缠绕，对把一切事物都能转化为利润和诠释的欲望表示抗衡，科学和艺术一样成为一种存在。没有科学知识的支撑，传统形式的技术本身并不具备持续成长的手段。因此芒福德推论说，正是有了科学理论知识的指导，技术的发展才可能有了新的高度，并且推动和扩展了技术应用的范围，芒福德将工程师这一新的职业群体的出现归因为是对科学的解释与应用的结果。工程师从事的是不同于科学研究者的工作，他们必须掌握制造新机器体系、开发新型实用设施以及应用新型能源时所涉及的各种问题。在1825年社会学家孔德对科学家和工程师进行了区分，指出工程师这个群体的来源与意义：

> 产生于实际需要，也即当从两端出发、逐步靠近的理论和实践接近到可以相互携手的时候。……他们将提供直接和必要的手段以利于科学家和工业家的联合，而有

---

① 刘易斯·芒福德. 技术与文明[M]. 陈允民等译. 北京：中国建筑工业出版社，2009：197.
② 刘易斯·芒福德. 技术与文明[M]. 陈允民等译. 北京：中国建筑工业出版社，2009：198.
③ 刘易斯·芒福德. 技术与文明[M]. 陈允民等译. 北京：中国建筑工业出版社，2009：198.

了这种联合才能着手建立新的秩序。①

（三）技术将科学玄想转为实用形式

科学和技术的关系为,在科学方法中被证明为行之有效的原则,只要稍作改变就可以成为发明的基础。技术将科学理论中隐含的或明确表述的、期望的或已被证明的,转化成适当的、实用的形式。芒福德指出,科学和技术是互相独立但紧密联系的两个实体,有的时候科学与技术"相互靠近",有的时候"分道扬镳"。例如以经验为主的发明,如蒸汽机离不开卡诺对热力学的研究;电动机的发明离不开抽象的物理学研究,如法拉第对磁场的研究,以及埃及和美索不达米亚的几何学和天文学,到电学和物理学的最新研究直接导致农业生产技术的不断发展。

> 莱昂纳多·达·芬奇的论断都是对的:科学是指挥官,实践是士兵。但是有时士兵在没有指挥官的情况下就赢得了战争;有时指挥官依靠聪明的战略,无须士兵交火就取得了胜利。②

由此可见,芒福德将技术界定为对科学知识的实践、应用与发明,是从科学知识与社会技术的发明、发展的意义的关系的视角加以论述的。"技术是对科学知识的应用"这一论断所指向的是将科学知识转化为服务于人类生活的实用技术,技术哲学家芒福德、自然科学家培根、哲学家笛卡尔都表达了类似的观点。芒福德指出科学的实用价值开始之初在科学倡导者心中是至高无上的,培根在《学识的进展》中指出,与自然科学的历史贡献相比,机械的应用最为巨大、根本,并且将会作为有益于人类生活的贡献而永存。笛卡尔在《方法导论》中指出,遵循着科学的普通观念,一定会得到有益于人生的知识,并将推动经院哲学向实用哲学的转变,通过实用哲学去了解火、水、空气、星宿、天空以及我们周围的所有其他物体其力量和作用,并将发现应用到适当的地方去,开启人类成为自然主宰的历史,尤其是关于人类的健康,只有医药③。

（四）技术的更新换代离不开传承

芒福德通过梳理社会技术发展史,明确表达了技术发展中对科学知识的实践、应用和发展的过程。在追溯"新生代技术"发展原因时,认为尽管新生代技术与始生代技术之间的区分就像黑与白一样,即使这样,新生代技术仍然脱胎于始生代技术阶段,犹如成年人与婴儿的关系④一样密切联系。技术是社会的生成,芒福德提出即使是目前最尖端的技术也是对传统技术的传承与发展。他拓展了机器所涵盖的范围,将原始时代火钻与制造陶器等都包含进去,它们是人类了不起的发明。对技术发展的历史追溯从时钟这一人类的

① 刘易斯·芒福德. 技术与文明[M]. 陈允民等译. 北京:中国建筑工业出版社,2009:199.
② 刘易斯·芒福德. 技术与文明[M]. 陈允民等译. 北京:中国建筑工业出版社,2009:47.
③ 刘易斯·芒福德. 技术与文明[M]. 陈允民等译. 北京:中国建筑工业出版社,2009:54-55.
④ 刘易斯·芒福德. 技术与文明[M]. 陈允民等译. 北京:中国建筑工业出版社,2009:193.

发明物开始。在战争混乱的时代,时钟变成了人们对秩序与权力渴望的符号[①]。随着理性社会的发展,时钟作为一种技术,其社会意义也在发生变化。在资本主义社会时钟又具有了资本主义的特征,例如其产品是分和秒,通过时钟一方面将时间和人们从事的具体活动联系起来,一方面二者又是独立的,独立是因为在数学上存在着可度量其序列的世界,"这是科学的专门领域"[②]。纵观时钟发展史,从遵守时间到按时服务,再到按时记账、按时分配,时钟都会被赋予特定的社会意义,时钟的技术也在不断更新换代。在空间领域,人们发现了时空坐标系。画家应用透视取得成功的同时,制图家制出了新的地图。地图与制图技术的出现都是人类对所观察到的自然现象的投射的记录。航海家能脱离海岸线自由航行得益于制图家们在地图上加上了实际看不见的纬度线和经度线[③]。基于画家与制图家建造的基础,人们产生了对空间的兴趣、对运动的兴趣、对旅行的兴趣[④]。于是,基于这些兴趣,便产生了更为具体的变化,包括道路建设、船只建设、指南针、方向舵、星盘等新类型的技术。紧接着征服时间、空间的迹象便频频出现了。军事方面的石弩、弩炮,后来的大炮、滑膛火枪,军事技术的发展离不开19世纪的奇思异想及其创造。

标志时空的新技术的出现,拓宽了人们对时空的概念与态度,"数字"进入了时空网络中。芒福德认为,数字的浪漫主义的另一个方面是培养了科学的思维习惯。同时,货币应时代需求而出现。再比如,手工写字工具,经历了从鹅毛笔到钢笔到自来水笔的发展历程。结合新生代技术出现的时代背景,才能理解机器体系不是全然的突变,而是多元要素背景下对已有的技术的传承和发展。芒福德对技术发展进行了三阶段划分,他认为,与格迪斯相比,他提出了始生代时期,这一时期看到的是手工业劳动以及与农业发展紧密联系的技术特征,这是更为古老的时期,芒福德称之为现代技术的破晓时期。芒福德总结到,先有供研究的制造的工具,才为进一步总结研究方法提供了现实基础,其实也是在说明技术发明与发展遵循技术本体进化的路径,双手和双眼在技术发明和发现中起了关键作用。例如炼金术士们的实验要比黄金的价值更为珍贵,正是因为他们大胆的想象力,他们使用的容器与方法——曲颈瓶、加热炉、蒸馏器以及压碎、磨细、点燃、蒸馏、溶解,"他们的呼喊和指点,终于将真正的猎手引到了猎物之前"[⑤]。

梳理芒福德关于社会的技术之更新换代过程的原始动力分析,可以发现三个要素构成了推动新生代技术发展的核心要素,包括两个社会因素与一个个人因素:已有的科学理

---

① 在罗马帝国解体后,因为经过的长期血腥战争,人们对秩序与权力充满渴望。当时的寺庙内有铁的规程,创造了秩序,使得冲突战争的隐患无法存在。按照教皇萨比尼阿纳斯(Sabinianus)的训令要求,寺院时钟每24小时在准确规定的时间内敲7次,形成规定的祈祷时间。刘易斯·芒福德. 技术与文明[M]. 陈允民等译. 北京:中国建筑工业出版社,2009:14.
② 刘易斯·芒福德. 技术与文明[M]. 陈允民等译. 北京:中国建筑工业出版社,2009:16.
③ 1436年,安德烈·班柯(Andrea Banco)采取了合理办法绘制的地图不仅是在精度上有了进步,而且对世界的认识上发生了变化,加上制图们在地图上加上了纬经线,为后来的探险家(如哥伦布)铺平了探险的道路。刘易斯·芒福德. 技术与文明[M]. 陈允民等译. 北京:中国建筑工业出版社,2009:21.
④ 同上。
⑤ 刘易斯·芒福德. 技术与文明[M]. 陈允民等译. 北京:中国建筑工业出版社,2009:37.

论蓄水库的高度、已有的技术条件和独立于群体的少数人的想象力。从宏观意义层面理解，社会的技术发展是已有的科学理论与技术条件加以具体实践应用的结果。从这一意义上理解，社会的技术发展是"科学应用"的结果。

二、个体技术知识的应用

（一）理解了的规则知识

波兰尼将类似客观性陈述称为准则或规则，而正确地运用规则是由规则所支配的本领的一部分，二者是截然不同的。如果一个人未能很好地掌握一门本领的实践知识，那么对该人而言，规则或准则是难以理解和运用的。同一个科学准则在不同的人那里可能推导出十分不同的结论。他旨在强调个人的判断和寄托在个人知识生成过程中的重大意义，也只有经过个人的识知行为，规则的功能和意义才得以实现。

（二）个人知识的客观性内涵

波兰尼强调了科学知识形成过程中个人参与的贡献、个人参与形成知识过程中附带觉知的工具性意义，以及焦点觉知转为附带觉知并确立新的焦点觉知的识知过程，这些都体现了个人参与的不可言述性特征，即主观性的意义。但他又肯定了个人知识的客观性特征。个人知识不是参与者个人编造的，而是发现的，是超越了个人所依赖的线索从而建立起来的与现实的联系。波兰尼把这称为"大自然中理性的发现"，意思是发现者的胜利在于因为其预先发现了大自然中的那种秩序，并在后来的时间里经过自己的努力将存在的自然秩序揭示在别人面前[1]。

通过对科学知识形成过程中个人知识的主观性与客观性成分分析，波兰尼揭示了"隐藏在科学的形式主义操作背后那些最原始的形式"，即"赖以以纯个人的方式识知事物的智力的非言述表现"。波兰尼区分了"有技能地办事"的艺术和"有技能地识知"的艺术，两者都包含了存在的有意向的变化，也就是把自己灌注于对细节的附带觉知中。在技能实施过程中，这些对细节的附带觉知构成了获得技能的工具，在运用行家绝技的过程中，这些细节构成了被观察到的综合整体中的元素。波兰尼对获得知识的过程中整体的意义的分析来源于格式塔心理学的影响。对细节的附带觉知以及将附带觉知整合到技能的综合元素中，这样的识知行为就把我们识知者"个人本身延伸到对构成一个整体的细节的附带觉知之中"，个人识知行为的内在结构和过程揭示了识知者参与知识形成的内在逻辑结构与原始根源。

科学发现的客观性特征，波兰尼用"寄托"来进一步限定其含义。寄托与完全的主观性不同，尽管是一种个人选择，但寻求并最终接受的是某种与个人无关的东西。在寄托的情境下，科学追求的个人性与普遍性联系了起来，从事科学探索的科学家给他自己的标准与主张赋予了与个人无关的地位，他们将科学视为在与个人无关的情况下建立起来的。由于普遍性意图而形成的强制性建立了个人责任。在其他情况相同的背景下，责任心越

---

① 波兰尼. 个人知识：迈向后批判哲学[M]. 许泽民译. 贵州：贵州人民出版社，2000：97.

强烈，负责做出决定的人就越认真，尽管有个人仲裁的参与成分。

虽然有关的种种选择还有待自我中心的仲裁决定，但对普遍性的渴求之心却维持着一种建设性努力并把这一权限缩小至作出决定的人觉得他不能作出与此不同的决定这一范围内。具有主观性的个人随意作出决定的自由被负责任的个人所必须做的自由否定了。[①]

将科学加以应用，转化为技术，是从社会技术的发展角度而言的，是将科学知识与技术知识作为社会性知识而论述其关系的。若从个人知识的生成视角看，所有的技术知识的生成都依循了"感知类知识-发现已有知识-理解已有知识-验证已有知识-对已有知识的应用"的路径，其中的应用环节发生在最后的阶段，不是对外在的科学知识的直接应用，而是经由学习者自身的吸收转化成为自己的科学知识，并加以应用。即使芒福德强调了对科学知识应用的决定性意义，他也是区分了经验性技术与科学知识在技术发明中的意义的不同，即在个人技术知识的生成中，实验的不断验证的过程是必要环节。

个体技术知识究竟是如何生成的，波兰尼、阿瑟、桑内特等都从不同的维度加以阐释，逐渐将个人技术知识生成过程中的"黑箱"揭露了出来，从而说明技术知识如何相对地独立于科学知识，以及其对于科学知识生成的基础性、优先性、前置性意义。

第二节　技术知识生成观

一、个体技术知识的生成

明确技术知识是不同于科学知识的独特知识类型，除了其在宏观意义上的应用与发展，进一步探究个体技术知识的生成路径以及构成要素，具有重要的学理意义。波兰尼、阿瑟、杜威等思想家关于技术知识与科学知识的区分对于进一步认识技术知识的生成具有重要的参考意义。

（一）技术知识不同于科学知识

波兰尼和阿瑟分别从不同的角度论述了科学与技术的不同。波兰尼通过区分科学发现与技术发明各自的本质特征说明科学知识与技术知识的相对独立性。阿瑟通过追溯科学产生的历程说明科学的产生来源于技术，发展源于技术。杜威通过将技术外延进一步扩大化说明科学是一种特殊的技术形式。

1. 科学与技术之间具有相互独立性

波兰尼通过区分发明与发现说明科学与技术之间具有相互独立性。发明与发现的显著区别是专利的保护。发现进一步增进了人们对大自然的认识，而发明则是服务于某一

---

① 波兰尼. 个人知识：迈向后批判哲学[M]. 许泽民译. 贵州：贵州人民出版社，2000：474.

特定利益的创新性程序性规则,新的发明依赖于已有的经验知识,但新的发明也可以碰巧包含某种发现。发明能够受到专利的保护,而发现不能。专利系统地阐述了一项机器的操作原则,指出了该机器所独具的部件,以及部件内各个组成件是如何通过综合统一操作从而完成它们的特殊功能达到机器的目的,并指出了各个机件之间互相影响的关系。机器的发明者总是尽力涵盖机器的操作原则所体现出来的所有可想象的东西,而避免提及任何已实际制成的机器的物理与化学特性环节,除非这些细节对于机器所指称的操作严格且不可少。一项获得专利的技术包含了四个要素:①所有得到承认的操作原则;②操作原则所服务的目的得到了认可;③机器的价值得到了评赏;④法律上保障了其作为获得有关利益的合理手段①。专利只是规定了机器的正确性规则,但是对于机器故障则不作解释。物理、化学的相关知识对于解释机器故障或许有用,但并非一定有用。用物理学或化学的知识既能解释机器的正确性规则也能解释其故障的原因是不可能的。发明的价值会受物质经济价值的影响,发现不然。受到专利保护的发明不仅仅是因为某项新的操作规则,还要求有物质利益,具有经济的要求。发明的经济性能会随物质价值的变化而发生变化,但发现的有效性却不可能受到货物价值变化的影响。例如钻石的经济价值可能会变得和盐那样便宜,但是盐或钻石的物理性质、化学性质则不会失效,具有稳定性。

在此,波兰尼引出了隐藏在专利发明之后的科学与技术的独立性关系。即科学是发现,是关于事物本质的描述;发明是关于达到某一目的的操作型规则以及相应的各类事物。首先,用科学的物理知识和化学知识并不能认识一台机器。因为科学知识对操作性规则的成功和失败不予考虑,而理解机器的结构与操作通常所需的物理学和化学知识也很少。所以,在一定意义上,技术与科学这两类知识是"互不相干"的,即技术在很大程度上是完全不同于科学发现类知识的独立知识类型。

2. 科学知识与技术知识互为辅助

科学发现有助于进一步改进技术,技术发明过程中也伴随着发现,说明了二者的互辅作用。内含在技术中的正确性规则教人以合理的途径来实现特定的目的。这些规则中设计了一种由数个步骤组成的策略,每一个步骤本身又是在一个连贯的、经济的并且在此意义上是合理的程序中实现自己的功能。这些具有逻辑关系的程序、步骤和各个相应的部件连接在一起服务于它们的共同目的的方式,都具有某种可言传的理由,都可通过特定的言述体系规定下来②。

通过区分发现与发明的不同,波兰尼也发现了科学与技术的相互应用。发明与发现二者都具有原创性,发现的原创性在于比别人更深入地看到事物与事物之间的因果关系,而发明的原创性则在于将已知的事实转化实用的利益。于是这就带来了科学家与发明家之间不同的职业标准,发明家抱怨科学家懒惰,微不足道,没有实际性贡献;科学家抱怨发明家功利主义,只考虑实用性。事实上,两种职业标准之间的冲突关系可以通过相互的贡

---

① 波兰尼. 个人知识: 迈向后批判哲学[M]. 许泽民译. 贵州: 贵州人民出版社,2000: 506.
② 波兰尼. 个人知识: 迈向后批判哲学[M]. 许泽民译. 贵州: 贵州人民出版社,2000: 510.

献来缓和,经验性技术构成了科学发现的来源,技术过程又是科学发现的一种应用。

3. 科学知识源于技术知识又基于技术知识

阿瑟更多地从技术对科学发现的意义的角度区分科学与技术的关系,进一步说明技术先于科学而生成,而后与科学相辅相成。对于"技术是对科学的应用",阿瑟认为该观点过于简单和幼稚,二者之间的关系事实上要复杂得多:①在科学知识诞生之前,很多技术的诞生与科学之间几乎毫无关系。直到 19 世纪中期,技术才开始大规模地向科学进行"借贷"。而认为技术是科学的应用,这是理解深层现象的工作机理的唯一的方式。②技术是从科学和自己的经验两个方面建立起来的。二者堆积在一起,从而使得科学有机地成为技术的一部分,"被深深地织入技术"。③科学观察与实验离不开技术方法,因此技术又同样地"被深深地织入科学"。④科学发现的过程本质上也是建构技术和方法的过程。因此,科学拥有技术的形式,或者至少可以说,科学是"技术的堂兄弟"。科学不仅仅利用技术,而是通过技术来建构自身,科学本质上就是一种方法,包括理解、探究、解释的方法,其中许多次级方法,去除它的核心结构,科学从本质上说也是一种技术形式[1]。科学比技术有更为宽泛的外延,技术是科学的肉身,科学形成于技术,包括仪器、方法、实验和解释等。⑤技术是基于已有的科学知识和个体经验两个方面建立起来的。因此从这意义上讲,科学与技术的关系为一种共生关系,每一方的创造都离不开对方的参与以及对对方的吸收[2]。

4. 科学知识是一种特殊的技术知识形式

对于科学与技术之关系,杜威的观点更为激进。他认为科学是一种特殊的技术(technology)形式,他所说的"技术"外延更为宽泛,具有哲学意义。他认为技术是一种探究。对于技术的概念,他追溯到古希腊,认为技术包含了"技艺(techne)"和"逻各斯(logos)",技术是对工具和技艺的探究。从实体人工物到方式,从组织到国家,都属于杜威的技术外延的范围。杜威的"技术"是指面对疑难情境,运用各种探究工具解决问题。法国哲学家斯蒂格勒指出,人本质上即一种技术性的存在。

> "技术"就是对工具和技艺的探究。工具和机器是技术,逻辑和语言也是技术;科学是一种技术,共同体和国家也是技术;生产性技能是技术,解决疑难情形的探究方式也是技术。……"技术"就是指人类赖以生存的一切"身外之物"。[3]

对于科学与技术的关系,杜威在其论文《我相信什么》(What I Believe)中,表述了技术与科学的关系。他拒斥了关于"技术是应用科学"的观点,认为技术象征着所有的理智技巧,借助理智将自然与人的能量结合来满足人类的需求。面对技术发展带来的社会问

---

[1] [美]布莱恩·阿瑟. 技术的本质:技术是什么,它是如何进化的[M]. 曹东溟,王健译. 杭州:浙江人民出版社,2014:67.

[2] [美]布莱恩·阿瑟. 技术的本质:技术是什么,它是如何进化的[M]. 曹东溟,王健译. 杭州:浙江人民出版社,2014:68.

[3] [美]拉里·希克曼. 杜威的实用主义技术[M]. 韩连庆译. 北京:北京大学出版社,2010:译后记.

题，杜威并未将这些问题归罪于技术的发展。这与霍克海默、阿多诺的观点截然不同，也与海德格尔与哈贝马斯的技术观相异。杜威的观点之所以是理智的，是因为技术涉及人类借助工具和技艺来控制外在环境进行批判与改造，以满足需求①。杜威说的"技术"的核心词是"探究"。面对新的疑难情境，已有的工具、技艺与习惯已经失效时，需要探究活动，随着探究的推进和成功，新的人工物便诞生了，包括新的结论、新的习惯、新的技艺、新的工具等，使得结果与问题的情形恢复了协调。杜威通过打破有形的与无形的工具之间二元传统本体论的划分，提出技术不仅仅在手工工具和机器领域运作，同时也在概念和观念领域中运作。从对"事物是什么"的研究转向了"事物能做什么"的研究中，从而拓宽了技术的范围。西方哲学传统认为人类需要在经验之外寻找评价经验的标准，相反，杜威认为，人类用来增进知识的标准，是通过制造与行动的副产品而发展起来的，既是预定目标的结果，也是一种新的工具，改变工具和目标的性质，新的技术人工物又产生了，包括新材料、新工具以及其他新发现。由此可见，与科学相比，技术外延范围更广。杜威明确主张，科学是技术的分支或一种模式②。类似的定位性描述有：科学是知识的一种特性③；科学作为控制和发展其他实践模式的关键因素而发挥作用④；科学是为了辅助引发和利用其他艺术的核心艺术⑤；科学作为对具有含义的事物的认知，是建立在技术的和实践的基础上；⑥科学的进步是技术的进步，通过工具使用上的进步，改进和检测结论。⑦

（二）个体技术知识的生成路径

与芒福德宏大的人类技术形成发展史的追溯不同，亚里士多德、桑内特、狄德罗、波兰尼、阿瑟等哲学家们将人类技术知识的发展限定在个体知识生成的视角加以阐释，来进一步解释技术发展中个体参与的历史性意义，从而为我们更好地理解人类技术发明与创造史提供了现象学视角。梳理他们关于技术知识生成的路径，可以将个体技术知识生成的路径归纳为以下阶段：感官知觉（起点阶段）-疑惑与问题（设卡阶段）-探照（开放阶段，提供客观规则）-建立联结（理解、归纳、诠释和发现阶段）-验证（实践阶段）-应用（生成阶段）。前三阶段为基础和必要条件阶段却往往容易被忽略，尤其是客观主义知识观指导下的教育路径。

1. 感官知觉和经验阶段（起点阶段）

技术知识生成始于熟练的技能。亚里士多德通过对智慧的生成阶段的论述，说明了感官知觉和经验的重大意义。分析亚里士多德对于技术知识生成路径的论述可以发现，从感官知觉到经验的过程是技术知识生成的起始阶段。

其一，技术离不开经验。理解亚里士多德关于个人技术生成路径的起始阶段的论述

---

① ［美］拉里·希克曼. 杜威的实用主义技术［M］. 韩连庆译. 北京：北京大学出版社，2010：中文版导言.

② ［美］拉里·希克曼. 杜威的实用主义技术［M］. 韩连庆译. 北京：北京大学出版社，2010：66.

③ 杜威在《人的问题》（1946）中指出，参考《杜威的实用主义技术》第82页.

④ 杜威在《论文集》（1916）中指出，参考《杜威的实用主义技术》第82页.

⑤ 杜威在《艺术即经验》中指出，参考《杜威的实用主义技术》第82页.

⑥ ［美］拉里·希克曼. 杜威的实用主义技术［M］. 韩连庆译. 北京：北京大学出版社，2010：125.

⑦ ［美］拉里·希克曼. 杜威的实用主义技术［M］. 韩连庆译. 北京：北京大学出版社，2010：154.

离不开从理解其对智慧的定义开始。通过区分感觉与知道、经验与技术、大师与一般人、理论知识与生产的知识的不同，亚里士多德对智慧进行了定义。智慧是关于事物之根源及其原理的知识，并通过区分动物与人，强调了智慧的阶梯性特征，有经验的人比只具备感官知觉的人更有智慧，掌握了技术的人比有经验的人更有智慧，大师位于智慧阶梯的顶端。在亚里士多德看来，理论知识较生成的知识属于更高智慧[①]。他将知识进行了智慧层次的高低区分，旨在说明个体知识的生成阶段与阶段性成果，其中基于感官知觉和经验是生成技术知识的首要阶段，技术来源于经验，知识和技术是经验的"衍生物"[②]。通过从经验得来众多认知，然后汇集成对于某类事物的普遍性判断，技术知识由此而生成。亚里士多德还举例说，卡里阿斯（Callias）患有某种疾病，同时包括苏格拉底在内的其他很多此类病例患者同样如此，这叫经验；所有具备某类型体质的人患有此类疾病，例如黏液质或胆液质的人患病发烧，这样通过总结便形成了技术。他阐述了经验与技术之间交织的交互关系。一方面，技术来源于经验，又高于经验，与经验相比，技术是真知识。拥有技术的人可以教授别人，但是有经验的人却不能，因为技术是普遍性知识，而经验为具体的知识。另一方面，只是掌握了技术性知识而缺经验，同样不能成功。在实际操作方面，经验似乎在各个方面都不次于技术，如果只是有理论而无经验，只是知晓普遍性问题而忽略其中的具体问题，比如在医师领域，通常是医不好人的，在具体操作方面，医师需要解决的是具体人的问题，而非抽象的人的问题。技术家和经验家的区分在于，技术家不仅知道其然，还知道其所以然，而经验家是仅知其然而不知其所以然。所以与经验家相比，技术家更为智慧，但并不能因此否定经验对于技术家的重要性，技术家离不开经验。这又构成了亚里士多德关于技术知识生成的更为原始的阶段——感官知觉阶段。

其二，技术知识的生成离不开感觉尤其是视觉和可感知事物。亚里士多德认为，感觉给了我们细节方面的重要认知，所以是获取高级智慧的基础。但是感觉没能告诉人"所以然"的一面。只有技术发明家能够超越具体认知，发明创造具有实用价值的技术，所以他们被认为是具有智慧的人。在感觉类型中，视觉是最为人们所看重的求知的感觉类型，因为视觉最能凸显事物之间的种种差别。他重点强调了感觉与理论知识之间的关系。基于感觉，基于经验，建立了通型，但往往为了树立通型的存在而推翻具体事物。事实上更应该注重具体事物的存在，因为数（此处即指数字 2）居于首位，"二元体"居其后，也即相关之数在前而绝对之数在后[③]。通型的建立或要系统研究一切现存事物的深刻意义，仅仅是掌握了一切构成要素还不行，还要对定义的要素必须先了解并熟练运用，即使是用归纳的方法或印证的方法都一样，也即技术知识或理论知识的生成要诉诸感官。只有感官使得我们能够辨别不同类别的事物，如果组成一切事物的要素于各感官都能相通，掌握事物的意义就基本可以实现。在柏拉图学派中也提出通型实际上就是某些永恒存在的可感知事

[①] ［古希腊］亚里士多德. 形而上学［M］. 程诗和译. 北京：台海出版社，2016：4.
[②] ［古希腊］亚里士多德. 形而上学［M］. 程诗和译. 北京：台海出版社，2016：2.
[③] ［古希腊］亚里士多德. 形而上学［M］. 程诗和译. 北京：台海出版社，2016：26.

物①。在学术研究方面也存在着层次的不同，但最基本的还是离不开感觉。例如探求所有事物本体的哲学家必然会经历探求的"三段论（Syllogism）"。最为熟知某一类的事物，也就必能阐明关于这一门最为确当的真理②。任何物质的存在都是对之前物质的传承和发展，也即与其先前存在的部分之间拥有共同的部分，物质的存在本身体现了创生的过程③，并成为新的物质。其追溯了人类创造数的本质，比如在创造"1"的时候也遇到了诸多的困难和麻烦，任何抽象的原理都离不开可感知事物。

> 他们在创造数的时候遇到了很多麻烦，始终没有完成一套数论的体系，这就似是表明了，数学对象非是如某些人所言，可独立于可感事物之外，它们也非是第一原理。④

霍尔巴特通过观察各项手工技术，说明技术不仅仅是技能，还有着更为复杂的规则和原理，旨在说明观察和经验是获取技术知识的首要阶段，是真理发现的起点。以炼丹技术为例，通过观察冶金的过程说明冶金是一门技术而非技能。因为大自然并未赋予人类完全纯粹的、不含任何杂质且可熔可煅的金属。这就使得在地球内部找到纯金属绝非易事，因为如果找到了也是薄薄的一层附着在泥土或石头上。为了获得足够的尺寸并根据其特性利用它们，需要加以分离，而分离的过程需要经历长期的观察比较才能实现。因为被找到的金属最常见的状态是处在矿石中，并且是两种或两种以上混合共存，混合体强度都很大，需要用不同的方式来加工、摧毁和分离等等。由此可以看出，为了达成最终目标要经历一系列的探究过程，其中会发现各种各样的现象、性质和相关性。霍尔巴特将这些过程和发现称为冶金术知识，这一知识包括操作规则以及大量的相关工作，当然也包括其中大量的发现在内。

> 由于所有这些不同的情况，就产生了大量的工作和各种各样的操作，有关它们的知识就叫做冶金术。因此，我们可以看出，冶金术的全部含义应包括处理金属的一切操作，其中包括矿石或金属物质的化验技术，这只是一个最初的必要步骤，是整个过程中的一个部分而已；这一部分叫做化验（docimasy），而冶金术这个词就是特指经过化验而确定了其成分的那些矿物质的大规模的工作。……因此，冶金术绝不能被当成一种技能；相反，它值得化学家们注意，对于后者来说，有关金属和矿石的不同种类的工作，提供了一系列有助于了解矿石王国所含物质的真实特性的经验……⑤

《百科全书》对重视观察所获得的知识与只教理论推理的学派之间做了比较，发现观察是获得知识的首要阶段。观察不同于实验，先于实验。通过对手工业劳动者劳动状态

---

① ［古希腊］亚里士多德. 形而上学［M］. 程诗和译. 北京：台海出版社，2016：32-33，47.

② ［古希腊］亚里士多德. 形而上学［M］. 程诗和译. 北京：台海出版社，2016：69.

③ ［古希腊］亚里士多德. 形而上学［M］. 程诗和译. 北京：台海出版社，2016：152.

④ ［古希腊］亚里士多德. 形而上学［M］. 程诗和译. 北京：台海出版社，2016：32-33，337.

⑤ ［法］狄德罗主编. 狄德罗的《百科全书》［M］. ［美］坚吉尔英译，梁从诫汉译. 广州：花城出版社，2007：305-306.

的观察,对工作、对制作产品给他们带来的宁静、心满意足、祥和、稳重的满足感加以描述,说明专注地工作对于个人实现的价值。狄德罗也反复论述了重复的工作对于提升专业技能的基础性意义。

和狄德罗一样,同样关注熟练的技能对于技术知识生成的必要性,较之更近了一步,提出了从熟练的技能到新的发现之间的转化需要条件。这里先看桑内特对于熟练技能的重要意义论述。首先,重新阐释并肯定了匠艺活动中手脑并用的意义所在。因为认为经院哲学距离人们的实际生活遥远,桑内特表达了对科学与技术之于人们生活意义的青睐,尤其是对技术的重视,表达了因为科学和技术的出现而与中世纪文化的别离①。这表明,他对人造物与人造神祇的区分与态度。他认为,与艺术、诗歌相比,它们关注的是定性的方面,而物理科学的研究强化了人类的感官,机械发明改变了人的感官能力。例如眼睛因此变得更为敏锐,耳朵变得更为灵敏,手变得更为灵巧②。桑内特对与手工劳动相关的技艺术活动持有肯定立场,原因在于其发现熟练的技能对于新的发现必不可少,也因此与他的老师阿伦特对手工劳动者的观点相对立。基于老师阿伦特对"劳动之兽"的鄙视的不同立场③,对"劳动之兽"所从事的活动被看作是在工业社会即将消失的生活方式,他表示了不同的看法。桑内特说明"劳动之兽"在技术形成过程中的必不可少的意义,前提是需要更好理解物品的制造过程。"劳动之兽"首先自身能够思考,其次对材料也有思考和对话。匠艺活动本身关注的是客观标准,是事物本身。因此,推而论之,匠艺活动更多地强调的是一种专注的精神,即使在日常生活中,专注某一件事情,水平也会得到提高,是一种具有普遍意义的精神,对工程师、科学家、艺术家、医生、程序员都适用。而实际上,在实现匠人自律和投入方面是会受到外在的经济和社会条件的限制。基于这一现实背景,在其《外来者》中芒福德提出了对未来社会的设想。他以匠人的历史个案作为分析对象,分析了匠人在制造活动中的技巧、投入和判断。对于桑内特匠人活动中手脑并用的意义需要从两个方面理解:一是手脑并用有两种可能,能或者不能有新的发现,因为新的发现的前提是需要花心思,而且花心思也不一定就能实现,但是不花心思就一定不能实现。花心思且能实现的人是优秀匠人,优秀匠人专注于双手和大脑的紧密联系,并且在具体实践和思考方式之间展开对话,该对话慢慢会演变成一种持续的习惯,正是这些习惯在解决问题和发现问题之间确立起一种"节奏"④。如图 3-1 所示,手脑并用是获得新发现的前提条件,桑内特将这一手脑并用的第一成果称之为熟练的技能。熟练的技能是灵感产生的前提。

---

① 理查德·桑内特. 匠人[M]. 李继宏译. 上海:上海译文出版社,2015:40-41.
② 理查德·桑内特. 匠人[M]. 李继宏译. 上海:上海译文出版社,2015:45.
③ 基于技术发展带来的对人类生存环境以及人类本身带来的困扰,即"潘多拉盒子"这一悖论,专家们开始担心他们自己的专业技能,因此造成了一个糟糕的悖论,阿伦特提出通过区分"劳动之兽(Animal laborans)"和"创造之人(Homo faber)",通过语言、公众参与的方式来解开这一悖论。阿伦特认为,"劳动之兽"是指只顾低头干活,别的什么都不考虑,这样的人将工作本身视为目的,而创造之人是物质劳动和实践的判断者,是"劳动之兽"的上司,"劳动之兽"解决的是"怎么办","创造之人"则问的是"为什么"。对于这一解释,桑内特提出了和他的老师不同的观点。理查德·桑内特. 匠人[M]. 李继宏译. 上海:上海译文出版社,2015:11.
④ 理查德·桑内特. 匠人[M]. 李继宏译. 上海:上海译文出版社,2015:13.

```
                              ┌─ 有新发现
                    ┌─ 花心思 ─┤
            手脑并用 ─┤         └─ 没有新发现
                    └─ 不花心思
```

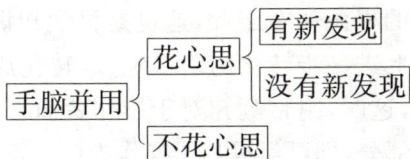

图 3-1 桑内特关于手脑并用与新发现的关系

和波兰尼提出的从焦点觉知向附带觉知的转化一样，桑内特指出，即使是那些复杂的技能，如果经历了长时间的练习与研究，最终也能转化为随时用得上的隐性知识。桑内特对于传统的"技能是一种经过训练的实践活动"有着不同的看法，因为这样的定义认为技能与突如其来的灵感关系不大，天赋可以取代训练，如音乐天才是因为具有天赋的原因。对此，桑内特通过例证来说明即使是音乐天才的音乐成就也是来源于熟练的技能，熟练的技能会进一步提升跨越的前提，即灵感产生的前提。音乐天才莫扎特的音乐才能也是离不开反复训练的。尽管从童年到成年期表现出了优越的音乐才能，成年后写的乐谱很少需要修改，但是通过他的信件发现，在把乐谱写出来之前，他已经在脑海里反复演练了多次。桑内特对于反复练习之于技能提升乃至质的变化持肯定的态度，因此反对现代教育中避免孩子重复性练习的教育理念。自以为开明的教师害怕学生会感到无聊，故热衷于采用各种不同的教学方法，尽量避免学生重复性的练习，可是这样做的后果是让孩子无法将某些技能练到熟极而流的程度①。他认为技能的提高取决于如何安排重复的练习。练习的时间与注意力持续的时间要相对适中。基于此，随着技能的提高，维持重复的能力也会增长，此时也是技艺得到突破和提升的关键时期。桑内特一直认为，技艺的提升离不开身体的实践。人们在匠艺活动中和材料的对话是智商测试所无法反映的。他提出，匠艺工作体现了一个很大的悖论，即非常精巧而复杂的活动，竟然是由诸如辨认事实然后质疑它们之类的简单精神活动演绎出来的②。尽管匠人意义上的"只把一件事情做好"的理念在现在社会不再流行，匠艺的提升是以缓慢的学习和长久的习惯为基础的，这样的痴迷可能在现代社会得不到回报，但是桑内特认为匠人的技能和精神仍然需要。对于学校和政府机构，以及追求赢利的企业，都可以从逐步提升员工的技能开始。

对于从熟练的技能到发现之间的突破，波兰尼通过焦点觉知和附带觉知③之间的转化来说明，个人知识生成的根源在于从焦点觉知与附带觉知之间的转换。附带觉知和焦点觉知在我们从事操作时在注意力范围内处于不同的地位，附带觉知是处于辅助的、附带的地位，焦点觉知则是处于注意力的中心地位，二者的地位不能置换，当从焦点觉知向附带

---

① 理查德·桑内特. 匠人[M]. 李继宏译. 上海：上海译文出版社，2015：13.

② 理查德·桑内特. 匠人[M]. 李继宏译. 上海：上海译文出版社，2015：333.

③ 对于附带觉知和焦点觉知之间的区分，波兰尼通过用锤子钉钉子的过程来说明。在用锤子钉钉子时，我们把注意力会放在用锤子钉钉子上，同时，我们对握着锤子的手掌和手指保持着警觉。对锤子钉钉子的感觉和对手掌和手指握锤子的感觉程度是一样的，但是对二者的留意方式不一样。在我们的注意力范围内，钉子和感觉的作用不一样，感觉是注意力的工具，钉子是注意力的目标，而我们会对感觉保持高度的觉知从而保证锤子在钉子上而不是手上。我们对手掌的感觉被称为附带觉知，并且附带觉知融汇到锤子钉钉子的焦点觉知中。迈克尔·波兰尼. 个人知识——迈向后批判哲学(Personal Knowledge)[M]. 许泽民译. 贵州：贵州人民出版社：2000：189.

觉知转化时。个人知识形成的根源便在于此,这也是科学知识结构的理性内核所在。当焦点觉知在操作熟练的基础上进一步转化为附带觉知,转化成附带觉知的焦点觉知又成了新的焦点觉知的辅助工具,这时,附带觉知对于操作者而言是属于无意识状态,已经延伸成了操作者身体本身的一部分,即已经成为了操作人的一部分,眼镜对于戴眼镜的人而言,盲杖对于盲人而言,都已经超越了其本身作为物体的意义,已经被融入操作者的附带觉知中,而不仅仅是一个外在的物体。波兰尼将这种转化称为人们处置自己的一种方式,是一种个人寄托①。附带觉知从"附带觉知1+焦点觉知1"的操作技能转变成"附带觉知1+焦点觉知1转化的附带觉知2+焦点觉知2"体现了个人知识的逻辑结构,个人知识的形成根源就在这里。例如,从实物到平面图,到多维立体图,再从图到物体之间的转换,其间涉及持续的理解性智力努力,是一种不可表达的思维,而理解本身却必须通过艰难的个人洞察行为才能取得,个人的洞察行为必定是不可言述的,但是已经被融入对洞察的结果中。波兰尼指出,理解一种知识与理解一种对应的事物是同步进行的。他以学生学习解剖学为例来说明二者之间的同步性,并以一名医科学生学习医学知识的过程来说明对知识的理解和对事物的理解的同步性。

医科学生对知识的理解和对相应的事物之间的理解逐渐将焦点觉知转化为附带觉知时,其实附带觉知和焦点觉知之间的联系已经隐性形成,成为一部分隐性知识,随着这种转化的不断深入,他便可以用语言来表达其理解和生成的知识了,规则性知识由此诞生,但是事实上更多附带觉知还是具有不可言述性,因为并未进入其焦点觉知范围。波兰尼将人类具有的语言能力称为"构想客观分类方法的能力"②,是以"实践、观察、解释"为前提和基础。

阿瑟认为技术来源于对现象的发现和利用,布莱恩关于技术的产生的分析对于阿瑟产生了决定性的影响。布莱恩对技术的分解最后说明技术的产生来源于对自然现象的应用,这是技术产生的背后的自然逻辑。阿瑟利用递归性特征对技术进行不断地逐级分解,最后剩下的"不再是属于技术的"现象或效应,于是在技术与现象之间建立了直接的关联。他得出结论,现象是技术赖以产生的必不可少的源泉,所有的技术都是对一种或几种现象进行"乔装打扮"后应用产生的。阿瑟对于技术的基本假设是:①技术(所有的技术)都是一种组合,意味着任何具体的技术都是由另外的部件、集成件或系统组件构建或组合而成的。②技术的每个组件自身也是缩微的技术。③所有的技术都会利用或开放某种效应或现象,具有递归性结构。阿瑟没有去专门讨论人在这一过程中的作用,并非否认人的作用,而是专注于技术的"自创性"特征以独立于科学。现象具有恒定性和可视性,独立于人类的技术和科学的存在,在人类的技术活动和科学研究中显现并被捕捉,揭示新现象有三种途径:①重新关注在实验过程中被忽略的细节;②通过理论与推理寻找现象的蛛丝马迹;③某种尝试的副产品③。和桑内特所指出的一样,阿瑟指出,在实践中现象

① 理查德·桑内特. 匠人[M]. 李继宏译. 上海:上海译文出版社,2015:92.
② 波兰尼. 个人知识:迈向后批判哲学[M]. 许泽民译. 贵州:贵州人民出版社,2000:173.
③ 波兰尼. 个人知识:迈向后批判哲学[M]. 许泽民译. 贵州:贵州人民出版社,2000:61.

在被发现和利用前需要经过"驯服"且做好恰当的准备，即需要创造有限的条件，现象也令人满意地运作起来，由此可见，在阿瑟关于揭示现象的途径描述中，反复的观察、实验和推理足以说明在知识生成过程中努力建立正确的运作方式让现象为预设的目的服务的重要性。

2. 疑惑与问题（设卡阶段）

亚里士多德、波兰尼、桑内特都强调了经验对于技术知识生成的必要意义，他们也都进一步论述了从经验、熟练的技能到技术、新的发现的转化需要有外在条件，即问题或明确的目的，这是技术知识生成的第二阶段，我们称之为设卡阶段。

亚里士多德认为技术生成根源于疑惑，根源于在问题与相关的事物之间寻求答案。致力于实用学的人，往往只在解决实际问题上寻求答案，一切只为其实用，而对于事物之究竟如何他们置之不理。亚里士多德提出，对于解惑的人来说，首先需要抱有疑惑，通过产生疑惑，进而产生解决疑惑的需求，产生思考，引致问题的解答：

> 人们若是未见有结，也无从去解开那结。于思想上困难所在便是这结的所在；我们在思想上感觉堵塞，便像是被束缚住一样；捆绑成结的思想，如同被捆绑住的人一样，寸步难行。因此我们应事先预估疑难；因为想要研究而不先提出疑难，正如想要旅行而不知去向何处的人一样。[①]

桑内特肯定了"坏结果"对于技术进步的功能意义。在桑内特的匠人研究对象中，狄德罗的合作者是其中一部分。在狄德罗的合作者中有许多是科学家，对于他们来说，试错是做实验的指导方针，比如尼古拉·马勒伯朗士认为实验试错的过程就是一个错误由多变少的过程，"光明"正是在错误从多到少的路上突然降临。狄德罗在总结他在作坊里的工作经历时总结到，只有先去当学徒做出坏结果，才能够学会如何生产好结果。正是因为有了"坏结果"，会使得人们努力地推敲，从而得到不断地提高。桑内特列举了英国作家约翰·罗斯金的成名作中强烈的个人特征：观点和感言来自他自己的感觉和经验。他呼吁读者"和自己的身体接触"。罗斯金分析了一个制图员如何突破自己提高自己的制图技术，关键在于渡过一道难关，即需要思考"解决问题"和"发现问题"之间的亲密关系，他所创建的工人学院背后是一种关于匠艺活动的积极理念：每个人都要既使用自己的大脑，也使用自己的双手。罗斯金认为在工作中遇到麻烦是自我匠艺水平提升的关键期。机器遇到故障会崩溃，而人则会在柳暗花明处发现新的天地。他在《威尼斯的石头》里讲述了一个制图员制图能力如何得到提升的条件。当你按照一个既定的标准要求制图员画图时，他可以完成得很完美，可是当你让他思考这些线条的形状，并且把自己的想法画出来时，他就会没辙。可是当制图员在高要求下渡过"没辙"这一难关时，他就会恢复常态，他的技术将会得到提高。作为匠人，如何从熟练的技能和经验到有突破性提高，熟练掌握一门匠

---

① ［古希腊］亚里士多德. 形而上学［M］. 程诗和译. 北京：台海出版社，2016：40.

艺,并没有轻松的捷径可走,一定需要渡过许多"麻烦"、系列"难关"。优秀的匠人应该是不断经历苦恼的匠人,而不是杜宁伯爵的钢铁人①。在罗斯金的作品《建筑学的七盏明灯》中,他为烦恼的匠人提供了七个方面的指导原则,即所谓的"明灯"②。桑内特认为这些原则适用于所有在工作中和各种物品直接打交道的人,其中包括"真理之灯",而真理之灯处于不断的碎裂中,罗斯金认为匠人应该拥抱困难、阻力和为难之处,能找到真理。罗斯金认为不仅是匠人,其实每个人都需要有"犹豫和犯错"的机会,而匠人需要学会主动思考,而不是把自己当作一件"活工具"③。

    同样是新发现的条件,波兰尼用"目的性紧张"来描述作为科学发现的必要条件。对于科学发现的研究,波兰尼感到不满的是,哲学家们主要致力于证明"归纳法过程的合理性",形成对照的是,似乎没有人去曾经努力尝试过确定并证明技术发明过程的合理性,比如一台机器是如何被发明的过程的合理性。发现也即知识的增加需要基于一定的条件,如果一项证据没有被人理解,也就得不到信服。记住一例未经理解和信服的数学证明并不能使数学知识有所增加,而即使一个问题并没有解决,认识这个可以解决并值得解决的问题其本身也是一种发现。在数学发展史上正是因为有种种不同的著名的数学问题代代流传,由解决这些问题的努力尝试而留下了一系列数学成就④。而偶然性在发现中起着非常突出的作用。一直贯穿于学习者始终的是"为解决问题而引起的情绪紧张",也被称为"目的性紧张",从这种紧张的释放中作出的发现却是一大快事⑤。只有沉迷于自己的问题才会产生创造力。波兰尼指出,在目的性紧张的推动下,沉迷于发现的问题,并为之付出艰难的努力,是科学发现的源泉。而沉迷的状态就是即使在休闲时间都在整理自己的资料和思路。正是因为有了对问题持之以恒的执着追求,才使得天才具有了出类拔萃的坚韧不拔的能力,也即通过执着地盯着未知的领域,来不断收集与整理已有的资料,从而获得新知和发现。"盯着那未知的东西""盯着那已知的资料",在答案出现的最后一个阶段,问题与发现之间的"逻辑鸿沟"⑥会以自行加速的方式缩小,发现可能瞬间就降临了,偶然性中蕴含着出现的必然性。

    3. 探照(开放阶段,提供客观规则知识域)

    从被问题阻塞中释放出来,拥有发现的外在条件是什么,桑内特、波兰尼都做了论述。桑内特认为应该是处于开放而非封闭的系统中。通过列举城市规划设计中利用电脑设计

---

① 理查德·桑内特. 匠人[M]. 李继宏译. 上海:上海译文出版社,2015:135.
② 七盏明灯包括"牺牲之灯",意思是要有牺牲精神,对于匠人而言,应该为了把事情做好而把事情做好;"真理之灯",意思是要从实用角度展示真实的建筑材料与结构;"力量之灯",意思是匠人应该按照标准去做事,不能随心所欲;"美丽之灯",意思是美丽更多地来自细节和装饰,而不是整体的设计;"生命之灯",意思是生命意味着奋斗和能量,死亡意味着毫无生气的完美;"记忆之灯",意思是要参考以前出现过的机器和作品;"服从之灯",意思是要学习大师的实践中所制订的标准典范,而不是服从他的作品,即要学习大师本人,而非学习他的某个作品。参考:理查德·桑内特. 匠人[M]. 李继宏译. 上海:上海译文出版社,2015:136.
③ 理查德·桑内特. 匠人[M]. 李继宏译. 上海:上海译文出版社,2015:136.
④ 波兰尼. 个人知识:迈向后批判哲学[M]. 许泽民译. 贵州:贵州人民出版社,2000:179-182.
⑤ 波兰尼. 个人知识:迈向后批判哲学[M]. 许泽民译. 贵州:贵州人民出版社,2000:179-185.
⑥ 波兰尼. 个人知识:迈向后批判哲学[M]. 许泽民译. 贵州:贵州人民出版社,2000:197.

与手工设计之间效果的差异来说明手工设计中反复练习的重要性,在机器辅助设计中遵循的是"先设计再施工"的路径,因而会带来许多问题。经过先设计后施工的城市在实际运行中还是需要手工劳动者进行修正。桑内特称这些人拥有"内在型知识"。但是事实上"像匠人那样思考"不仅仅是一种思维状态,更具有重要的社会意义。反复练习是连接旧问题与新问题之间的通道,但也必然会这样。桑内特提出在反复练习的过程中,解决问题和发现问题之间的关系是开放的。如果只是将练习当作达到某个固定目标的手段,则正在解决的是一个"封闭系统之内的问题",在达到既定目标后不会取得更多的进展。在开放式关系中,能够拓展和培养各种技能,但不是一次性就能解决事情。优秀匠人之所以能够百尺竿头不断取得进步,是因为他们不断在旧问题和新问题之间转化,解决旧问题的同时不断地发现新问题①。

在追溯原创的艺术如何出现时,桑内特区分了匠艺与艺术。匠艺是传承和延续的,而艺术是突然出现的。在经历长时间的历史积淀后,技术的更新换代是如何发生的,桑内特将这一过程称为"变形",并梳理了匠人所使用的三种十分不同的办法来指引他们匠艺的"变形"。首先,有规律的变形可以通过模板的演化而出现。模板的演化并不意味着整个模板的更新,而可能涉及某一细节方面的细微变化。技术史专家亨利·彼得罗斯基指出,从失败中汲取有益的教训对于模板的变形具有重要的意义。其次,人为的变形在两种或两种以上互不相干的因素结合的时候出现,即基于混合与合成的判断,比如说广播和固定电话的结合,诞生了移动电话。第三是领域的转移。人类学家克洛德·列维-斯特劳斯一生都在研究变形这个主题,在烹饪技术领域,他发现了技术变形的"三角场",三个点分别代表三种食物,即生的、熟的和腐烂的。食物从生到熟,烹饪技术转移到陶罐技术,生土到熟土,再到陶罐可以记忆历史、讲故事、变成文化产品,都是一种领域转移的成果。

桑内特指出,无论是在技术领域还是在艺术领域,有探索精神的匠人不仅会遇到困境,而且他们还更愿意创造困境,以便理解整个工作流程。面对错误,匠人必须愿意,甚至是渴望在错误之中停留得更久,以便能够彻底理解原初的准备究竟错在哪里。能够提高技能的练习必须包括这两个阶段:第一阶段为准备与犯错,第二阶段为修正阶段。唯有经过这样的过程,进步才有可能②。桑内特通过区分静态维修和动态维修来说后者对于技艺提升的意义。静态的维修是指"哪里错了修哪里",主要是同类型零件的维修或更换。动态维修则涉及改变物品原来的形状或者功能,比如,烤面包机的电热丝坏了,不仅仅是换一个新的同样规格的电热丝,还可以换上更粗的电热丝。在更为复杂的技术层面,动态维修还可能涉及跨领域,比如说通过新的数据指标来提高性能,或者引入新的工具来解决老问题③。动态维修的过程其实也就是桑内特总结的主动求变的过程,即需要打破既定功能的桎梏,涉及重构,一种工具或者做法的用途是可以被改变的。这种想象力来源于"毗邻性"事物的出现。第三个阶段是惊奇阶段,即通过比较发现将隐性知识转化为显性知识。最后一个阶

① 理查德·桑内特. 匠人[M]. 李继宏译. 上海:上海译文出版社,2015:30.
② 理查德·桑内特. 匠人[M]. 李继宏译. 上海:上海译文出版社,2015:198.
③ 理查德·桑内特. 匠人[M]. 李继宏译. 上海:上海译文出版社,2015:244.

段是承认惊奇，即承认显性知识的合理性。

应该如何应对"阻力"或"模糊"阶段，即忍受挫折并从中获益呢？桑内特就此总结了三种技巧。第一种是推倒重来，即换个角度重新思考问题；第二种方法与耐心有关，即如果问题持续的时间超过预期，则需要调整自己的行为；第三种方法是感同身受地去辨别阻力，去识别最容易入手的因素。匠艺活动的核心是什么？什么能够让匠人引以为豪？和阿伦特的劳动之兽不同，桑内特认为技能的进步是匠艺活动投入的回报，是成熟的技艺让匠人最引以为傲，但是简单的模仿不能带来持续的满足感：

> 技艺必须是与时俱进的。匠艺时间的缓慢性是满足感的来源；匠人可以慢慢练习，把技艺变成自己的。缓慢的匠艺时间也让匠人在工作时能够反思和充分发挥想象力——如果急着要得到结果，那么这种可能将不复存在。成熟意味着漫长的时间；人们需要很久才能占有技艺。[①]

波兰尼探讨的是科学发现，对于认识技术知识的增长同样具有启发意义。他以数学发现的过程为例说明概念的革新是科学发现的重要原因，而承认这些概念革新是一种自我修正的、追求更真实的求知生活的心灵行为。他指出一种权威的说法是："科学上具有最伟大的创造性发展的时刻，常常与通过一个定义而引入新观念的时刻相巧合。"[②]芒福德在论述技术是如何得以发明时，生动地描述了来自他方的想象力作品对于特定时代机器体系发展变化的关键意义。从微观层面看，正是体现了发明者在接收到不同的观念想法时对于自我技术发明的重要性。

可见，依据亚里士多德、波兰尼、桑内特、阿瑟关于技术知识生成的论述，个体技术知识的生成依循"感知-疑惑-问题发现-探照知识-惊奇发现、验证、理解和应用-最后生成"的路径阶段。

二、个体技术知识的构成

波兰尼关于个体知识中理性内核部分的阐述，桑内特关于技术知识内在构成要素中不可测量的要素的论述，以及霍华德·加德纳关于与技术相关的独立智力理论都为我们更接近技术知识的本体构成提供了理论依据。

（一）科学知识中的理性内核

通过对科学发现历程的梳理，波兰尼提出：显性的言述性知识都是以默会认识为基础和前提；科学内涵中包括了信念与热情；科学中的原创力在教育中被弱化。

其一，任何形式化表达以具身参与与认知为基础。

关于知识的构成要素，波兰尼在其《个人知识》中提出了明确的观点。当科学发现的

---

① 理查德·桑内特. 匠人[M]. 李继宏译. 上海：上海译文出版社，2015：367.
② 波兰尼. 个人知识：迈向后批判哲学[M]. 许泽民译. 贵州：贵州人民出版社，2000：290.

成果转化成准则性知识时，个人发现便成为了隐性知识潜藏在个人官能中，他的识知本领是包括了发现过程在内的程序性知识。在科学家那里，他的本领包括以其独特的方式将准则性知识应用到他自己选择的问题上，发现构成了他识知本领的一部分，对于他的发现过程可以通过规条和范例进行研究，"但要对它进行较高级的实施却要求具有适合于特定主题的独特天赋。每个事实性陈述都体现着某种程度的负责任的判断，这种判断是这一陈述于其中得以肯定的寄托之个人一极"①。波兰尼认为在个人识知本领中，有智力的个人被定义为不可言述的智力操作的中心，在每一项识知行为中，因为有着个人的热情参与和判断在内，因此，默会知识是一切知识必不可少的成分：

> 假如我在任何一个特定的社会以外长大的话我将如何思维？提出这样的问题就像提出如下问题一样毫无意义：如果我不是生就任何一个特定的躯体，不依赖任何特定的感觉和神经器官，我将如何思维？因此，我相信，正如我受到召唤而生在这个躯体里死在这个躯体里，为满足它的欲望而斗争，用它生就的感官记下我的印象，并通过我的大脑、我的神经和我的肌肉这一孱弱的机器作出行为一样，我也同样受到召唤而从我早期的环境中习得智力工具并用这些特定的工具来完成我服从的普遍义务。在要求作出刻意决定的情境中，责任感需要与种种作为它的必然逻辑前提的求知成长过程中的使命感作为自己的合乎逻辑的补充。②

一个言述断言是由两部分构成的：一个传达被断言东西的内容的命题和这个命题得以断言的默会行为。其中，断言行为是一种默会的领会，完全依赖于作出这一行为的人的自我满足感，它可以被重复或被改进，但不能像一个关于事实的陈述被测试或被说成真实的那样，而言述的部分则可以通过与事实的比较而得到测试③。正是默会行为接管了跨越疑惑与发现之间的逻辑鸿沟的控制权，通过非言述的默会的行为，连续性的观念通过不断的反思而被发现：

> 哥德尔的革新过程和普安卡雷勾画的关于发现的基本原理之间的相似性，给断言的非形式行为与同样是非形式的发现的行为之间的连续性提供了证据。这两者之间的区别在于正在被跨越的逻辑鸿沟的宽度。对哥德尔命题重新断言要跨越的鸿沟特别狭窄——几乎不可察觉，而在真实的发现行为中，这一鸿沟就像任何人类心灵所能指望需要克服的那么大。同意的行为又一次被证实在逻辑上是与发现的行为相似的；它们本质上都是不可形式化、本能的心灵决定。④

---

① 波兰尼. 个人知识：迈向后批判哲学[M]. 许泽民译. 贵州：贵州人民出版社, 2000：478.
② 波兰尼. 个人知识：迈向后批判哲学[M]. 许泽民译. 贵州：贵州人民出版社, 2000：496.
③ 波兰尼. 个人知识：迈向后批判哲学[M]. 许泽民译. 贵州：贵州人民出版社, 2000：388.
④ 波兰尼. 个人知识：迈向后批判哲学[M]. 许泽民译. 贵州：贵州人民出版社, 2000：399.

他以数学领域的发现为例说明任何形式化表达都是以默会知识为前提和基础的,是默会能力的一种外在体现。数学家需要从直觉转向计算,又从计算转回到直觉上,从来不放松对这两者之间联系的思维整理和把握,直到形式化表达的出现。形式化表达建立在主体默会确认的基础上才能有效,也是主体非形式化能力的外在体现,是"非言述的自我为了把它用作外部向导而凭借技能发明的工具",包括原始的术语和公理所进行的解释主要是非言述的。同样,包括对隐含在数学进步背后的对这些术语和公理进行扩展和再解释的过程也是非言述的。在每一个系列的形式推理过程中,从开始到结束,在直觉与形式之间的交替转换穿梭都是以默会的肯定为基础的①。

其二,科学的内涵中包括信念和求知热情。

历史上伟大的科学家们为了维护自己的论点进而反对他人的论点,需要通过艰苦的论证努力历程。波兰尼通过史料梳理发现,内在的对科学的求知热情是科学发现的核心要素。求知热情在科学发现过程中先后发挥了选择性功能、启发性功能和说服性功能。选择性功能肯定了科学的意义和某些事实的价值。启发性功能是原创性的主动力,这种力促使人们放弃一种公认的解释框架,在跨越逻辑鸿沟的同时把自己寄托于并且运用一种新的解释框架。启发性热情最后会演变成一种说服性热情。波兰尼分析到,说服性热情构成了一切基本争端的主要动力。正是这种求知热情使得科学发现由一代一代伟人不断地传承和发展下来,并硕果累累。波兰尼对科学进行了不同的解读,认为在科学的内涵中不仅仅包括经由概括而形成的"高度浓缩化的总结",而且似乎是一个庞大的信念体系。波兰尼对未来社会如何对待科学做了设想。未来科学将由社会中的一个专门组织起来的机构来培育。那时,科学不再是通过接受一个公式而建立起来,而是人们的心灵生活中的一部分。

因此,波兰尼肯定了默会行为中的要素在科学认识中的不可缺少的意义,包括默会同意、求知热情、群体语言与文化遗产的共享、融入志愿相投的共同体等。这些内容都造就了人们赖以掌握事物的、对事物本质的"幻想"的冲动。科学是一种人们所寄托的信念体系,不能用与人们无关的词语来表述,从而强调了信念之于科学发现的重要意义,也因此将信念放置在了科学的内在构成要素中。

其三,科学的原创力在教育中被大为削弱。

对于客观主义知识观中对真理的歪曲,波兰尼作了修正。客观主义知识观将人类的精神存在归结到诸如艺术作品、道德、宗教礼拜、科学理论等的言述体系中,歪曲了内含有非言述体系的真理观。波兰尼认为客观主义知识观一方面提升了人们能够知道的和能够证明的东西,非言述性体系被隐含在能够证明的所有东西里。试图把人们的心灵限制在可以证明因而也可以显性地怀疑和测试的少数事物上的时候,却忽视了决定着我们心灵的"整个存在的不可批判的选择",更为严重的是,使人们"丧失了承认这些充满活力的选择的能力"②。

---

① 波兰尼. 个人知识:迈向后批判哲学[M].许泽民译. 贵州:贵州人民出版社,2000:199.
② 波兰尼. 个人知识:迈向后批判哲学[M].许泽民译. 贵州:贵州人民出版社,2000:439.

波兰尼以阿赞德人信念（对神秘想法的信念）稳定性的三个方面为例说明，一种信念被社会所承认来源于特定的稳定机制。同样，客观主义科学观也有高度稳定性的框架①。基于对科学内涵中的信念和热情的定位，以及客观主义知识观中对真理的歪曲对待，波兰尼对现实的教育实践中处理科学的方式提出了自己的意见，即同样是对待科学发现，在教育路径中和在前赴后继的科学发现路径中，成就科学发现的求知热情会经历不同的处理方式。在学校教育中，科学发现的成果进入教科书中，这些教科书经由一代代学生，进而被普罗大众所认知，波兰尼观察发现，被教科书所唤起的学习者的求知热情在现实中似乎在逐渐减低，最后求知热情只是变成了对科学发现者顿悟和发现的难忘时刻的"微弱回响"，而且将科学发现当成已知的和真实的、固定的客观事实，也即在实际教育中原始的科学发现中的个人参与在实际教育中被极大地弱化。

在《个人知识》中，波兰尼重点阐述了科学发现的路径。通过梳理他的科学发现路径图，可以看到科学知识的内在构成要素中个体理性参与之于科学发现的重大意义：①个人系数是科学发现的前提和基础；②创造性知识的来源基于焦点觉知转化为附带觉知；③人类的语言前优势，即观念能力和语言能力促成了准则性知识的出现；④准则性知识的形式化表达仍然是以默会知识为前提的；⑤科学发现起源于人们的求知热情，包括选择性热情、启发性热情和说服性热情；⑥科学发现的过程包括普安卡雷观察到的四个阶段——准备阶段、酝酿阶段、启迪阶段和验证阶段②。

（二）技术知识中的理性内核

波兰尼认为演绎推理的逻辑经历了两千年的系统研究，经验推理的逻辑也经历了几个世纪的研究成为了哲学研究的重要内容，而关于发明的逻辑，则无论是实用主义、操作主义还是控制论都因为忽视了个人参与其中的决定性作用，从而阻碍了对发明逻辑的哲学的本质性贡献。技术中一部分内容是无法按其细节充分解释的，这是波兰尼肯定的事实。这样的结论是通过比较同样的技术在不同地区的运用成果得出的。他举例说同样一台在德国经过实验证明可以投入使用的吹制电灯泡，到了匈牙利一年后同类型电灯泡仍无法生产。技术的传承因为其具有无法详细言传的知识，因此只能通过师父带徒弟的示范方式流传下去。波兰尼通过举例来说明不可言传的部分因为不能得到显性传递从而直接影响了预设目标的达成。如民间手工工艺的传承一般倾向于限定在封闭地方传统中，即使一项技艺从一个区域流向另一个区域，最终往往可以追溯到技艺群体的同步迁徙。一些稀有技艺的失传通常是没有办法挽留的。煞费苦心通过各项现代先进技术制造出一把和200多年前由意大利著名的半文盲小提琴制作大师斯特拉迪瓦里作为日常工作制作出来的相似的小提琴的场景，说明了技术知识中不可言述部分不可言传的遗憾与伤感。同样地，学习化学、生物学和医学的学生需要花很长时间依赖师父传授技能。通过上述种种例证，波兰尼想证明，在科学内核深处识知的艺术在多大程度上是不可言传的③。

① 波兰尼.个人知识：迈向后批判哲学[M].许泽民译.贵州：贵州人民出版社,2000:448-450.
② 波兰尼.个人知识：迈向后批判哲学[M].许泽民译.贵州：贵州人民出版社,2000:184.
③ 波兰尼.个人知识：迈向后批判哲学[M].许泽民译.贵州：贵州人民出版社,2000:82.

（三）智力测试之于技术知识要素的局限性

通过对匠艺活动的研究，桑内特强调熟练的技能、遇到并跨越困惑、想象力等是构成技术知识的基本要素。基于对匠人的个人参与对于匠艺获得进一步提升的意义，桑内特提出，已有的智力测验方法并不能顾及匠艺所涵盖的全部能力范围。

在匠艺知识领域涵盖哪些能力，桑内特倾向于认可霍华德·加德纳对智能结构的界定。阿尔弗雷德·比奈和泰沃多尔·西蒙1905年创造了最初的智力测验，刘易斯·特曼十年后对最初的智力测验进行修改，创造了斯坦福—比奈智力测验。桑内特认为斯坦福—比奈智力测验①"似乎"已经囊括了培养一切技能所需的原材料，但并没有包含匠艺所赖以形成的各种基本能力，原因在于这些智力测验仍然以比奈的三项指导原则为依据：一是智力的测量可以通过问题的正确答案得到测量；二是答案可以将人群划分成一道钟形曲线；三是这些智力测验测试的是一个人的生物潜能，而非文化信息②。桑内特认为比奈或者特曼都未将绝大多数人也就是中间地带的人囊括进去。对于这些人的描述词语往往带有贬义，比如用"平庸"或"没什么特别的"来形容，对此桑内特指出了其缺陷所在："难道一个标准差就足以说明平庸与杰出、大众与精英之间的差别吗？"③比奈和特曼将各个智力的所有分数相加得到一个总分数，因为他们认为各个智力之间是相联的，存在一种黏合剂，被称为G因子。心理学家霍华德·加德纳反对G因子这一想法，他进一步扩大了智力范围④，并且各个不同的智力之间是独立的，截然不同的，不能简单地相加。桑内特认为智力测验并不能测验匠艺所需的各种能力，主要原因在于其一条基本指导原则，即可以通过正确答案来加以检测，即分数并不是唯一能够测量匠艺能力的依据。桑内特认为现代社会时兴的能力是一种"快速学习的能力"，但是缺乏在某一个方面深入思考的能力，"匠人深耕细作的能力和这种时兴的潜力是截然相反的"。而反思的能力，解决难题所需的思维能力是比奈的方法所不能测量的。例如有些人取得高分数，但他可能放弃了一些本身就成问题的问题，智力测验所反映的只是一些处理问题的肤浅能力。匠艺所需的各种能力，是一种持久的深入思考的能力，需要"把注意力集中在某个问题上"⑤。这是比奈测验方法所不能及的。

桑内特对智力测验方法之于匠艺多种能力的有效性表示质疑，其所要强调的论点的本质和波兰尼所强调的关于不可言述性内容的定位的观点有着相似之处，即都将促成了个体技术知识生成的重要要素——个人参与系数作为个体技术知识的内在的理性的核心部分。桑内特认为匠艺的提升离不开反思的能力，持久的关注与投入同样也离不开顿悟、

---

① 斯坦福-比奈智力测验主要测试五个基本的思维领域：流体推理，主要测量运用语言的能力；基本知识，主要测量对词汇和数学符号的认识能力；量化推理，主要测量演绎推理能力；视觉-空间处理能力；短时记忆能力。理查德·桑内特. 匠人[M]. 李继宏译. 上海：上海译文出版社，2015：349.

② 理查德·桑内特. 匠人[M]. 李继宏译. 上海：上海译文出版社，2015：349.

③ 理查德·桑内特. 匠人[M]. 李继宏译. 上海：上海译文出版社，2015：351.

④ 霍华德的多元智力（multiple intelligences）结构中包括语言智力、逻辑数学智力、音乐智力、空间智力、身体运动智力、人际关系智力和内省智力，后来又添加了自然智力。参考[美]霍华德·加德纳. 智能的结构[M]. 北京：中国人民大学出版社，2008.

⑤ 理查德·桑内特. 匠人[M]. 李继宏译. 上海：上海译文出版社，2015：354.

发现等个人能动要素。

（四）多元智能结构中的技术能力

美国心理学家霍华德·加德纳通过对人的智力类型的分析认为，人的各类智力之间相对具有独立性，尽管彼此的相互作用更加强化了另一种智力水平的提升。分析其中与技术相关的三种智力类型发现，它们都离不开人的具身参与以及与客观世界的不断互动。例如身体智力、空间智力和逻辑数学智力都是个体不断地与外部世界互动和整理思维的过程中动态的生成。加德纳对人的智力多元结构和各类智力独立存在的实证研究是基于已有的对智力独立性研究的不满意。原因在于，其他研究者在证明存在着不同的"智能"或"才能"时所使用的方法包括逻辑分析，或者学科教育的历史，或者仅仅依靠智力测验的结果，以及仅仅依靠从对大脑的研究中获得的信息。

加德纳将入选为智能的先决条件定为"一组解决问题的能力，使人能够解决所遇到的实际问题或困难；如果需要的话，还使人创造出有效的产品；还必定能调动人的潜能以发现或提出问题，从而为掌握新的知识打下基础"[①]。在加德纳的智能结构中，音乐智能与语言智能是一种与客观物质世界并无紧密联系的存在，相比较，空间智能、逻辑-数学智能、身体智能都离不开人与客观世界之间的紧密联系。他对空间智能、逻辑-数学智能来源与发展的分析都深受皮亚杰发展心理学的深刻影响。在加德纳的能力结构中与技术能力相关的能力包括逻辑-数学智能（将物体的图案转换成数字序列的能力）、空间智能（在使环境中的物体变形的能力以及在物质世界空间中找到路径的能力）和身体智能（包括两方面，一方面是对自己身体使用的智能；一方面是面向外部世界时，包括对身体施加在物体上的行为）三个方面。

对于逻辑-数学智能形成的过程，加德纳参照了发展心理学家皮亚杰关于儿童逻辑-数学知识形成的路径，发现人的逻辑-数学智能同样也是来源于与客观世界的不断互动中。以儿童数字概念的树立为例，正是因为有了和物体的相遇，在客观物体与代表它们的数字之间的对应关系建立起来后，才获得了逻辑-数学领域内最初的也是最基本的知识。一旦在思维中建立了数字的基本知识，逻辑-数学智能便可以相对独立地远离客观物质世界生成于人的智力结构中。同样地，一个人从物体到关于物体的逻辑表述，从行为与相关行为之间的关系，从感觉运动的领域到纯粹抽象的领域等，都是经历了从客观感知到抽象描述之间的对应关系后，逻辑与科学的高度才可能得到。这一智能的生成是复杂的长链条式的，却并非一定是神秘的。加德纳追溯发现逻辑、数学与科学思维的最高境界其根源仍在人的童年时代与客观物体的简单互动之中[②]。

空间智能所依赖的最基本的操作是"感知一种形状或一个物体的能力"[③]。瑟斯顿将空间智能分为三个组分[④]，并证明了其独立性的存在：当物体呈现不同角度时辨认出物体

---

① ［美］霍华德·加德纳. 智能的结构［M］. 北京：中国人民大学出版社，2008：79.
② ［美］霍华德·加德纳. 智能的结构［M］. 北京：中国人民大学出版社，2008：159.
③ ［美］霍华德·加德纳. 智能的结构［M］. 北京：中国人民大学出版社，2008：210.
④ ［美］霍华德·加德纳. 智能的结构［M］. 北京：中国人民大学出版社，2008：212.

的能力;想象物体运动或沿着结构的某些部分在内部发生位移的能力;当观察者本人身体部位的定向是问题的基本部分时,想象空间关系的能力。桑内特也证明空间智能的独立存在。桑内特发现很多潜在的科学理论,都是空间智能参与的产物,例如科学研究中各种"意象"的独特意义。发明家、象棋大师、艺术家、科学家的成就都离不开空间智能的作用。空间智能尤其对于科学研究具有积极的促进作用,比如具备了空间知识,就相当于拥有一种有用的工具,可以帮助思考问题、获取信息,或者说明问题,或者直接用于解决问题。引用麦克法兰·史密斯(McFarlane Smith)的话说,一个人在具备了最低水平的语言能力之后,他在科学研究方面能够有多大的进步主要就看其空间能力水平了。①

在身体智能中,他主要讨论了两个方面的能力,对人的整体运动的控制能力和熟练摆弄物件的能力,二者构成了其身体智能的核心。要更好地使用工具并处理工作对象,需要优异的身体运动技能与空间智能的结合。仅仅有空间智能,虽然可以很好地理解使用工具和工作的机制,但是不知道如何实际操作或处理包含这一机制的工作对象;相应地,虽然会操作工作对象,但是不能理解设备或程序运行方式。单一的智能会使工作在不同的情境、程序或环境中遇到障碍。空间智能与身体智能可以让工作者很好地理解和操作工作对象、程序和运行方式。但要发明,还需要具有逻辑—数学智能,从而能够理解和保证工作任务的准确要求,确定制造出设计产品的必要和充分条件。

> 如果仅仅是试着干,将失误当成练习,或者像一个打零工的人,用列维-斯特劳斯的话说,像个修理工匠那样工作,那么在一定程度上逻辑—数学推理的作用,就不那么重要了。②

特莱塞·基德尔通过对发明计算机硬件的"儿童奇才"的分析发现,他们在儿时有好几位就花了大量时间拆卸机械物件。对他们的传记性描述表明,动手操作能力,包括组装或拆卸设备以及最终装配出成品的经验,在工程师的发展过程中起着重要的作用,也说明了身体智能对于工程技术能力的必要意义。

三、个体技术知识的生成与构成

结合前述个体技术知识生成的路径,以及技术知识的内在构成要素的分析,我们将技术知识的构成要素定为四部分内容:①个人参与系数。主要指主观情绪投入要素和过程,包括紧张、疑惑、认真投入、合作、观察等。②理解了的客观知识域。主要指探照规则性知识,并对规则性知识的发现、验证、理解、顿悟、推理和概括。理解了的新知识域经由发现、验证、理解和应用,从而转存到个体知识库中。③系列能力域,包括完成科学发现或技术发明所需要的方法能力、人格能力(或社会能力)及专业技术能力。④探照到的未知的知

---

① [美]霍华德·加德纳. 智能的结构[M]. 北京:中国人民大学出版社,2008:231.
② [美]霍华德·加德纳. 智能的结构[M]. 北京:中国人民大学出版社,2008:278.

识域与问题域。个体技术知识的生成与构成要素如图 3-2 所示。

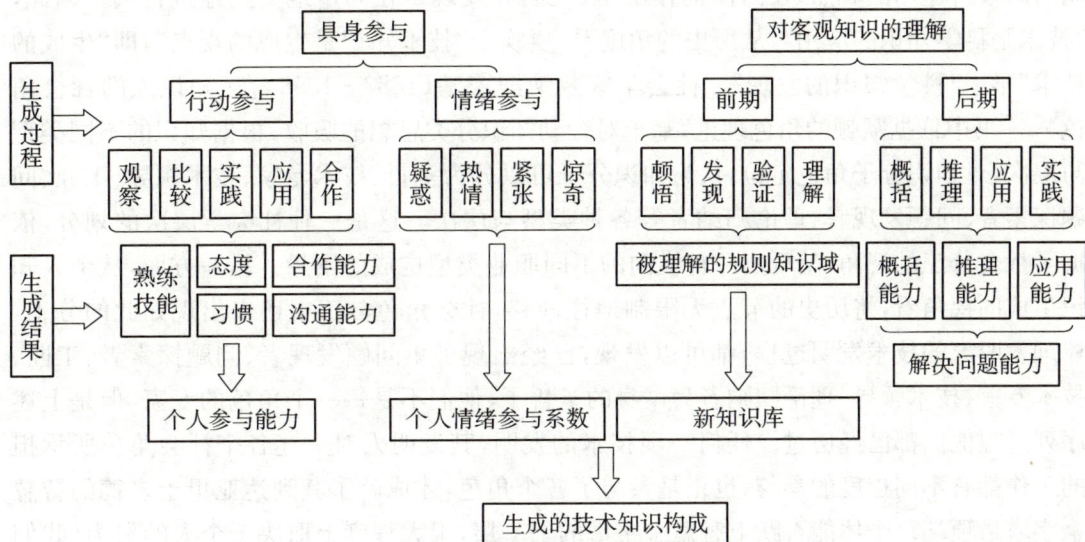

图 3-2　个体技术知识的生成与构成

第三节　技术知识的生成路径与构成

前文对技术知识应用观与技术知识生成观从各自所适应的对象的视角进行了解释，旨在说明针对它们适用的对象背后所依托的技术知识观。例如对整个社会技术的进步与发展需要从技术知识应用观的视角去区分，对于个人技术知识的发明与获得需要从技术知识生成观的视角去区分。本书主要着眼于教育中受教育对象学生群体与个体的技术知识的获得，因此需要遵循技术知识观的生成观而非应用观。事实上，这两种知识观从技术发展过程看，是一种宏观层次与微观层次的区分，二者是紧密联系的。宏观层面社会技术的发展仍然离不开个体层面技术知识的发现与发明，这一点可以从芒福德对"魔法"对于技术发明的意义的说明看出，而个人技术的发明离不开已有的社会的科学理论知识的储备。这里做出明确的类型区分是方便分析的需要。

一、科学知识与技术知识的区分与联系

（一）从生成的时间看，"生成的技术"早于"科学知识的发现"

根据芒福德的技术发展史追溯以及阿瑟对科学依赖技术的观点，从学理上说明，技术知识是一种独立的知识类型。从历史序列看，技术知识先于科学知识显现，并且是独立于科学知识的一种知识。任何科学发明都是建立在掌握一定的技术基础之上的，不管这样的技术与科学发明是相关或是不相关。即在对技术的熟练掌握中孕育了科学发现的可能性。这一点在伊德的技术现象学、桑内特的匠艺功能分析已经说明。技术知识是对科学

知识的应用,是在科学知识已经成为一种体系,具有社会共享的性质,可供传播、学习和复制的时候所适用的观点,在封闭的作坊里,发明和发现是在同步地交互地进行的。因此,"技术是科学知识的应用",从历史的角度看,要晚于"技术知识是生成的观点",即"生成的技术"早于"科学知识的发现"。社会学家兹纳涅茨基(1882—1958)在《知识人的社会角色》①一书中依据默顿的角色理论,基于对舍勒知识分类思想的吸收,根据知识的不同类型与层次,对知识分子角色定位,认为知识分子可以分为圣哲、技术专家、技术领导、工匠、问题探索者、问题发现者、理论归纳者等各种类型与层次。这是一种社会学层次的划分,依据了社会分工的视角,呈现出一种横向的不同职业类型构成的图景。另一方面,从个人知识生成的视角看,将历史的节点无限制地往前移,社会角色分工中还未出现如此的分工,梳理发明家的技术发明过程,都可以发现,已经出现了集问题发现者、问题探索者、工匠、技术专家、技术领导、理论归纳者为一身的圣哲了,他们不是每一个角色的专家,但是上述序列过程他们都已经历过。任何一项技术的发明,其发明人对上述各个社会角色所承担的工作都有不同程度的参与,也正是参与了各个角色,才成就了其到达亚里士多德的智慧金字塔最顶端。个体能否跃上智慧金字塔的上一层,很大程度上取决于个人的努力(我们先暂且假设不考虑其他社会因素)。所以,生成的技术知识早于科学知识,科学知识离不开生成的技术知识。阿瑟明确地表述了这一观点,科学形成于技术。芒福德通过人类发明工具的历史追溯证明,人类最原始的技术(包括工具在内)的形成是与科学没有关系的,而是通过人类的想象力、创造力、转接的能力、疑惑而获得。通过前面关于知识生成与技术生成的文献梳理可以发现,不论是广泛意义上的知识生成还是技术知识生成,都离不开人的参与系数的首要意义。这些都在说明"技术知识是对科学知识的应用"这一观点,只是科学知识出现以后的产物,并且只是适用于宏观意义上的技术发明与技术进步,从而进一步说明,技术是独立于科学知识的一种知识类型。这一命题既来源于对技术、科学各自发源的历史追溯,也适用于现代社会科学知识与技术知识的关系。波兰尼围绕发明与发现做了详细区分,说明了发明在一定意义上是一种独立的知识类型。

(二)从知识的构成要素看,技术知识同样具有理性内核

围绕知识生成,从舍勒提出主体意识、默顿提出追求科学的精神,到康德的反思判断、卡西尔的"顿悟"、赖尔的"心的概念"、韦伯的"理想类型",再到波普尔的探照灯式的知识生成模式、郁振华的人类知识的默会维度,等等,他们都在努力建构一种不同于客观主义知识观的人文主义知识观,为我们更为立体地认识人类的心智能力提供了丰富的视角。如前已经解释到的,技术知识作为一种独立的知识类型,其生成的路径同样遵循广泛意义上知识的生成路径。波兰尼详细论述了个体技术知识生成的路径,从焦点觉知转化为附带觉知的关键点孕育着技术发明的起点,这与桑内特对著名匠人的匠艺作品的分析有着异曲同工之处,都有着个体的执着、兴趣、疑惑、反思、联想、转接等思维行为与思维能力融入其中。正是在这一点上,正如阿瑟所说的,从技术的外部考察技术与技术的内部考察技

---

① [美]弗洛里安·兹纳涅茨基.知识人的社会角色[M].郑斌祥译,南京:译林出版社,2012.

术,对于技术的认识便截然不同。外部的视角(瞭望塔视角)趋向于对技术的功能的探究,包括政治、经济、文化等各个维度,往往外部的视角容易将技术的"黑箱"掩盖。内部的视角(航海船长的视角)则更容易将技术的"黑箱"打开。迈尔克·吉本斯在《知识生产的新模式——当代社会科学与研究的动力学》提出,将技术作为人工制品常常掩盖了技术中的最基本组成部分,即"黑箱"部分,只有打开"黑箱",才能揭示出技术的认知维度,从而使得科学知识与技术知识在生成方式上的一些共性得到强调。可见,所有人文主义知识观的努力都是从各个维度为技术知识的生成过程中的"黑箱"解密。文献的梳理发现,隐藏在技术知识内的"黑箱",其实和隐藏在科学知识内的"黑箱"一样,都是基于人的具身参与,构成了技术知识与科学知识的理性内核。

(三) 从知识的发展看,技术知识与科学知识相互依存

对于技术知识与科学知识之相互依存的关系同样需要宏观与微观两个层面理解。从宏观层面看,一方面,当人类记录语言的工具发展到能够将人类发明的技术知识加以记载时,技术知识的发展就与科学知识的发展交织在了一起。芒福德的技术发展史说明了人类社会是如何在一代代技术的基础上不断发生变化的。这些都离不开对已有的科学知识体系的实践与应用,从而服务于人类的各类需要。另一方面,科学知识研究也离不开技术体系的不断发展进步带来的便利。没有望远镜的发明与应用,对于天体的研究就是空话。同样,没有显微镜的出现,医药生物学研究与发现就显得更为艰难。所以说,技术知识与科学知识又是相互依存的。从微观层面看,个体知识的生成,一方面离不开对特定技术的熟练掌握,使得外在的技术成为具身的技术;另一方面离不开对可迁移的显性科学知识的探照、发现、验证、理解和认知,从而转入自己的"知识库"中。在掌握显性科学知识的同时,特定的技术在已有科学知识的指导下得到了进一步改进和提升。在技术不断熟练和具身化的过程中,外在的显性科学知识转化为"知识库"中的速度也就越快,知识的传承与发展在微观层面正是通过技术的获得而得以实现。所以说,从各自发展的角度,技术知识与科学知识也是相辅相成的。

二、知识生成路径与技术知识生成路径比较

从知识生成的起点看,从亚里士多德提出的形而上学概念得以形成的"感觉",到卡西尔提出的"顿悟"与"共鸣",再到波兰尼提出的"焦点觉知-附带觉知"的转化,都离不开人的物质性身体的参与,这构成了知识生成的第一阶条件。从知识生成的外在条件看,阿瑟通过层层剥离技术的"外在",最终落脚到技术发明者对现象的组合或应用,说明知识生成离不开客观的现象,这构成了知识生成的第二阶条件。从知识生成的内在条件看,从舍勒、默顿、波普尔的"怀疑"精神,到桑内特的"设阻",到加德纳的解决问题的能力,等等,说明如果没有来自知识生成主体内在的疑问、疑惑以及自我从"疑惑"中解脱的过程,知识生成就没有可能,设疑成为知识生成的第三阶条件。从知识生成的路径看,从波普尔的"探照灯式"的生成模式到桑内特提出的技艺水平提升的流程,从而构建了与客观主义知识观完全不同的知识生成路径:"感官知觉-形成经验-发现问题-解决问题-生成知识"。不同的

是,科学发现解决的是"为什么的因果关系",而"技术发明"解决的是"怎么做,有什么用"的问题。尽管目的端不同,但是起始点与路径是相同的。这更进一步从学理上说明了二者在生成路径上具有共同的特征。

知识构成与技术知识构成的比较从个人技术知识生成的路径看,可以发现,个体所收获的是真正获得规则性知识并能运用的过程。一是"真正获得":是通过感知、疑惑、发现、验证,从而将外在的"客观知识"转化自己的"主客观知识"。二是规则性知识不是简单的可复制的知识,内含了动态网络。三是"可以运用"说明规则性知识已经成为了工具,获取新知识的工具。正如海德格尔所说的,是"此在""去远"。依据伊德说的"身体的技术",这个时候的规则性知识已经转化为了"身体的知识"。

三、知识构成与技术知识构成比较

通过上述知识生成与技术知识生成的路径发现,它们共同包括了这一些因素:感官知觉、经验、发现问题及其过程、对已有的理论知识的理解与内化、解决问题、验证知识、生成知识。可以发现,这些因素中除了最后生成的相对稳定的可以固化的复制的原理性知识,更多地还包括前面的动态性过程,它们不是明确的知识的类型、确实真实的发生,而是"内居"(波兰尼的概念)于知识发现者与发明者之中的。波兰尼将其统称为"个人的默会系数",个人默会系数决定了个人最终的发明或发现,即带来了个人言述性知识的被表达、被记录、被复制与被传播。个人言述性知识与个人默会知识是浑然一体,不可分割的。不论是科学知识还是技术知识构成,除了外在于发明者、发现者本人的可供他人实践、复制、传播的可述性知识外,内居于"个人"的动态性部分也是其个人知识的一部分。波兰尼对于个人知识的言述性部分进行了这样的分析。即使是一个言述断言也是由两部分构成的:一个是传达被断言的东西的内容的命题,一个是这个命题得以断言的默会行为。其中,断言行为是一种默会的领会,完全依赖于作出这一行为的人的自我满足感,它可以被重复、被改进或被取消,但不能被外在的客观工具测量,而言述的部分则可以通过与事实的比较得到测试。波兰尼的这一观点在桑内特那里得到了进一步的印证,他通过列举制琴大师的不可复制的内在型知识来讽刺现代人为了研究制琴大师的秘诀而解剖分析其所制作的琴的荒谬做法。

基于上述的分析,我们可以得出结论,不论是技术知识还是科学知识,都包括了两部分内容,尤其是技术知识是由个人默会知识与基于默会知识而形成的可言述性知识组成。该界定不同于对客观主义知识观的知识构成,后者以显性的明述性知识为主。

四、个体技术知识的本质

通过对个人技术知识生成过程的揭示,进一步揭示了技术知识生成过程中所包含的个人、现象、规则性知识之间的动态关系。对科学知识的应用内嵌于技术知识的生成过程中,显性科学知识通过动态的识知过程融入了个体技术知识的"知识库",经历了"发现-探寻-理解-应用"的过程,即"发现现象""探寻知识""理解现象""应用知识"。因此,在个体技术知识的形成过程中，对科学知识的应用发生在个人理解和识知之后，此时的规则性知识不是简单的可复制的知识，而是内含了个人默会系数参与在内的复杂知识，已经转化为生成者主体进一步生成新知识的工具。依据伊德的技术现象学观点，外在的显性科学知识已经转化为知识生成者自己的"身体的知识"，由此也生成了主体的技术知识，是内含身体复杂系数参与在内的技术知识。

第四章

学习路径：质性研究

带着根本问题"技术知识究竟是什么"，通过学理的梳理，我们知道：①个体技术知识的生成路径以及技术知识生成与应用在技术知识生成过程的逻辑关系。②通过量的研究发现，常校目前有三种不同的班级类型——非实验班和两个不同模式的实验班，并且通过实证研究发现，实验班比是非实验班学生专业学习效果要好一些。

基于这一发现，需要追问以下四个问题：①不同班级类型的技术教育路径及区别。②不同路径教育效果不同的原因追溯。③技术知识的构成要素。④技术知识构成要素、教育路径与教育效果之间关系的解析。

围绕上述四个问题，本章展开质性研究。以结构式访谈为主要调查方法，以在校生、学校教师、毕业生和毕业生所在企业技术领导为访谈对象，笔者开展了大量的访谈工作。学生群体是 2014 级（2017 届毕业生）机电类专业学生，在其两年专业学习结束后即将开始一年顶岗实习前，以及开始顶岗实习走上工作岗位后五到六个月两个时间点开展结构式访谈。教师群体是学校机电类专业一线教师，包括专业基础课教师、专业技术课教师以及实验班专业课教师。在调查对象中包括机械类专业师生、行政领导及企业技术领导共计 63 人，其中学校分管学生工作的二级学院领导 14 名，机械类专业非实验班教师 6 名、实验班教师 5 名，系部领导 2 名，学校"校中厂"人力资源部主任 1 名，校外合作企业技术领导 2 名，机电类专业 2014 级在校期间学生非实验班 6 名、实验班 2 名，2017 届非实验班毕业生 6 名、实验班毕业生 8 名，毕业生所在企业技术领导 11 名。每一位访谈对象接受访谈的时间在一小时到两小时。对访谈资料采用叙事研究的方法进行分析和诠释。根据访谈所收集的资料的完整性程度不同，围绕非实验班和实验班两种不同类型班级，本章选取了具有典型代表意义的访谈对象的口述资料作为叙事研究的主要材料。这些具有代表意义的访谈对象包括非实验班教师、在校学生、毕业生、毕业生所在企业技术领导各 1 名，实验班教师 1 名，毕业生以及毕业生所在企业技术领导各 2 名。

艾米亚·利布里奇在其著作《叙事研究：阅读、分析与诠释》中提出对于生活故事的"四模型"分析诠释方法：整体-内容，类别-内容，整体-形式，类别-形式[①]。在本书中对于访谈所得的口述资料将是对"四模型"的综合选择性应用。

通过对三种班级类型四类群体（包括在校学生、毕业生、教师和企业技术领导）口述资料的整理分析发现，从教育路径与教育效果的相关性看：①实验班在校生整体反映教育效果良好，非实验班学生整体反映教育效果较弱；②实验班教师反映实验班教育效果较非实验班更好；③实验班毕业生整体反映母校技术教育效果良好，非实验班毕业生整体反映技术教育效果较弱，需要改革；④企业领导整体反映实验班毕业生综合职业能力较好。上述发现与前面第二章量的研究的结果发现在一定意义上形成相互印证关系。

从技术生成路径的视角看，一是学校实验班依循了技术知识生成路径开展技术教育，非实验班依循了技术知识"应用"型路径开展教育；二是企业领导整体一致认为学校技术教育应该采取"问题导向、项目载体、理论实践紧密结合、视素养养成"的教育路径。从技术知识构成要素视角看，企业技术工程师的个人技术知识生成经历进一步揭示了个人技术知识的构成要素。

第一节　技术教育路径与教育效果

一、学习状态与教育路径

（一）在娱乐休闲与好学上进之间挣扎：非实验班苏育同学

苏育同学，男，机械工程大类模具设计与制造专业大三学生（接受访谈时是 2014 级大二年级结束的暑期）。长达两个多小时的交流，并未使其感到厌烦。按照学校教学的安排，三年的大学生活有两年是在学校度过，一年是在校企合作的企业单位顶岗实习。学校生活对他来说，已经接近尾声，对于即将开始体验工作的他来说，对企业生活毫无感知，正像他当初怀着憧憬之情来到大学校园的那一刻一样，现在的他仍然对未来充满了憧憬，这样的憧憬是一种缺乏感知觉的憧憬。但是不管怎样，年轻而充满活力，不论未来有何荆棘，似乎他已经做好了准备。

1. 满怀憧憬步入大学

苏育是出生于江南偏北农村地区的一名男生，高中就读于当地县城中学文科班，也是一名体育特长生。在面临究竟选择体育本科还是高职技术专科时，他最终选择了后者，主要原因有三个方面：①自己的一个亲戚（姐夫）在上海一家德企单位从事可编程逻辑控制

[①] ［以］利布里奇，图沃·玛沙奇，奇尔波著；王红艳主译. 释觉舫审校. 叙事研究：阅读、分析与诠释[M]. 重庆：重庆大学出版社，2008.1（2013.10 重印）第 137 页.

(PLC)工作,任职项目经理。②招生学校老师到其高中学校宣传时,看宣传册上中央领导到招生学校视察过,所以觉得也应该不错。③因为是艺术生,文化课学起来有些困难。

姐夫以前从事模具行业,现在在工业机器人领域工作。机械技术也在快速地更新换代,曾经的机械手,由几个工位共同操作一台机器,因为有了工业机器人技术,现在都由一个人操作,大大提高了生产效率。也许正是因为姐夫对自己所从事工作的热情与兴趣,加之姐夫积极向上的工作状态,以及随着自身的努力薪资水平的提升等环环相扣的正能量,让这位有着文科背景的高中毕业生没有多少犹豫,就选择了机电大类专业——模具设计与制造,和姐夫刚开始从事的工作很相似。

2. "校中厂""实训体验"专业教育激发了学习好奇心

职业学校曾经的教育模式是自己办厂,学生在自己的"校办厂"实习实训,从而形成了职业学校端单向教育和输出人才,企业端单向接收毕业生的流水线。如今这一流水线被以迅雷不及掩耳之势的速度得到快速普及的计算机信息技术打破后,企业和学校如何在人才供给与人才需求之间达成平衡,成为了工科技术教育领域人才培养常论常新的现实话题。且不论是什么造成了供给与需求之间的鸿沟,学校也好,企业也罢,都在不断地努力拉进或消解因为这一鸿沟带来的各种不平衡。也正是为了进一步拉近企业需求与学校人才供给之间的差距,"校中厂""厂中校"应需而生,成为了继"校办厂"之后校企合作人才培养的新载体。

常校曾经也有自己的"校办厂",那已经是在 20 世纪 80 年代的往事了。随着机电类技术的快速发展以及市场对机电技术不断更新的要求,原来的"校办厂"现在仍然存在,但是已经成为了名义上学校经营的单位,就其承担人才培养的任务来看,学生前面一段时间在教室里学理论,后面一段在"校办厂"实习实训的教学安排已经不复存在。特别在 2000 年开始高校扩招,原来的中专校升格为高职院校后,一个专业由原初的一到两个班扩招到五到六个班,甚至到八个班时,"校办厂"承担在校生实习的消化能力自然跟不上。学校加快与校外企业单位合作,或者是走出去,或者是引进来,目标都是为了更好地推动学校和企业之间在人才培养上的合力,达到双赢。广赢模具厂应这一需要来到了常校,学校提供场地,广赢模具厂为学生提供观摩学习,为教师提供教学研究的机会,比之前单向走出去而言,空间距离的缩短无疑为常校提高人才培养质量提供了诸多便利。给机电大类模具专业教学提供设备上的便利成为了双方协议上(合作协议)的首要内容。但是如何合作,何时何地怎么提供教学便利,这对双方都是一个新课题。经过长时间的研究探索,在已成惯例的入学教育周上,增加了专业教育企业体验周,这成为双方合作教学的一个重要成果。也正是这一成果,给苏育带来了恒久难忘的好奇之心,他至今回忆起来,仍然记忆犹新。

按照教学计划安排,二级学院领导会在入学教育周向新生介绍所学的专业情况以及如何学好本专业。事实上这对从未接触过任何机电行业的学生来说恰似耳旁风"东进西出"。但是走进企业的专业教育体验,却给他们带来了新鲜与好奇。其实这对他们专业学习来说,是十分的弥足珍贵。如果如此带动好奇心的体验能够一直贯穿整个专业学习中,相信当他们再来回顾大学生活时,就是另一番景象了。在讲到自己初到模具厂观摩的时候,苏育那种新鲜好奇的心情溢于言表。

在系部专业老师带队下,我们班级同学当时一起去学校一个"校中厂"精鹰模具厂去观摩。该厂是一个主要从事汽车零部件生产的塑料模企业,我对里面从来没有见过的设备很好奇,对于厂里生产模具的设备看不懂。当时到厂里参观的时候正好是在试模阶段,员工正在制造汽车保险杠,我对此很好奇,都想自己上手去操作一下。(苏育,2016 年 7 月)

3. 在娱乐与学习之间纠结是常态

如何处理好学习与休闲之间的关系,是摆在每一个学生面前的现实问题。当休闲之需侵占了学习时长时,"成瘾"便成了横亘在学习者面前的拦路虎。在二者之间能否取得平衡,以及如何取得平衡,看似是一个个人问题,其实并非如此简单。社会学家埃米尔·涂尔干在其著作《自杀论》中通过实证对比研究方法揭示了看似是个人心理问题,其实是社会群体凝聚力问题的社会自杀现象,说明看似个人的问题,其实背后一定隐藏着某种社会事实作为根本力量在发挥作用。马克斯·韦伯同样表达了社会科学研究中的"事实判断"与"价值判断"之区分,说明事实判断不是一种遐想,而是一种对现实现象的理想典型的构建,是一种客观存在。

就个人而言,如何摆脱这种矛盾对自己的纠缠便成为一种心理负担,无疑不愉快的学习经历会一直伴随着自己,那是一种身心的不愉悦。即使通过玩游戏能够暂时快速消磨时光,留下的却是不尽的空虚与无奈。苏育同学两年的学习生活正是在这样的纠结状态中度过的。他羡慕那些班级中的"黑马"。他们平时不怎么用功学习,但上课也听得懂,而且考试仍然很好。而他自己虽然想好好学习,也在努力学习,坐在教室的最前端认真听课,但是面对高难度作业,退却、躲避、向同学抄作业等他都经历过了。通过玩游戏,并且与游戏抗争、拒绝,一切都无济于事,游戏之瘾一直在诱惑着他。

我作业简单的会做,难的、特别复杂的实在做不出来,会抄,就不会去做。耐下心来做也是可以做出来的,你就是没有那个耐心。其他人都在打游戏,你在那边思考,到时候就会被干扰。你知道吗? 我也去过图书馆。大学生现在谁不打游戏啊,不打游戏才怪呢。作业就是在交的时候再做。班上有一两个"种子"就行了,全班都一个模子。机械制图没法抄的,这个是要自己做的。大一的时候简单,大家都会,不用抄了。如果说是高数,那就要抄了。上课听不懂,下课自己学也学不了,也学不懂。(苏育,2016 年 7 月)

对于有实物模型的课程,以及教学内容与生活经验相对接近的课程,学起来要容易一些;对于相对很抽象,缺乏实物参照的课程,学生学起来就要吃力好多,一系列负面效应就会出现,如抄作业、背考试题目,枯燥难解感会不时考验着学习者。无解的画面经常会在苏育同学心里上演。比如机械制图,因为有实物模型摆放在眼前,照葫芦画瓢,尺寸放大点,横平竖直,老师会示范,就能将三维视图结构画出来,由浅入深。但如果没有零件,画图就会成为很难的事情。比如工程材料与热加工,可以通过现实中学生相对熟悉的内容做形象的对照和说明,比较容易理解,例如一个汽车的好坏跟它外面的材料有关。但是像工程力学课程,因为涉及微观层面的内容,需要计算,如果没有感知觉作为基础,则很难理解课程教学内容。

　　为什么德国的汽车耐撞,日本的汽车不耐撞,我记得比较清楚,老师上课讲的,日本的车比较轻,德国的车比较重,这个跟什么有关,就是跟材料有关。硬度达不到要求,就跟热处理有关。它在生活中是容易想象得到的东西。车辆的保险杠、离合器、脚踏等用什么钢,都有讲的。工程力学主要是背,对于我来说,它是理科中的文科。马上要考试了,老师把整个书举起来给我们看,说你们把后面的习题会做就可以了。没别的办法,自己看看,多背背。我们就自己整理,复印。然后在考试之前就背……背……最后考试就过了。最后考了80多分。机械制图79分。工程力学没有模型,主要是PPT。大一的时候因为大家都害怕挂课的感觉,都在背。现在都无所谓了。(苏育,2016年7月)

杜威的经验哲学教育观旨在说明,教育应该是基于经验的教育,脱离了学习者的经验,脱离了学习者身体的参与,身心分离的教学是一种科学主义知识观支配下的教育路径。将课本知识作为显性知识传递给学生,脱离了学生的身体参与,前学后忘,或者当时就没有听懂,都是违背了学习者学习知识的客观规律。对于工程力学课程,究竟如何上好,上课教师也面临诸多的困惑。如果抽象难懂的教学内容脱离了对可物化实物的观摩与感知,"课程学习上的听不懂"与"又很想学得会"的矛盾心理会一直隐藏在学习者的内心深处。游戏或许就是帮助他们摆脱这一痛苦与纠结的重要途径,起码内心的紧张可以通过游戏中的自我实现来暂时得到放松。苏育同学介绍说,据他了解,自己认识的朋友在同类学校读书,打游戏是一种常态。到其他朋友宿舍去转悠时,会看到宿舍同学都在打游戏。面对这样的纠结,苏育表达了自己的无奈。他认为贪玩似乎是学生的本性,即使老师想办法制止学生贪玩,还是会有人想着办法玩游戏消耗时间,而不是在专业学习上用心学习。

　　4. 动手实践操作带来了身心的双重愉悦

　　与枯燥难懂的理论课相比,在动手操作的实践课上,苏育内心的兴奋、好动、紧张、探索、疑惑都展露无遗。正是因为有了个人参与因素的融入,学习成就感油然而生。在他的内心深处,已经感知的、验证的、认识的,加上诸多未知但又迫切想去感知、验证和认识的,相信苏育收获的绝不仅是动手操作的熟练过程和经历,每一个动手操作在他的脑海中正在经历一个"探照灯式"的知识生成的模式。针对客观主义知识观的局限,波普尔提出了"探照灯式"的知识生产的模式来与传统的知识生产的路径分道扬镳。

去精鹰厂观摩学习和大一要进行机械专业技能基本功的训练,这些都是在实训基地而非教室进行旳。凡是在实训基地能够动手操作的,苏育都非常喜欢,学习成就感也非常明显。所以他经常希望老师能带他们去厂里看,对于厂里的级进模、冷冲模具等非常感兴趣。通过实训,车、铣、刨、磨各种机械加工设备都能接触到。苏育说自己以前很看不起车间摇机床的一线操作工,觉得很脏,但是真正当自己亲自摇机床的时候,原来对一线操作工的鄙视感荡然无存,甚至对于劳动者增加了几分敬意。狄德罗在《百科全书》中介绍了各个行业一线操作工作所从事的工作,旨在提倡推崇机械工艺,重视体力劳动,肯定一线操作工人的社会贡献与意义。为了留作纪念,苏育让同学给他拍了一段自己操作机器的视频,并一直保留在自己手机上,因为是自己操控机器,有着深刻的具身体验与全身心投入。苏育对自己在实践操作过程中的描述生动地呈现了他是如何在动手操作的过程中生成技术知识的。

> 当时磨一个刀,老师给我们一个铁片,当时很失败,一个刀,那么大,被我磨成一点点,拿着都烫的。磨的时候就想记着老师说的话,一平二翘三横过来,这是口诀、小诀窍。自己磨出来以后表面光滑度还是不够,又去磨,就是一心要把它磨出来。反正实训类还是很感兴趣,毕竟是自己操作。最喜欢的课还是实训课。理论类的课还是偏枯燥。怎么说呢,我想打个比方,比如说,打篮球,有些人投篮,他看人家投,感觉没什么,自己投中了就很兴奋,很高兴! 哇——我投中了一个球了,就很兴奋很兴奋。看人家投很枯燥很乏味的,但是自己操作的时候感觉就不一样了。我以前就是很看不起搞车床的,又脏又苦又累的。但是那次自己上去操作的时候,真的是……(激动的样子)毕竟你做出个东西出来了,是最喜欢的。(苏育,2016 年 7 月)

5. 期许:希望理论学习和实践操作相间开展

对于专业课教学如何有效开展,苏育并不是没有自己的想法。通过枯燥难解的理论课学习和生动形象、令人印象深刻的实践操作,以及经历了从理论学习到实践应用的时空差带来的"衔接断链",苏育毫不犹豫地选择了"理论与实践相间开展"教学模式。他解释说,对于纯理论的东西,一下子跳到实践上衔接不起来。学习的过程是一个由浅入深的过程。对于学习的程序应该是这样一个过程——刚开始先接触理论的东西,做一个了解,然后去实际操作,这样效果比较好。比如说,编程序,按照 G01、G02、G03、G04,边做边对应书上的内容,印象会很深刻。再比如在加工过程中,刀具的使用程序中走刀、撞刀这些实际技能,光靠老师讲,印象是空的,没有想象的空间。波兰尼指出,对于知识的理解和对事物的理解是同步的,即理论学习需要借助对应的实操方可有效。

> 要自己亲手实践,如削手机上的一个零件,有两种方式走刀,一种是斜着下去,一种是垂直下去。走……走……走……当刀走完以后你要考虑抬刀,刀走完之后……如果他讲理论,不让你实践,你就想象不到,撞刀是什么效果。但是在实践中你要是

把刀抬错了,你就会碰到工件,工件碰到你的刀也坏掉了。上了机床之后你才会了解到这些。……就是你看不到那个实际的东西,你是不会想象出来的。但还是要注意到一些小的细节。毕竟这个东西你自己遇到了,你才会知道这个地方不能果断地把刀撤掉,还是要抬刀的,以防撞到工件。有些东西看上去无所谓,有些东西弄坏了你是赔不起的。在企业里很小的细节会导致企业里的东西报废,有可能的。我就感觉一边理论一边实训,或者是实训在前,理论在后,会好点。(苏育,2016 年 7 月)

6. 对未来还是一样憧憬

将来要做什么,苏育同学处于观望中。一年顶岗实习结束后要看行业行情,如果模具行业挺好,就可能继续。为了养家糊口,他已经做好准备。对于真正像杰出的工程师一样,苏育同学表示了可望而不可即的心态,因为他认为现在社会能够沉寂下来的人很少,自己原本也只打算从事机械工一线操作。但或许是因为教学模式中"断链式"学习带来了系统知识的不完善,或者别的原因,苏育同学现在改变了想法,打算先积累社会人脉关系,基于人脉关系选择比操作工更好的工作,比如销售工作。一切都在未知中,他对未来的憧憬没有停止。

通过苏育的描述,可以感受到他在整个学习过程中对专业课学习的枯燥感和难理解给他带来的无奈,幸好令人好奇激动的专业体验教育以及专业课实训环节中小作品的完成给他两年学习生活留下了充实而快乐的回忆,机械行业一线操作的脏与累的刻板印象在他体验和完成作品的过程中荡然无存。但是在未来的职业生涯中,或许他还是会远离制造领域,从事与机械制品相关的工种,正如他最后所说的。如果整个教学模式正如他所希望的,能够做到理论与实践之间的紧密衔接和融合,或许他的大学会有更加丰富有意义的内容,或许他的未来工作就会与机械制造紧紧挂钩,游戏、休闲对他来说只是一味调剂品,而他也不会在空虚与学习的双重矛盾中挣扎。

(二)教学方法与学习效果显性相关:胡格实验班肃延同学

肃延同学,一名在读大三男生(接受访谈时是 2014 级胡格实验班学生),从大西北来到江南之地的他,从外表上看,似乎较难看出是北方男生,正是因为跨省招生计划,他和很多省外的学生一样,来到经济富庶的江南城市接受教育。和苏育同学相比,两个小时的交流中,肃延同学表露出他在学校两年的学习收获颇多,感触也很深,不只是因为多学了几本书,也不只是因为多知道了一些理论知识,而是诸多方面的能力得到很大启蒙、培养和提升。对于自己是实验班学生,他说起来更多的是骄傲与自豪。尽管学习的过程很辛苦,没有了更多的空闲时间去游玩放松,但收获的却是内心的充实与面对未来的自信心。2017 年毕业后他选择回到故乡,仍然从事机械制造行业工作。据熟悉了解他并对他仍有跟踪指导的教师说,现在接到他的电话问候时,能得知的不仅仅是他在工作当中遇到的现实问题,还有他对工作的信心满怀和工作当中的快速进步。

1. 知识生产路径:问题导向,项目载体

胡格实验班的教学模式不同于非实验班,采用完全项目化教学模式,以最终完成可物化项目为教学载体,培养学生的职业行动能力,是"2.5＋0.5"模式,即2.5年在学校,最后半年是实习就业阶段。教学安排为大一年级、大二年级分别以完成一个特定的项目为主,大一年级完成手动冲压机制造,大二年级完成工位机器人制造,大三年级主要是小型机器设计。

大一年级以手动冲压机的零件为载体,将需要用到的理论知识穿插进去。如做手动冲压机的内连接板和外连接板,把涉及的理论知识穿插进去。具体安排为在实践之前准备理论知识,老师会安排课程,教学生用理论辅助实践。大二年级做工位机器人也是如此,在做各零部件之前,零件的热处理、加工工艺,还有各方面的技术要求,比如粗糙度等方面,在加工之前安排课程,让学生先熟悉零件所需要的技术要求等理论知识,学完理论知识之后安排实践将零件制作出来。具体时间安排是以周为单位,周一到周三全天理论学习,周四周五实践教学,实践之前将需要理论全部放在周一到周三讲解,以理论来扶持实践,让学生学习做完某个零件要满足的技术要求和热处理等方面的一些知识。加工完一些零件以后学生完成自评表,检测所加工零件的技术要求,完成零件加工工艺。

像专业基础课如机械制图一般都安排在初期教学阶段,在学生学习加工零件前首先学会识图。先从理论开始教起,零件也是从简单到复杂,从简单的三视图,可以看见零件的结构,从开始的锉削加工一些零件,到工艺孔、螺纹孔、成孔技术等,循序渐进,从简单到复杂,进一步了解形位工差和技术要求,因此都是先从理论方面作详细了解,然后再通过图纸应用理论把零件制作出来。

与非实验班的先集中学习理论,然后再集中围绕某一模块内容进行实践应用不同,胡格实验班教学模式的原则是让学生带着问题去查阅资料,咨询教师。尤其对于高中阶段从未接触过机械类相关知识的高中毕业生而言,在学习之初对于机械专业缺乏任何概念,加工零件时工具用书如机械手册也很陌生。在遇到问题的情境下带着问题去找老师,经由老师解释,对照手册的目录,寻找、发现和验证特定的知识点,从而通过这一问题释疑的过程,让自己的知识库内容又丰富了起来。个人知识是如何生成的,舒茨提出了"知识库"概念。知识库是在个体对被认知的对象得以理解的基础上逐渐建构起来的,个体会在个人经验和知识库之间互动穿梭。问题犹如探照灯里的电池充电后的电力源,源源不断地为正在耗电的灯泡提供能量,让其能够最大限度地探照各个知识点,并且所获内容在主体不断整理的基础上,充实到已有的知识库中,为发现的新的知识点作好准备。

任课教师会把涉及的知识点帮学生找到,同时给学生讲解如何查手册。对于专业学生来说一本手册即一本说明书,如其中的切削参数代表什么,如何理解和应用,这一定是要建立在当需要用到这一参数,且能够对其所蕴含的原理有所理解时,此时的切削参数方有了生命力,能够变为学习者进一步做好下一步技术工作的有用工具。因为每种材料的切削参数都不一样,如果选择不合适,它的粗糙度就会不合格,也会损坏刀具。带着问题,理论老师和实践老师都会对学生进行讲解,并引导查阅学习手册,在引导了两到三次,学生就对所学理论能够理解和掌握,当达到一定的熟练程度时,熟悉的知识和技能便会成为学生的"身体知识",转移到波兰尼所说的"附带觉知"中,辅助于新的"焦点觉知",知识的生成路径也就如此。

2. 与非实验班教学效果的区分

1）学生对于知识的应用以理解为基础

围绕技术知识的本质，吉本斯提出，技术的"黑箱"即个人技术知识生成过程中的个人参与，这一参与是个人技术知识获得的前提，这一黑箱也构成了理解技术知识本质的关键所在，波兰尼将其定位为技术知识在个人层面的理性内核。胡格实验班教学模式与非实验班所普遍采用的"先理论学习后实践应用"专业教学模式不同，打破了学科体系规制下的教学体系。学生对于知识的学习需要经历"出现问题-探照知识-发现和验证知识-理解知识-应用知识-生成知识"的过程，胡格模式重视的是培养学生的能力，查阅资料的能力，解决问题的能力，而不是对明述性知识的记忆性考核。肃延这样介绍自己的学习体会。

> 如果一味地讲理论知识，究竟哪些知识重要，哪些知识不重要，是没有感觉的。我们学这个零件上所需要的知识，提前通过理论讲解让我们理解，然后再去实践。这样就是说在实践中思考理论中的一些问题，毕竟机械这方面的，你理论有时候讲下去，感觉到知识还是很模糊的，但你实践过之后，理论就会记得很清楚，需要什么学什么。因为我们是项目教学，一个零件涉及的理论知识也就那么多，所以理论学习不够深入，相对普通班学得少，但是普通班即使讲得多，由于个人原因，学得也不是特别好。你不需要对整本书的知识都很熟悉。但是最起码加工零件时所要用到的公式一定要会在手册上找到。比如钻孔的时候，钻螺纹孔的时候要查工具啊，还有公差的一些尺寸，你要培养的是能力，不一定是要掌握知识。用德国人的话说就是你不需要将一本机械加工手册背得滚瓜烂熟，要会查会用。（肃延，2016 年 12 月）

肃延来到江南，也不忘和自己家乡高中同学进行学习方面的交流，通过 QQ 经常和同学网上联系。正在上本科的高中同学告诉他说一节课要讲二十几页的理论，心里不免产生厌烦感，一到考试就有好几个人挂科，考试方式以老师出试卷为主，所以挂科很严重，毕业也很困难。当肃延把胡格实验班的教学模式情况汇报给高中本科同学后，对方表达了自己的无奈与困惑。为了安慰同学，肃延告知他们在他所在的学校里，非实验班学生也存在这样的情况。

2）自信心来源于解决问题能力的培养

和普通班相比，肃延表达了自己充分的自信心。因为胡格教育路径旨在培养学生遇到问题如何查阅资料，对照资料如何解决问题的能力，脑海中储存的是解决问题的路径和思维方式，是一种自带充电功能的"探照灯式"学习路径。通过探照，不断丰富自己的知识库，并能及时将所发现的理论知识应用到下一个问题中。

> 我们拿到一个零件，首先要分析它的构图，能够看到它的技术要求零件的大体轮廓，看到它的技术要求以后，考虑热处理方面的，发黑处理啊，蘸火啊。然后根据这个

零件,看一下它的装配图,看看是装备图中的哪一个零件。然后才会考虑它的加工工艺,怎样加工,才能将这个零件加工出来,并且让零件具有实用的一些功能。我感觉平行的其他班没有这方面的能力,学生不会考虑这么多的细节,就是你拿到一个零件单纯地把它做出来。我跟我们老家在这边同专业的同学经常会坐下来聊实训的,因为他们是两个班合起来上的,设备比较少,老师讲的时候很多人听不到。坐在前排的同学能基本听懂,坐在后面几排的,一节课听下来,也都不知道说的是什么。写作业时就是找别人帮帮忙。普通班的理论知识也都学过,实训两周左右,也就拿块铁块锉一锉,比如做一个锤子,就是拿一根铁棒,把一个小铁块锉成锤子的形状安在上面。但给你一张图纸,要用什么机床什么加工方式才能达到它的技术要求、它的尺寸结构还有形位公差、工艺流程编写,还是很困难的。单纯理论学习还是很枯燥的。(肃延,2016 年 12 月)

3) 对教材内容的学习效果不同

胡格实验班没有固定的教材,学习材料和习题由老师复印,要求学生每天注明日期,用材料夹整理好当日所发材料。他也翻阅了平行非实验班的教材,对于里面的知识大体都能理解,核心内容基本相近,包括机械方面的技术要求、三视图,工业手册上面的零件如何加工。因为要自己动手制造完成两个项目手动冲压机和工位机器人,因此加工了很多零件。不断地在理论学习和实践应用之间反复互动,所以对于非实验班的教材看起来很轻松。对于有些不理解的内容实际加工后就能很快理解。肃延认为通过胡格学习模式会发现书里面的主要知识点会感觉很少。这也正是"探照灯式"学习路径的独特性所在,在问题的启蒙与推动下,学习者视域中的已知数和未知数是一个动态的不断增加和不断减少的过程,一方面会源源不断地生成新知识,一方面未知的需要探知的领域也在不断增加。这就与平行非实验班的教育路径不同,前者是将书本规则性知识作为学生学习的逻辑起点,对其应用是终极目标,是相对单线的"了解-认知-应用"路径,在学生的思维路径中缺乏动态的问题思维能力,更为重要的是缺乏能够及时将所学理论通过实物对照进行感知觉的具身认证,所以对于知识的理解就显得很困难。挂科多,抄写他人作业的原因就不难理解了。因为深刻体会了实践操作对于理论学习效果的重要意义,所以对于普通班教学,肃延给的建议是理论和实践结合得还要更紧密一点,只有及时通过实践加以巩固,学生的记忆才会深刻一些。相对于实验班,普通班实践操作的项目也较少,所以导致教师讲的时候学生因为不能理解,也就不能集中精力去听。

4) 实践动手操作与学习效果显性相关

"先理论学习后实践应用"的教学模式带来的最明显的后果是学生在实践应用时,前面所学的理论容易忘掉。肃延介绍说,和平行普通教学班最显性的区别是他们实践操作做得更多。通过具身性实践操作,经历了理论的发现、验证和理解,应用才有可能。由此可以看出,理论与实践紧密衔接,两者间隔时间短是实验班教育效果好于平行非实验班的关键所在。理论教学时间过长或者实践操作不能对应到理论知识,都会影响对理论的切实掌握与应用。学校每年都要组织专业技能大赛。通过参加技能大赛,让肃延加深了对胡格教育模式教育效果的信心。2016 年钳工比赛,肃延发现在操作规范上明显要好于平行非实验班。例如在加工基准面的时候,普通班学生基准没有选择,毛刺也没有去掉,差距较为明显。尽管所有需要的知识非实验班学生都学过了,但是因为没有经过及时的实践具身"发现和验证",能够正确应用就比较困难了。

5) 有效的教学方法有助于专业综合能力提升

如何帮助学生更好地理解理论知识,并检测其理解的程度,胡格实验班采用了"可视化"教学法与"思维导图法",二者相结合,旨在让学生按照思维导图将所学的知识用自己的语言和图的形式表达出来,分享给团队和他人。通过这样的方式,将自己默会地知道的内容用可述性语言表达出来,因为默会的知道与明确的语言表达属于两种不同的能力。在组织语言的过程中,一些未知的领域又会出现在学习者的思维中,又开始了新一轮的探照式学习。

对于接受惯了高中阶段以教师讲解学生理解为主的教学模式,刚来到胡格实验班的肃延有些不适应,对于自己思维的挑战、惰性的挑战等都在时时"袭击"着自己。但是当自己通过不断地理实一体化操作,自己的各方面能力都在显性提升时,对于胡格教育模式的不适应也在逐渐消失,取而代之的是积极的学习状态、自我实现的成就感。

> 感觉这样的形式,会让我们学得更轻松一点,然后学到的东西也比以往坐在教室听老师一味地讲更多一点,记得也好。学习了主要的知识点以后老师会提出一些问题,让我们自己解决这个问题,自己组织语言。每个小组都有自己的白板,然后将答案写在白板上,包括解题思路,用自己的语言和思维视角将你的见解说给班上其他同学听,看他们有没有理解。通过这个过程感觉在学习理论知识的同时,也会有一些小意思,就是……乐趣吧,感兴趣之后就觉得自己掌握得多了,对老师的印象也更深刻。在考试的时候对于复习题掌握得更容易,做起来没那么吃力。感觉其他班,对老师讲的知识点觉得很厌烦,不愿意去学习,考试很吃力,必须要老师发提纲,将题目做一遍,他们才对其中的理论知识有些掌握。高数的话还是以实例去分析,自己掌握了再分析给别人听,一个是老师讲的内容自己听懂了,然后自己还要讲出来,要让别人懂。我感觉这也是一种重复,但不是简单的重复,是思维方法的重复,熟能生巧嘛。(肃延,2016 年 12 月)

在胡格模式教育目标中包括对学习者四种能力的培养:专业能力、方法能力、人格能力与社会能力。专业能力主要是以可物化项目制造为载体,理论与实践紧密结合开展教学,提升学生对明述性知识的理解和掌握能力。方法能力是运用专业理论解决实际问题的能力,包括专业技能。无论是波兰尼所讲述的个人技术发明过程中经历了从焦点觉知转向附带觉知,进而以个人默会系数的成分加入专业技能要素中,还是桑内特对匠人技艺的分析,他们都在强调专业技能其实并非简单的体力劳动,如果条件具备,发现和发明都是在熟练的专业技能基础上孕育和诞生的。对于专业技能与理论学习的关系，肃延结合自己的学习经验表达了专业技能学习之于理论认知的基础性意义。

相比苏育同学，肃延同学的学习状态会好很多，他的能力通过胡格实验教学模式，从各个方面得到提升，也明显地感受到了自己作为实验班学生与平行非实验班学生相比的优势。尽管在访谈的最后，他围绕胡格实验班核心教学方法，提出仍然存在改进的空间，但总体还是呈现出了较为满意的状态。

二、教学状态与教育路径

查阅常校机电类专业人才培养方案档案资料（1984级—2017级）可以发现，该类专业课程体系主要分四部分内容：文化基础课、专业基础课、专业技术课与综合实践课。其中，文化基础课旨在培养学生的文化基本素养，后三部分内容似乎具有先后逻辑阶梯关系，即先上专业基础课，以此为基础学习专业技术课和综合实践课。按照这样的逻辑顺序，笔者先后访谈了专业基础部机械制图的三代共三名机械制图教师（其中两名目前已经先后退休），专业技术课实验班的四名专业技术课教师和一名实践课教师。同质性很强的教育对象，因为采取了不同的教育路径，所对应的教师的教学状态也各不相同。走进他们，聆听他们对自己参与教育教学改革的看法，了解他们的教学状态，似乎不同教育路径与不同教学状态之间的显性关系逐渐浮现了出来。在这里主要选择具有代表性的普通教学班与实验班教师各一名，分析他们的教学状态与对应的教育路径之间的关系。

（一）项目教学"改革"的艰难前行：专业基础课乾璟老师

机械制图是机械类专业所有学生必修的首要基础课。在机械制造领域，如果不是停留在一名机械操作工层面，还期许从事其他更高阶的技术岗位工作，则识图能力为次阶能力，设计与制图能力则为更高阶能力。因此机械制图课程教学的好坏直接关系到学生的机械专业基础能力。梳理机械类专业人才培养方案档案资料可以发现，机械制图这一门课程总是出现在专业教学计划表的第一学年第一学期里，并且连续上一年（两个学期），分手工制图与计算机制图（CAD制图）两部分内容。乾璟老师向我讲述了机械制图在改革浪潮推动下的风雨历程。

乾璟是一名"70后"女教师，已经获得了副教授职称，目前是常校专业基础部机械设计基础教研室主任，对于专业基础课教学应该如何上才能取得好的教学效果，她有着深刻的感悟和体会。在长达两个多小时的访谈中，一位有着高度责任心，又感觉"力不从心"的专业基础课教师形象很快得以形成。她有着对学生学习动力的担忧，有着对教师教学质量的担忧，有着对学校教学改革的担忧；同时她一直在努力地尽心尽责，恪尽职守，努力做好自己的本职工作，实现自我。她曾经多次被评为学校优秀教育工作者、常市"优秀教育工者"。尽管在她的教学经历中充满了种种矛盾，但是因为秉持着"教师工作是一种良心工程"的理念，她一直在孜孜不倦，精益求精。走进他，似乎让你感觉到在庞大的教育体系下一位教师是如何在努力靠近她的教育梦想，但是在她的教育梦想之路上摆着六大难解的题。

一难：学生学习动力源于何处

提到学生，乾老师深深地叹了口气，认为对于教师而言，最难的问题是学生学习动力的问题。这不仅仅是乾老师个人这样认为，在教师群体中经常会听到对学生学情的无奈，说学生不愿意学，教师也很是尴尬。尤其对于专业基础课而言，乾老师认为学习动力不足是一个大问题，因为学生没有意识到专业基础课到底有什么用，如果学生觉得没有用，今后工作也用不到，其学习动力自然就很弱。殊不知，对于机械类专业而言，且不论学历证书这一敲门砖，专业基础课也是学生专业技术提升的必要基础课程。专业基础学扎实，基本概念能理解明白，在未来的职业岗位上进行岗位升级就会轻松一些。乾璟指出了学生对专业基础课不重视的状态。

乾老师举例说，借着专业项目化教学改革契机，围绕部分专业基础课建设了教学资源库，里面包含了动画、视频、微课等，对于要学习的学生而言，是很好的学习资源。说到这里，乾老师话题一转，转到了我们当前的学情上，被动、无奈的情感又一次流露了出来。"学习动力的问题""还是学习动力的问题"，当自己辛苦付出，面对的是学生的麻木与无动于衷，作为教师该是一种何等的无奈与煎熬！即使准备了丰富的电子学习资料，因为是"应用型"教育路径，学生缺乏具身参与的体验，伴随具身参与的能力也无从生成，专业学习效果自然大为打折。

我们都知道，现在我们学生的质量，都开始注册入学了，我们上课的时候也确实感觉到，学生的接受能力确实是比以前差了很多，你一句话要讲好几遍，甚至是要翻来覆去地讲，他才能明白你的意思。不像以前了。所以有一些动画视频，他下课可以去看啊，是不是？这对他来说特别重要。关键是他课下会不会去看，所以就又回到了我们刚才所说的学生的学习动力问题上，这是最重要的问题，你做得再好他要是不去看的话，也没有用，所以还是学习动力的问题。其实咱们教育孩子也是一样的，他对什么感兴趣了，那你的资料丰富了，那肯定是有作用的。（乾璟，2016 年 12 月）

二难：参与教学改革的"欢喜忧愁"

用人单位反馈毕业生综合职业素质之时，也是学校培养单位反思教育教学模式和教学效果之际。如何更好地提高学校技术人才培养质量是高职教育研究领域、实践领域一直在关注、研究和探索的课题。常校的项目教学改革也应时代需求而生。

2008 年常校申请到了一项以"项目化教学改革"为主题的省级教改课题，目标旨在打破原有的学科教学体系，以项目来引领课程内容，并且切实通过教学实践来推动改革。机械制图课程便成为了其中改革的对象。项目教学的主要宗旨为：在完成特定项目任务的支配下，根据完成项目的需求来开展教学，教学内容围绕项目需求来组织开展。模具设计与制造专业便成为了项目教学改革的实验对象。在专业课程体系中机械制图被新编的模具制图取代，机械设计基础被模具工程基础取代，并编制了《模具制图》《模具工程基础》教材，还被评上了省级精品教材，开设了网络课程，建设了教学资源库。由此可以想象当时为了进一步提升模具技术人才培养质量进行教育改革活动的热情、努力与投入。

然而，事情并没有乾老师预期得那么顺利，甚至改革以夭折而告终，这让一心一意、尽心尽力参加教改活动的乾老师很受打击，深深地感到作为一线教师对此的无奈、无能为力与痛心。无奈是因为没有继续深入开展下去；无能为力是因为经机构调整后被合并到新的部门（新部门名称为"专业基础部"）后，一名教师想要为之继续贡献力量却又势单力薄，孤军奋战的不可能；痛心是因为自己为之付出了诸多心血却付之东流。

通过乾老师回忆的口述资料我们可以看到她的心路历程的转变，前半段是欣慰，因为自己的劳动成果得到认可与称赞；但是后半段则是深深的失落与伤感。"花了两三年的心血""花了这么大的心血""花了那么大的代价"，与"心血"相关的短语先后接连出现了三次，因为突然这门课被砍掉，"自己都觉得心痛"，可以折射出乾老师对于自己参与此次教学改革的复杂心路历程。更让乾老师无奈的是，该校当初的教学改革的理念和物化成果被同类兄弟院校学习后，后来者做得更好、更深入，常校的校级精品课程经验被别人学习借鉴后申请到了省级精品课程。这一方面更加坚定了她对自己曾经参与的项目化教学改革的认可，一方面对此活动的突然中断感到由衷的惋惜。前面的一切成果都是得益于领导的大力推动，后面的惋惜更多是因为部门调整、师资紧张、无法继续坚持改革实验而中断后对自己的孤军奋战而不得力的惆怅。

三难：项目教学中教师有"瓶颈"

乾老师之所以心痛、惋惜，其实还与其当前所处的教学困境相关。因为项目教学最大的困难是要有恰当的项目，这对于将专业基础课独立出来，单独成立部门，从事专业基础课教学的教师而言更难，因为一方面面向全校机电类专业学生，他们有着大量的教学工作量，也没有足够的精力去和企业深度合作交流，设备、信息等都是阻碍；另一方面是对项目化教学理念的认可，作为团队主任，她一心想着如何把学生的专业基础能力培养好，却对项目化教学难以切实有效开展感到爱莫能助。因为设计项目是一项困难工作，乾老师称之为"瓶颈"。

> 我们的基础课老师可能是脱离专业太久了，他要设计一个项目和这个专业比较符合，又能涵盖知识，又能锻炼学生的能力，又对学生来说难度不能太难，又对学生不能没有挑战性，这其实对老师的要求是非常高的。我觉得这个其实是一个瓶颈。一定要下企业去看一下。将来我的学生是做什么，包括最新的产品是什么样的，跟你的课程是什么关系，我觉得这个肯定是需要的，但是你看我们哪有机会啊？以前在那边也没有机会啊，送的都是专业老师，但是从我们自身来说，我们也要自己检讨。我们课程挺多的，要当一个好教师，很难。（乾璟，2016 年 12 月）

四难："徘徊"在项目教学与科学研究间

一方面需要在项目化教学中投入精力开展研究，提升教学质量，另一方面职称评定的压力也会使得她发现自己心有余但力不足。因为职称评定中科研考核指标是硬性指标，如果一味地去钻研提高教学质量,科研考核又面临困难,在精力心力有限的背景下她又一次感觉到了无奈与困惑。围绕教学质量提升与科研指标达成之间的矛盾,乾璟老师又一次把自己推到了无解的状态……因为认真投入的教学并不能在学生的即时学习效果中得到反馈。另一方面,科研考核的压力使得自己徘徊在投入教学与专心发表科研考核的论文间,关键在于科研考核的方向与人才培养方向的不一致使得自己希望有分身之术。

> 国家层面对教师的认证与市场对学生能力的需求相悖的,为什么呢?因为从国家的大环境来说,国家考核你的城市,你的城市考核你的学校,都是在考核你的科研成绩、科研成果、项目经费、专利、课题,国家是这样来考验城市,城市这样来考量学校,学校这样来考量老师,他是没有错的。你教学生有再大的成绩,学生在学校期间是考量不出来的,只有在毕业之后在需要用到自己的知识的时候。(笑)(乾璟,2016年12月)

五难:专业基础课被"夹"在文化基础课与专业技术课之间

乾璟老师还给笔者讲述了专业基础课的"双向被挤压"状态。前面是文化基础课内容,科目越来越多,有增无减;后面是专业技术课时保证一年,再加上实践要求越来越高,实践课时也要保证。最终的结果是,专业基础课时越来越少。比如机械设计以前分为机械原理与机械设计两个部分,两门课,每门课是40—50课时,加起来是约100个课时,现在课时合起来最多只有64个课时。其中一个系部把原来的5门课合成1门课,也只有56个课时左右,原因在于学制调整,在三年教学安排中,专业课要学一年,政治、数学、英语等课程不能缩减,抛去这一部分课时,同时又强调实践能力,实践课课时要保证,所以专业基础课课时就成了压缩对象。例如最基础的制图课需要有相对较长的学习过程,工程力学也是一门很难的课程,目前只有32个课时,在短时间内较难学的课程,矛盾异常凸显。面对这样的现状,乾老师没有选择抱怨,而是仍然坚持自己作为一名人民教师的良心与责任。希望老师能够把学生宝贵的时间利用起来,用心设计课程。在讲到这一内容时,乾老师对时间的珍惜、对责任的担当、对自己的反思、对年轻教师的期望、对不负责任教师的失望都在言语间表达了出来。

> 课时是非常宝贵的,老师是良心活,确实你应该好好地来设计你这门课怎么上。因为学生的课时是太宝贵了,你不好好上课,你是在浪费他们的课时,课时就那么点,现在不断地压缩,上课的时候你就应该把你精彩的内容教给学生……现在我们不能抱怨我们的学生有多差,当然我自己也在抱怨,更多的是老师应该来设计这个课,怎么样激发他的兴趣,他的接受能力差了我怎么样来设计出让学生容易接受的课,如果每个老师都这样认真地去设计的话……(乾璟,2016年12月)

六难：教考分离与项目教学的矛盾

目前常校部分科目采取教考分离法开展教学，其中专业基础课也包括在教考分离改革的范围内。对于这一办法，乾璟老师表达了对工科技术教育开展的不适应问题。因为这样的做法会导致教师将更多的教学心思放在试卷内容上，围绕试题库来讲。对于学生来说，背试题库来过考试关，而且学生也会上课不认真听。所以得出的结论是，背试题库只适合不认真上课的人，而对于认真备课上课的教师来说，则束缚了手脚，因此又回到了应试教育的轨道上。这又是一个难解的题。更为重要的是这违背了项目教学的本意。比如像高数，力学课程学生只能通过复习题库来应付考试。尤其对于工程力学来说极不适应，因为它旨在培养学生的逻辑推理能力和演算能力，不像文科知识是可以背的。包括有些学生制图都是背下来的。对于技术教育采用教考分离法乾璟老师持的是不太赞同的态度。

作为一名一线专业基础课任课教师，最为重要的是，她是一名极具有责任心的教师，一心想着如何通过自己的努力把自己的智慧奉献给学生，但是让她失望的是，处处是"壁"。有环境、体制等原因，这些都是靠个人努力所无法解决的难题。在她的内心深处装着一个五味瓶——责任与无奈、努力与困惑、失望与期望等混在一起——继续前行在项目教学"改革"的路上。

（二）从"非常怀疑"到"完全接受"：胡格实验班专业理论课齐珺老师

在"中德合作机械制造业胡格教育模式试点"项目推进中，中德双方合作同步开展了质量保障体系、专业建设、课程开发、教材开发、教学设计、教学评价等方面的研究和推广，共同探索德国职业教育本土化途径。正是在这样的社会背景下，常校开始了胡格教育模式改革与实验。齐珺老师作为机械制造专业的资深教师，自然成为了这一改革教学团队的一员，亲身经历着教学改革发生的一切变化，在面临前所未有的压力和挑战的同时收获也颇多。

齐珺是一位"70后"女老师，已经评上了副教授职称，硕士研究生学历，胡格实验班专业理论课教师。长达一个半小时的访谈在一种轻松愉快的氛围中不知不觉就结束了。通过参与胡格实验班教学改革，她收获颇多，最为主要的是四个方面：①自我教学能力得到提升；②对胡格教学理念、教学方法从非常怀疑到完全认可的转变；③职业成就感得到增强；④同时最大的感触是压力与挑战。

齐珺老师因为参与了胡格实验班的教学改革培训与实际教学活动，对于传统的普通班教学模式的效果、局限以及实验班教学模式的效果与优势有着更为深刻而全面的认识，因此也就走进了笔者访谈的视域中。

1. 师资教学能力得到提升

在胡格实验班，教师团队的教育教学能力首先得到了培训，包括团队合作能力、表达能力、组织能力等各个方面能力的培养。通过培训，教师率先对各个能力的生成过程以及收获有了个体体验，以此为基础，通过教师正确地使用各项方法来培育学生的各项能力。比如"团队建设之初"通过一个名为"输油管"的游戏培养教师的团队合作体验。人员分 n

个小组比赛,器材为 n 个碗、n 个小球、3n 根管子。步骤和规则为:①分组,每组分得 1 个碗、1 个小球、3 根管子。把碗放在地上。②每组站队,前三个人各拿一根管子。从第一个人开始传球。③传过球后赶紧把管子给后面的人,直到把球传到碗里。④规则:不能用手碰球;球不能落地;球不能在管子里往回走。否则,重新开始。⑤成功地把球传到碗里,并用时最少的小组获胜。再比如通过一种名为"旋转木马"的学习形式,培养教师增强学习趣味性的能力与沟通能力。步骤和规则为:①先自主学习。②每个人拿上学习材料和笔。全班围成内外两个圈,人数相等,一一对应,相对而立。③内圈、外圈对应的人针对学习材料交流一分钟。④教师发出指令,成员依序移动。如"外圈每人顺时针移动两步"或"内圈逆时针移动三步"。每次交流一分钟。齐珺老师认为通过参与实验班教师培训,自己各方面能力都有提高。首先是教学设计能力,培养教师每一次上课首先都要思考如何设计一个教学流程。其次是教师对教学内容的把握和把控,这是一个基本的核心能力的培养和提高。最后是学到了很多新的教学方法,都是通过参加各个阶段的培训先行获得,然后再来培育学生。正如上面游戏中所呈现的目的和步骤很明确,齐老师通过培训,然后回过来教育学生,悟到了每一个游戏都是有着明确的目标预设在里面,并且通过参加游戏确实得到了提高。在胡格教育目标中包括学生的专业能力、方法能力、社会能力以及人格能力。游戏都让教师得到了培训,包括团队协作能力、与客户交流的能力和语言表达能力。

2. 胡格实验班教育效果明显

1) 学习积极主动状态不同

学生上课的状态是非实验班与实验班的重要显性区分。非实验班课堂上 80% 或 100% 是以教师讲授为主;实验班课堂上 80% 是以学生自己动手操作或主动学习为主,学生是一种活动状态,其大脑都是在积极思考,和非实验班明显不同。非实验班学生上课过程中会呈现出听课疲劳的被动状态。实验班通过可视化教学和小组互动活动,让学生一直处于积极思考、对话的状态。学生的积极主动不仅仅是在上课时间,也体现在各个方面。齐老师归结为是经过长期的培养和训练得到提升的。实验班教学团队通过对实验班和非实验班的对比测量,通过不同的答卷表现和成绩对比也得到了验证。同样都是开卷考试,同样的试卷内容、手册资料,最终普通班有很多同学交了白卷。对此齐老师归结为学生的学习态度的差距。

　　这个班(指实验班)的孩子态度还是很主动,它主要是相互之间的影响,里面有好多同学都是积极的,他带动其他人就是积极的。如果这个里面惰性比较多的话,可能也会相互影响的。学习习惯我觉得这个东西要慢慢养成的。这个不是说一下子就能改变的,这个都是要潜移默化地慢慢地(养成)。专业能力我们的学生这个不要太强啊。主要是他们动手能力非常强,设计能力跟动手能力相比来说可能弱一些。但是和普通班相比应该说还是很好了。一开始我们做了普通班跟实验班学生的对比,效果是非常明显的。同样的题目、手册资料都让他们带的。我们普通班的学生有多少交的是白卷,他题目都不答,这种首先就是态度有问题,你不觉得吗?对,有资料你可

以找一找,这东西都是学的,对吧? 有好多空白(答卷)。(齐珺,2017 年 11 月)

2) 对知识的调用完全不同

因为要完成一个整体项目,实验班每一位学生需要完成很多零件,通过大量完成一个个零件的训练,使得他们对理论的理解更加深刻,储备也更加系统和完整,除了学习到专业技能以及规则性知识外,他们所获得的更多的是分析问题和解决问题的路径和方法。非实验班主要局限于大量的系统性知识的讲授和听讲,解决问题的能力没能得到训练,系统性知识在他们的记忆中属于储存性质,如果不经过实践的发现、验证和理解,则遗忘成为必然,正如前面苏育同学、肃延同学所反映的一样。分别依托不同的教育路径,教育效果明显不同。齐老师用"嵌入脑海""上手特别快""调用很方便"来描述实验班学生,用"都不知道去找哪些东西"来描述非实验班学生,从而进一步凸显二者因为教育路径的不同,所获和所用的效果也就截然不同。

普通班和实验班对知识的调用能力也是测量二者教学效果的主要指标。齐老师通过观察对照实验班和非实验班的完成项目的过程发现,实验班学生独立思考问题、调用知识、完成任务的能力明显很强。通过这种对照更加强化了她对胡格教育模式的认可。

> 你想想我们普通班学生,同样有钳工实训,我们里面有多少学生能够调这个转盘,会计算这个转速,会选择这个转盘,就是其他参数的选择,然后你这个转盘的调节,哪一个会? 有多少人会? 而我们这个班就不一样了。你在做的过程中,同样的一个项目,我这里的孔有 φ10(直径)的,有 φ8 的,有 φ3 的,还有可能更大一点 φ20 的。所以说真正你在做的时候,你看见你的学生在做的过程中,他不是盲目地在去做,在做的过程中,每一步他其实相当于都有规划的,我也会算这些参数,也会选,机床我还会调节,比如说我这个孔、那个孔的直径,这个精度要求,我可能还要铰孔。学生他自己在做的过程中,他都知道,我做完了之后,如果他加工精度要求比较高,还要铰一下,可能这些孔有位置关系,转孔太小实现不了,我可能还要换一个,或者我还要其他辅助的加工方法。就是说你看到学生真正会去做,你的一个心里的感觉是不一样的。同样做这个事情,同样加工一个元件,那你真正做的时候,在普通班里,可能学生来之后,一会儿来问你一次,老师这个怎么做,一会儿问老师那个怎么做。那我们这个班的同学其实他做了几个零件之后,对整个工艺流程都非常清楚,他自己都能把这些东西做下来。可能就是说,你在接触新东西新知识的时候他会有不懂的地方,那老师也会提前讲,如果他还有不明白的,他还可以问。老师在做的过程中就解决这个问题,那个深刻程度肯定是不一样的。我亲身经历的肯定会印象深刻。(齐珺,2017 年11 月)

3) 综合职业能力得到培养和提升

从上课教师的教学任务而言,齐珺老师讲述到,双方教师要完成的教学内容完全不同。普通班教学是围绕一门课程,教师把课程讲完就算教学任务完成。但对于学生的学成效果未能及时反馈,只有通过期末考试来加以考核,但这一考核具有片面性,因为即使学生考试得高分也不能代表学生全会。胡格教育路径对于社会技术知识库的学习是建立在感知、发现、验证和认知的基础上,技术知识生成的"黑箱"正是隐藏在"感知、发现、验证和认知"的系列环节中,是具身地发生在学习者的参与活动中。在技术知识学习的过程中,普通班和实验班的区分正在于实验班将技术生成的"黑箱"环节显性化,从而保证了学习者对显性规则性知识的理解。

在实验班教学任务以项目为主,大项目承载知识,在做项目的过程中把知识和实践相结合,把知识逐渐渗透进来,其本质为一种探照灯式的学习方式。二者的目标任务、完成的方式和考核方式都有差别。就每一节课的上课内容而言,可能学生当日实践操作过程中就能用到教师讲授的理论内容,且在当日就能看到对理论的验证效果。

> 比如说,今天用铣床加工一个长方体,长方体要加工一个表面,那我加工的表面,理论要有支撑啊,让学生完成任务的时候,就要把长方体的表面加工成哪一种形状,什么加工方法,刀具的选择,全部都要铺垫好。学生做完这些东西,可能你就能检验出你的结果。他做完了这个成品,他这个知识,应该说不能百分百掌握,但百分之八九十应该是能掌握的。所以说,从这个任务的角度去比较的话,应该说我们普通班和这个实验班,从前期和最后的结果看,差别还是比较大的。(齐珺,2017年11月)

具体深入到教育目标要素的构成,实验班和非实验班也有本质的不同。翻阅实验班和非实验班的人才培养方案,可以发现人才培养规格都包括基本素质、专业知识和专业能力,但在具体的目标达成中则不相同。非实验班课程体系中分文化基础课、专业基础课、专业专项课和专业综合实践课,即通过各个模块的课程以期达成三种人才规格的目标。胡格实验班的人才培养规格包括方法能力、专业能力与社会能力以及人格能力。通过齐老师的详细讲述,我们会发现四种能力是如何在其教学设计中实现的。齐老师认为在普通班的教学效果中,"知识目标肯定会实现的",应该说齐老师所讲的知识目标的实现,还是停留在对技术知识的了解和认识阶段,还不包括达成对其"认知、理解和应用"之目标,这可以从其后面的讲述中得到印证。之所以达不成,在于两个方面的条件限制:一是教学条件的限制。实验班实训室和理论课教师设在同一个区域,班级规模小,只有35人左右,远远小于非实验班班级容量。二是教学方法的使用。在实验班以小组为单位开展教学,通过项目任务的形式,以小组讨论、个人汇报为主要方法,学生的个人表达能力、思维能力、团队合作能力、查阅资料的能力都得到提升。在这样的基础上获得的知识和非实验班意义上的知识之认识完全不同。我们可以从齐老师在讲述二者的区分时所使用的语言表述中看到二者的重要区分。在师生互动中,用"这么多""这么大"来强调实验班要比普通班的互动多,同时激发了学生积极主动的参与热情。对于非实验班不善于表达的现象她重复使用了两次"不善于",由此可以看出作为一名一线教师在课堂上对学生互动的殷切期望与学生不能积极互动之间的现实矛盾和内心的焦虑。

> 我们普通班里面怎么去培养他的方法能力和社会能力？大多数情况下，我们都是以老师为主，老师在台上讲，学生就在下面听，可能中间会有互动，但是呢，他们这个互动没有我们这个班互动量这么多，这么大，像普通班上课的话，真正互动时，可能真正把这个设想出来，转移到学生身上的时候，每一次课都是以几位学生为主，有些学生他是不善于参与这种方式的，不善于表达。实验班的教学是以小组方式，每一堂课都有小组活动。小组活动里一开始你可能有个人的任务，到后面，你还有一个小组共同任务，到最后呢，这个任务都有一个汇报。汇报的时候，每个人都要演讲，每个人都要有准备，都要有亲身的经历。所以说我们学生在这个教学过程中是慢慢地逐渐地锻炼出来的。因为你这课堂是有意识去培养他的能力，而我们普通课堂没有这个条件，有这个约束在里面，他这个广度是非常大的。最终呢，应该说这些目标很多都能够达成。虽然说在普通班也有目的性地培养学生这些能力，但是你真正用的方法能不能达到这个目的，是有这样的一个疑问在里面，就是你能不能真正实现。（齐珺，2017 年 11 月）

之所以对胡格实验班认可有两个重要的原因，一是生源基础和非实验班学生一样，是从机械制造专业一年级的所有平行班中随机确定一个作为实验班；二是因为已经有毕业生走上社会，毕业生得到社会的认可。这似乎在经验层面上击破了那种对于学生学习积极性弱、学习能力弱的社会偏见，根源还是在于教学理念与教学方法的差别。这一结论也与第二章定量研究中的发现相互印证，即实验班更加认可教学方法对于学习效果影响的重要性，从这里可以看到，正是实验班有效的教学方法，普通班设定的教学目标构成要素在实验班里都能达成。对于"教育内容-教学方法-教学效果"的关系，从齐老师的讲述中也可以得到印证。

胡格实验班考核和非实验班考核也有差别，前者包括笔试和口试。考核包括学生解答问题的能力、表达能力、对知识的理解程度、查阅资料的能力等。通过考核过程中学生的一些表现可以对比发现，实验班比非实验班思维更为活跃。齐老师介绍说，考试时有一些相关题目需要学生自己去解答讲解，独立完成。两位老师出一项题目，学生在解答题目的过程中教师还会提问以考查学生的表达能力以及对知识的理解程度。有些问题解答还需要一些材料，考查的是学生收集资料的能力。通过学生在考试中的应变能力的表现，齐老师深刻地体会到了实验班学生与非实验班学生思维路径的区分。

对于教学过程中的师生互动，尤其是学生对教师所讲知识的回应是教师了解学生对知识掌握程度的重要指示器。学生回答问题或者用其他非语言行为来回应都是对教师教学效果的反映，若是"一言堂"，其实教师自己心里也清楚，学生对所讲内容的状态是不理解或者不感兴趣。这其实提醒老师需要调整教学方法来改变这样的教学状态。但是对于工科技术教育而言，如果没有可视化感知物和学生的实际动手操作，一味地理论灌输，上述的师生被动状态在所难免,在客观条件上讲,也是教师所无法左右的。这也可以在前面的乾璟老师所讲述的矛盾中得到印证。齐珺老师在讲到考核方式时又一次提到了非实验班和实验班学生的应变能力的区分,再一次能够深刻体会到微观行为层面,教师对于非实验班学生"恨铁不成钢"的心理状态和对实验班学生学习效果的认可。比如在提到普通班的学生时,"老师,我不会"是常态,但是实验班学生则是"一般不会出现这种情况"。

> 还有一些应变能力,比如你问我一个问题,我暂时一点思路都没有,那他怎么处理这个技巧,像我们普通班,可能经常会说"老师,我不会",会经常碰到。像我们实验班学生一般不会出现这种情况,他可能在真正写出答案之前,会做很多准备,还有他当时现场的应变。有的同学的应变能力还是比较强的。就是说我这个知识可能在脑里储备了,但是你这个题目突然间调换了我没调动起来,然后呢,他有这样的一个过程,在这过程中呢他可能要思考一到两分钟,他会跟我们讲,可能有些同学直白点,他会跟我说,"老师你暂时让我想一想",或者是"老师,我去找一本书"什么的,比较灵活。我们普通班学生就什么情况,看着你……有的还好一点,就告诉你"我不会",有的可能就没有反应。总归我们两个交流,互动一下这个问题,我叫你起来,然后你连个反应都没有,你就没办法往下接了。(齐珺,2017 年 11 月)

学生团队合作能力的培养也是胡格实验班之于非实验班所不能及的地方。在小组团队中,在外在任务的压力下学生合作集体完成任务,通过相互对比可以发现自己与他人的长板与短板,共同获得各自的进步。

> 我们上课时一般不点名说谁谁来答,比如说我之前把任务指派为小组,每个小组指派个代表来给大家讲解一下,有的同学很积极的,他很擅长这个。后面你会发现他们自己会协调的。有一次就是这样的,有一位同学就讲了我们大家要积极主动地去表现自己,去锻炼自己,不要每一次都是一个人。真的!他们自己能组织,就是有的任务直接派给他自己,他们自己会协调协作去处理好的,所以说你会发现这些学生他们相互之间会带起来这种氛围,慢慢地会养成这种习惯,所以说他们之间相互影响。其实这些相互影响互动对老师来说也很重要的,他们活跃起来了你上课也不会死气沉沉,否则的话这又是很安静,死气沉沉。安静表示潜在问题学生可能就没有去意识和思考。(齐珺,2017 年 11 月)

4) 考核方式决定了师生关系状态的不同

和非实验班的区分还体现在师生关系状态的不同。比如非实验班 45 人,齐老师自认为记人能力比较强,对于班级同学的名字通过班级点名册能够一一对应,但是不一定对每位同学都非常熟悉。在实验班,针对学生的团队合作能力、学习习惯、语言表达等一系列学习过程中的表现都需要通过教师的考核打分来实现,旨在培养学生的素养能力。通过教师平均分和小组互评加以测量，所以要求教师对学生要全过程观察、记录和考核。实验班在空间上是教师办公室、理论教室和实训室在同一场地。在上课过程中以小组为单位，所以教师需要花很大一部分时间关注学生、观察学生，比如学生的团队协作能力需要通过教师的仔细观察来判断和打分。空间距离的缩小、时间和精力的投入、考核要求三项要素共同形塑了实验班师生关系的良好状态。良好的师生关系是教师收获教育成就感的重要方面①，通过齐老师的讲述，可以感觉到胡格实验班良好的师生关系给她带来的成就感。用"比较好""比较舒服""融洽"来表述师生关系状态，尤其在用"融洽"时用了双重的"非常"——"非常非常的融洽"，由此可见一方面师生关系的良性和谐状态，另一方面表达了齐老师对此的满意程度。更为重要的是，学生的素养能力得到有效提升。

3. 从"非常怀疑"到"完全认可"的转变

提到胡格教育模式的推广，齐珺老师表述了两层意思：一是对于机械类专业普及，因为设备投入成本太大，所以有难度；二是其中的教育方法可以借鉴，如可视化方法、小组讨论的方法，结合课程内容进行变通，具体怎么变通需要展开研究。自从参与了胡格教育模式的实践应用后，齐珺老师深刻体会到了其对教育学生的好处，甚至把它的理念和方法运用到了教育正在读高中的孩子身上，觉得效果明显。在表述时，连续用了两次"真的"，说明了她已经开始将这样的理念和方法迁移到她的家庭教育中了，也足以证明她对这一模式的认可，包括对它的普及的认可。提到教育自己的孩子，她先是眉头紧锁，因为和自己孩子在交流方面曾经有些隔阂，但是现在因为应用了胡格的教育理念和方法，已经受用了，紧锁的眉头马上被喜笑颜开的状态所取代。

其实对于胡格模式的认可，齐老师的内心深处也并不是从一开始就接受的。之所以"非常"怀疑这样的教育路径是因为还是以非实验班的教育任务为依据，认为原来非实验班四节课的内容是理论内容80％由教师讲解，或者甚至达到100％，实验班通过实训项目，这么多的教学任务是否可以完成，值得商榷。当一系列的教育效果呈现出来时，齐老师的态度发生了大的转变。从最开始的"不理解""非常非常地""很难接受"到"慢慢地全都接受""很能接受"。齐老师对于教育效果的总结中，并没有强调学生学到了多少规则性知识，而是通过做很多零件，学生学会了系列能力，包括表达能力、思维能力、合作能力、学习兴趣等等。对于这一个改革模式，在学校内部目前为止也不乏质疑声，齐老师向笔者表达了自己态度的完全转变。

4. 压力与挑战

当问及加入胡格实验班自己面临的压力时，齐老师主要从两个方面做了解释，一方面是教学准备的压力，一方面是自己专业知识的局限性。来自教学设计的压力是因为教学目标、教学内容、教学过程都不同，所以与非实验班只是单一地讲授理论知识内容不同，在实验班教学压力就比较大。首先是教学内容的选择，因为要和实践环节紧密融合，即要准

---

① 吉梅，李艳. 高职教师在师生关系中的"过渡人"角色解析——基于对江苏省常州市 5 所高职院校的问卷调查[J]. 职业技术教育. 2012(14)：91。

备实践环节需要用的理论知识。其次还要把准备的理论内容进一步适当扩展,因为在实践过程中用到的知识相对要更为丰富一些,比准备好的知识范围更宽。最后是教学方法的合理应用,如采用小组学习、布置学习内容、小组学习后的作业布置、小组学习效果的控制、学习效果的总结、整个课堂时间的控制与把握等,因此包括内容、方法、工具的选择、扩展资料的准备等。从教学目标上需要教师对整个教学内容、阶段性教学内容,以及每节课教学内容都要有整体性理解、把握和分解,而这需要建立在教师经历几轮教学后的基础上,其中的艰辛与挑战通过齐珺老师的描述可以让人深刻感受得到。

> 比如同样一门课上普通班的课去了就能讲,按照我们这个教学任务和教学标准,今天的教学任务就实现了。同样的一个班四节课,普通班是四节课,实验班也是四节课,针对普通班来讲,今天我讲的内容是很多的,我要把它讲完。但是我们这个班的话呢,就不一样了。……我一开始接触的时候,对这个整体的把握程度,比如说我自己啊,不是那么自信,我也不是特别了解,我只能慢慢地去做,……把学生教好,把目的实现了,所以对我们自身的压力是很大的。……这个教学的总体压力和普通班相比应该说是非常大的。而且我们的每一轮教学不是说一成不变的,可能我们普通班的就是一成不变。但是我们这个(实验)班,你可能每一次都要有一个精炼。我第一年做的时候发现哪里有缺陷,第二次我就要把它修正一下,然后精炼一下。其实每一次都有新的东西。学生呢在理解的时候可能比较吃力,我就要想着变换方法,这是一个。然后在做的过程中你还要考虑第一轮选的内容合不合适,后面我还用不用再修改,还用不用再添加一些新的东西。所以说呢,这里面可能每上一轮,我的教学流程还是要从重新走一次,还要重新设计一遍的,就不应该把上一次的还带过来。如果带过来的话那可能是和我们普通班的差别不是太大了。(齐珺,2017年11月)

对专业知识局限的挑战。在常校部分专业技术课是由两类教师来上课:一类是理论课教师,负责对课程理论体系教学任务的完成;一类是实践课教师,负责完成对应的专业课的实训环节教学任务。一直以来齐珺老师都是以理论教师的身份承担理论教学任务。根据齐珺老师前面关于教学设计的陈述,实验班理论教学需要支撑完成项目的实践任务,理论教学的任务是服务于学生实践活动中需要用到的理论知识,处于探照灯式知识生产路径下的客观知识领域,每个学生对于知识的理解也不同,探照到的客观知识域与问题域都不同,所以齐老师面临的压力也就可想而知,和实践老师相比局限性尤其明显。

> 有的时候学生会碰到那些实践的问题,我是没有遇到过,因为咱们毕竟都是理论出身的,这个东西真的没做过,有的东西真的不懂,你理论上对这个车床都很了解,你让我去找里面这个分机,里面的转速什么的,是怎么传动的,这些都能够清楚,但是让我真正看里面的东西,到底哪里出问题了,比如说断电了,可能我都不知道怎么回事。然后理论知识的话,我们自己觉得知识比较多,但是我们学生因为本身是从高中过渡

的一个阶段，专业连清楚都不清楚，对他来讲都是新知识，所以他的学习有个过程，基本上前期都有这种问题。当他要完成作业，比如说借助网络查阅一些资料，就会遇到一些新问题，有的时候这些问题可能就超出你当时的预想，可能我的思路里面答案大概就这么多条，学生就会给你加些新知识，有的真的是可能我不是太理解，也不太懂，这个时候我就要去学。（齐珺，2017 年 11 月）

对齐老师面临的知识局限性的压力我们可以追溯到其知识结构的来源。齐老师接受的是学术型研究生教育。学术学位研究生教育从教育目标到教育内容、教育结果的考核都在强调一种对明述性强、可迁移的可复制的工程知识的认知性学习，从而形成了基于知识"应用观"的研究生工程教育路径，学生获得的知识更多地是对规则性知识的主观内在的理解和储存，相对缺乏基于感官知觉的对于显性的理论性知识的发现、验证和理解，因此当面对具体实践应用时，知识结构的局限性就凸显了出来。当前我国在研究生工程教育改革中，正在突破学术类研究生教育占主导地位的教育格局，专业类研究生工程教育规模正在开始不断扩大。但是这一改革并未带来预期的改革教育效果。实证研究发现，专业类研究生工程教育的改革更多地还是停留在名称的变革上，而其内在的教育内容、教育手段、教育效果以及效果检测都会不自觉地走上了学术类研究生教育模式的路径①。为了更好地适应社会人才规格的需求，研究生专业教育也开始了校企合作培养的新模式②。造成研究生工程教育改革窘境的根本原因在于其背后所依托的知识观仍然是技术知识"应用观"而非生成观。另一方面与其工作经历相关。齐珺毕业后从事的工作与机械行业关联度不是很大，也就导致其所学理论知识的应用与实践相对少一些。这一挑战对于在机械行业工作了很多年的宗栋老师③就不是问题，尽管他所受的专业教育比较少，却成为了实验班不可缺少的"顶梁柱"。由此可以总结到，"做中学"的知识生成的路径是学习专业理论知识的有效路径。

通过齐老师的讲述给我们传递了这样的信息——胡格实验班教育效果明显突出。通过与非实验班的对比，齐老师对于胡格实验班教育模式给予完全的支持和认可说明实验班教育效果非常明显。胡格实验班教育目标通过其教育方法的设计最终能够得到达成，即教育目标、教育路径和教育目标的达成（教育效果）三者之间是一致的，因此也就在教育路径和教育效果之间建立了显性关联。

通过对教育目标设定的分析和教育路径的梳理，可以理出两条线索。一是在教育目标设定中，专业能力和方法能力其本质都是指技术知识，但不是外在于学习者的书本的相

---

① 葛虹. 经管类硕士研究生分类培养的差异性分析——以哈尔滨工业大学为例[J]. 研究生教育研究，2013 年第 6 期.

② 杜建军. 校企联合培养研究生的办学实践对全日制专业学位研究生培养的启迪[J]. 学位与研究生教育，2013 年第 3 期.

③ 宗栋老师是胡格实验班实践课老师，通过和他的访谈，明显可以发现他对自己在胡格实验班的自信与自如，这与其在企业长期的工作经历有关。他目前已经退休，但是因为其具有丰富的企业工作经验与技术经验，所以被常校返聘当实践课教师。（2016 年 11 月 16 日访谈，胡格实验班教师办公室）

对"静态"的规则性知识,是学习者自身内在生成的技术知识,内涵了学习者的个人参与,包括发现、验证、理解和应用,依循先后时间和逻辑顺序,正如胡格实验班肃延同学描述的一样,经过自己动手实践操作发现、验证、理解后的知识是深刻的知识,随时可以调用的知识,动态的嵌入学习者身体的具身知识,与通过教师讲解的规则性知识完全不同。从这一意义上讲,在知识生成视域下学生获得的知识即能力,也实证地呈现出了技术知识的构成要素包括两个方面:①内涵了发现、验证、理解、应用四个环节的具身参与;②运用理解了的知识解决问题的能力。二是其教育路径依循了技术知识生成的路径,我们称之为技术知识生产路径。之所以这样命名,是因为技术生成是从个人层面而言的,技术生产则是从教育主体的角度而言,学校通过设计一定的教育方法达成教育目标。从社会分工的角度看,学校依循的是面向学生技术知识生成的技术知识生产路径,因为学校培养的对象要携带着学校生产的产品——技术知识走向社会。基于此,我们把教育主体依托技术知识生成观开展的技术教育路径称为技术知识生产的路径。

三、工作状态、母校印象与教育路径

(一)"浑浑噩噩"地度过:非实验班毕业生江越同学

江越同学,常市人,独生子。高中阶段是美术艺术生,接近毕业时,一方面发现自己对艺术缺乏信心,一方面认为艺术专业毕业后工作可能会不稳定,有一种不踏实感,"感觉飘在天上面,收入不稳定",不如从事一种技术类行业工作,"实打实地稳","一分耕耘一分收获",于是选择了提前单独招生的求学路径,来到了常校非实验班机械制造与自动化学业学习,2014级学生。2017年11月8日接受访谈时正值他顶岗实习工作一年结束,已在工作单位正式工作四个月,在常市一家民营企业塑料制品圣思公司作模具工。江越的父亲是一名民营机械制造类行业企业老板,为了让儿子得到锻炼,在其毕业后推荐到自己朋友所在的厂里工作,让其体验外面世界的"酸甜苦辣"。

在长达一个半小时的交流中,或许是因为父亲也是在机械行业工作,尽管他回忆起母校教学来,希望能够进行改革,但是对自己的未来还是充满了信心,希望自己能够从经济上不依靠父母,独立生活。在这一部分将从四个方面呈现江越同学对学校教育效果的反馈情况,从中进一步解析非实验班教育路径、教育效果与技术知识观之间的关系。

1. 工作状态:上手比较慢,较为被动

江越目前的岗位是根据已经设计好的图纸做模具零件的加工,他认为是比较浅层次的简单工种,自己对工作适应相对比较慢,大概经过一两个月以后才开始慢慢懂得要做什么和不做什么,在工作的初始状态是属于一种"懵"的状态,即完全处于一种被动的状态,听工作师父支配指导。现在的工作是属于多技能加少量技术含量的工作,因此也是属于一线的工作岗位。对自己未来有点信心的他对目前的工作状态也"比较满意",也会"子承父业"。不是很满意的方面是因为觉得自己的能力还不够,对自己未来的发展又缺乏明确的定位,所以用"懵"来形容自己的状态。但总的要求是希望通过自己的努力,在工资方面能够得到提高。

2. 回忆母校

1) 学习路径：先理论学习后实践操作

因为有了和专业知识相关的工作经历，现在回想起来学校的学习状态，江越用"浑浑噩噩"来形容，这与其所在班级的教育模式相关。他对自己两年的受教育过程做了梳理。在学校上课，理论课与实践课的比例，江越认为可能90%是理论课，只有10%是实践课。理论课集中授课，实践课集中实践，二者是分开的。两年共有钳工实训集中两周，数控铣实训集中两周，车床实训集中两周，三次实训大约一个半月，还有两次暑期实训。江越认为这样的安排过于集中，最为重要的是，理论与实践之间的时间跨度太大，可能在一年级上半学期集中学习理论，要到一年级下半学期抽一周时间围绕某一个工种如钳工加工一个零件。然后再到大二上半学期集中两周针对数控铣加工一个部件，大二下半学期再针对车床加工一个零件。这样带来的后果是因为理论学习和实践操作之间的间隔时间跨度太大，并且书本内容和实践内容之间的比例不协调，所以导致理论学得太浅。一个学期课程知识与实训结束后分别考试，分理论考试与实操考试。江越总结说，就像没学一样。由此可见，依循"应用型"教育路径和生成型教育路径教育效果对比鲜明。

2) 学习效果："浑浑噩噩，考完就忘"

江越介绍说，理论课的上课模式为老师讲解、学生做笔记，因为缺乏及时的实践验证，所以现在回忆起来，发现自己曾经记的内容都忘记了。通过他的论述，能够感觉到上课时听不懂，教师要求记，可是自己又不知道为什么记的窘态。"浑浑噩噩""云里雾里"，两个词语在他的论述中前后出现了两次，联系其所讲述的，"如果有了实践的验证，效果就完全不一样了"，足可以证明其上课状态缺乏对理论所对应内容的感知的无奈状态。江越举例说，上专业技术课程，听老师讲各种过程，但是学生并不能感知到具体过程以及操作流程，就把过程记下来，考试结束后，知道课程的名字，但不知道过程。所以结果就是学生听不懂也记不住的状态。

因此就没什么人听。浑浑噩噩，因为感觉学的没什么用啊，关键就是没有通过实践来证明书本上的知识有用。感觉还是和高中一样，老师让你学就学，让你记就记，我们不知道为什么要记它，记它有什么用，所以就比较抗拒这个东西，就是让你学这个东西，为什么要学啊。老师和你说以后可能用到，你又想，我以后又不一定要做这个，为什么要学这个，是这么回事。……感觉浑浑噩噩的，该怎么过还是怎么过。……书本上讲的最基础的东西，可能老师在那儿讲，记在书本上或本子上，你可能也就考试的时候会把它翻一翻，看一看。说实话就是单纯应付考试的，可能考试考过了笔记本什么的都不见了。老师讲完，你云里雾里的，怎么回事，就老师讲完，哦，是这么回事。老师讲的话，老师肯定懂，我们学生就跟着老师总结的东西，他深层次总结了，我们可能还在浅层次云里雾里的，这边懂一点，那边懂一点，时间一长可能就不大注意了。……就只知道它是什么，不知道为什么，就是没有深层次的了解这个东西。……老师给你个模板，不是通过我们总结来的，每个人总结的东西都不一样，老师总结的他能接受得了,我们可能接受不了。……就差那一个实践,就感觉理解不了,真的是手头上做过以后,有些小错误要东西做出来以后拼装起来了(才有发现)。我们六月到七月的一个月,车床三个人一个车床。实训完要做一个部件,三个人基本上就是平均分时间,一个人做完东西,然后轮到他,然后你做完,再轮到他。就这样一个月时间让你真学到东西了,这个东西学得最深刻。对,毕竟是你亲自要上刀操作了,你操作了记忆肯定更加深刻了。坐在教室里面书本一摊,就两眼一睁瞪着黑板,你有没有记住也说不定,你一下课可能因为别的事情就忘了。毕竟还是手工操作能让记忆力更加深刻。(江越,2017年11月)

这样的关联,即理论学习与实践验证之间紧密衔接与学习效果之间的关联,通过毕业后的实践,江越的感觉更加深刻些。对此他作了解释:知识的内涵是深藏在教师的理解当中,但是无法传递到学生的理解当中,学生的理解需要通过学生自己的实践去发现。江越的表述生动地说明了个体知识生成的核心环节在于具身参与后的理解。如果缺乏了这一环节,学习到的知识从功能的意义看还不是有用的知识,因为学习者还不具备应用的能力。因为理论学习缺乏实践的验证,所以带来的消极后果是学生理论知识的一知半解,显性的消极后果体现在教师布置的专业作业的完成方式上。也是在完成作业的时候体现了同学间的"团结合作"。比如老师布置几道题目,宿舍同学分工完成,最后"分享"。对于这样的完成作业的方式以及考试主要记忆知识的形式从内心深处讲,江越表示了极力的反对与抗拒,但这样的反对和抗拒还是藏于内心的,同时也给了母校教学改革的建议。

平时做作业的方式不能说有害吧,只能说益处不大,现在想想我们这种做法肯定是不好的,跟应试教育一样,说实话就是不好,但也没有办法,大环境在那里。说实话,有那些做作业的时间,你不如真的抽一节课让我们去真正地体验一下,就真正把书本上的知识运用到实践当中。每次课上完,老师可以选择让同学做一个东西,设计的这个东西要运用到课本上的东西,会去做。老师设计东西肯定要让同学遇到问题,然后让同学去解决,正好用到课本上知识就有印象,相当于课本上面的教学嘛。只是让他记笔记应付考试的话我感觉都没什么用,学生只是应付考试来强行记忆它,在内心的话我感觉是抗拒不想记的,只是为了考试记,记完这门课,过了又忘了。(江越,2017年11月)

江越同学为何对理论实践结合的效果有着更深的影响是因为其中一门液压的课程,理论实践联系紧密。因为和德资企业有订单合作培养的协议,对方为合作班提供液压设备,且理论课教学的场所布局为前半部分是桌椅,后半部分是液压设备,在同一个场所,所以就为学生理论实践相结合提供了便利,实际的教学也是理论讲授结束后紧接着就通过实践来进一步发现理论、验证理论和理解理论。液压系统知识就是通过这样的教学方式在学生那里自然生成,学习效果明显好。与此形成鲜明对比的是,整体师资与教学设备的缺乏。一方面是理论课教学多、实践课少，另一方面是实践课指导老师少、实训设备少，这是江越给访谈者讲述的另一个客观条件的限制。比如实践课，一个班20—30人只有一名实践课指导老师，在教学过程中难以实现对所有学生的悉心指导。

3）考核效果：缺乏对学生问题能力的培养

对于实操考试，江越的评价为太简单、缺乏挑战性，考试对于学生的提高比较少。比如要求学生做一个小火车头，实践老师会把如何操作的规则全部教给学生，包括先后程序，但是缺的是学生的主动动手能力，学生处于一种被动的状态，按照老师的要求来做，可以考试过关，但是实践的内容太少。通过江越的描述，实际上学生的实践操作是从培养技能的角度，即围绕"如何做"的目标来实训。对"为什么"这样做，平时的实训环节以及考试环节都是缺乏的，所以也就带来了他所讲的学生处于被动状态，根源就在于学生在学习中缺乏问题和问题意识。在关于技术知识生成的路径中，我们已经总结其中一个关键的阶段是让学习者遇到"问题"或"结"，但是在非实验班教学中缺乏"问题"或"关卡"也是"应用型"教育路径的体现和结果。

> 老师安排好了什么动作，完全按照老师的要求做一般不会出什么问题，所以说你就碰不到问题，就做一个火车头其他就不看了，等到下次要做其他的零件没有老师的方法了，不能按照老师的要求来做只能自己摸索的话就会出问题，出问题的话碰到了才能解决，以后碰到问题就可以自己解决了。老师系统地把他的方法告诉你了，但你做的东西还是太少。问题都碰不到，可能侥幸就让你过关了，下次出了问题你也不知道在哪里，还是实践问题，实践太少，实践多的话你才有可能看到问题才能去解决，以后就不会再出现这种问题。……大个东西学校里不可能有的，你根本碰不到这个东西，也不知道，只能听老师说，老师说给你的是他的感受，你自己看不到摸不着的，你还是不知道具体是什么，只有你自己做了才知道具体什么情况。（江越，2017年11月）

3. 对母校改革的建议：理论与实践相间开展

在这样的教育路径下，学生的学习主动性如何呢？江越认为，大多数同学处于被动学习的状态，只有个别好学的同学，才会积极主动地去学习，表现出超常的学习热情。大多数同学表示比较难学，原因在于理论与实践之间的间隔时间太长，对于课本理论知识理解消化比较慢，比较难。所以一再强调实践对自信心的重要意义。"云里雾里""一抹黑"不仅仅出现在课堂上，也出现在刚刚开始的工作中。谨小慎微跟着师傅认真学习是其对刚开始工作状态的描述。随着实践的积累，自信心才逐渐建立了起来。

> 刚开始我认为对的东西，还要找师父确认一下才敢自己下手，就生怕弄错了东西添麻烦。本来一个东西只要花一个小时，你假如弄错了的话，可能要花两三个小时才能弄好，时间就浪费在这里了。刚出来接触陌生的东西，什么都不知道，你要小心翼

翼地听师父的安排，慢慢做熟悉一些，知道一些要注意的要点，下次注意一点。（江越，2017 年 11 月）

之所以要"小心翼翼"，是因为在学校期间学到的是静态的规则性知识，对于知识的内涵并不了解和理解。而通过实践获得的知识远比静态的规则性知识要丰富复杂得多。比如说，机械设计基础这门课程里面会涉及基本的概念和规则，在学校通过简单的实验可以验证，但是学校仅仅停留在学习最基本的层面，加之操作方面很少，所以学生面临问题、发现问题、解决问题的能力以及在解决问题的过程中进一步探照理论、发现理论、验证理论、理解和应用知识的空间都被限制了。

比如说一个钻头，钻下去，要多粗的？多细的？转速是多少？深度有多宽啊？这些内容在学校里做一些实验很简单的，也没遇到太多的问题。到了单位比如说哪个设备坏掉了，这就跟学校没关系了。设备坏掉了，学校也不会教啊，也没有教过这方面的问题。……在学校遇到坏的再换一台，也不会想到去修……学校教的基本知识就不够用，只能跟着师父重新学了。（江越，2017 年 11 月）

所以对于母校教学改革的建议，江越提到的最多的是"多实践，理论和实践紧密结合"。因为通过工作实践发现，在机械制造领域，实践操作和实训越多越好，对于知识的学习都是"需要通过双手慢慢干出来的"。希望理论学习与实践操作之间间隔的时间不要太长。这也从个人经验的层面证明了，个体技术知识的构成要素中具身参与系数是其中必不可少的一部分，只有经过具身参与，显性理论知识才可能成为个人技术知识的一部分。

4. 小结：技术知识观、"应用型"教育路径与教育效果

以技术知识生成观为学理依据，梳理江越对母校受教育历程的回忆和教育效果的反馈，我们可以得出以下两个层面的结论：①依托"技术是对科学知识的应用"之技术知识观，技术"应用型"教育路径的教育效果并不为毕业生江越所认可。②在技术"应用型"教育路径下，学生学得的知识因为遗漏了技术知识生成过程中的个人参与系数要素，包括疑惑、发现、验证、理解和应用等各个阶段，学习者也就缺乏因为具身参与而获得的诸能力域，缺乏学习成就感，因而对于学习者而言是获得相对无效无用的知识。

（二）"没空也不愿意玩手机"：胡格实验班毕业生张勤思

胡格实验班毕业生工作状态如何，对于实验班教育效果是否赞成，带着这一疑问笔者走近他们，了解他们。张勤思是胡格实验班 2017 届一名毕业生，江南人，高中阶段是理科，本可以选择考取三本，但他希望自己能够通过切实学习一门技术来提高自己的独立生活能力。他现在常市一家德资企业 KARL 公司工作。在长达 1 小时 20 分的访谈中，张勤思对当前工作状态的满意以及对未来的信心满满，让笔者关于胡格教育效果的疑问终于得以释怀。

1. 纵横对比中找到自信

通过横向和纵向比较，勤思表达了自己作为胡格实验班学生的优势。横向比较主要是同期来的非实验班学生和胡格实验班学生的工作适应性比较。2016 年 8 月顶岗实习开始之际，和所有的用人单位一样 KARL 公司也面向高职院校招收实习生。常校胡格实验班实习生要比非实验班实习生晚半年来到 KARL 公司，因为常校对他们的学制规定为"2.5＋0.5"学制，但是这并不影响他们在 KARL 公司和同一年级同一专业实习生中的优势地位。勤思介绍说，有四个非实验班实习生因为比他们早半年来到 KARL 单位，其中三名被单位轮岗为技术员岗位，但是单位对该三名技术员并不是很满意，于是他们又回到了操作工岗位，三名毕业生对此安排并不是很满意，于是辞职离企。勤思认为工作态度是他们胡格实验班学生区分于非实验班的重要素养之一。不论是他们自己还是单位领导，都认为胡格实验班学生整体工作素养更好，如更为勤奋好学和踏实肯干，团队合作能力更强。

纵向比较主要是将自己与同期到该单位的本科生、硕士生相比，在专业语言表达和动手能力方面显得更为突出一些。尤其是动手能力方面，对于基本结构的维修，自己比他们的反应更快一下，上手也更快一些。原因在于当前工作用的冲压机正好和他们学校期间每位学生动手完成的冲压机结构很相似，原理也更清楚一些。所以当操作员提出问题时勤思发现自己的反应要比同期的本科生反应更快一些。他目前所在的部门有本科生，也有研究生，他是唯一一名大专生。

2. "5W"蕴含着个人参与系数与能力域生成

在勤思的讲述中，可以发现"5W"的追问不断地出现在其工作过程中（先后七次提到"5W"），在问题、反思、理论探照之间不断往返，并且正是因为自己在学校经过了三个 W 的训练，这样的训练已经培养成了其在工作中的思维路径和思维方式，并且正是这样的思维路径，让自己在工作中有了更多的自信心。

亚里士多德对技术家和经验家之间做了区分，技术家是掌握了技术知识的人，对于技术知识不仅知道其然，还知道其所以然；经验家是仅知其然但不知其所以然。以此为对比，亚里士多德提出技术家比经验家更智慧，而智慧的根源在于技术家善于提出疑惑，善于在问题与相关的事物之间寻求答案，以解决实用问题。

在亚里士多德关于理论知识的生成过程中蕴含了技术知识生成的路径及其要素——"可感知事物（感官知觉）-经验（经验师）-疑惑-问题解答（技术）-通型（理论家）-哲学（大师）"，正是始于感官知觉，基于经验，在疑惑的带动下，解决疑惑的过程也正是技术知识生成的过程。

在工作过程中遇到问题是常有的事。遇到问题时勤思的领导经常会问自己五个 Why（为什么），对照领导提出的五个 W，他回忆说在学校里主要接受了 2—3 个 W 的训练。"5W"包括：①为什么这样做？②为什么这样设计？③为什么不换另一种设计方式？④问题的本源是什么？⑤怎样避免或者杜绝这种问题的发生？最后两个问题是学校里所没有训练过的。仔细推敲这五个 W，其本质都要求在学习者头脑中不断形成正如亚里士多德总结的理论知识生成的思维路径。勤思给笔者举了一个例子来说明创新能力在学校是如何培养的。教师通过提出实际问题，让学生通过将已经学过的理论与技能去探照未学过的理论，来解决实际问题。该过程典型地反映了实验班教育所依循的技术知识生成的路径。

> 我举个例子，在大二的时候我们在做那个工业机器人，他想要安装两个传感器，然后没有设计图纸的，这些都是非标件，就要我们自己去做。当时我们老师让我们只有少数一部分人，五到六个人，让我们礼拜天去额外做。老师先让我们自己想方法去画图，怎样把它安装到一个合适的位置，这是属于一个创新的方面。一般传感器都是固定在一个铁板上，然后通过铁板折弯，还有一个角度，都是要自己去思考的，后面老师又把那个内容画在图纸上。（张勤思，2017 年 10 月）

对于学校"3W"思维路径的培养，勤思表达了自己对其积极功能意义的认可。通过区分靠经验维修机器的维修师傅和靠逻辑推理解决问题的技术师，他深刻领会到了学校培养的"3W"追问的逻辑思维能力以及来到企业后的"5W"能力对于其积累工作经验，提升自己技术水平的关键意义所在。

1）工作兴趣、工作态度的生成与"5W"

在"5W"思维理念的培育和引导下，勤思在工作中遇到任何问题都会依循这一思维路径，因此在他的脑海中也就一直"驻着"很多"为什么"，有了更多的为什么，也就有了更多探索的动力和兴趣，努力去打开亚里士多德提出的思想上的"结"。波兰尼将一个人困于一个问题时的状态称为"目的性紧张"。为了解答心中的困惑，个人会自发产生一种紧张情绪，并将自己沉浸于其中，为之付出艰辛的努力，科学发现的源泉正起源于目的性紧张推动下的不懈努力中。波兰尼通过列举一个如何做才能成为"一个巴甫洛夫"的师徒对话来说明持续地对问题的深度思考对于个体知识生成的意义所在。师父解释说："早上起床时想着自己的问题，吃早餐时想着那个问题，上实验室时想着那个问题，上床睡觉时想着那个问题，睡梦中也梦见那个问题。"[1]持续地盯着未知的东西和已知的资料，直到问题与发现之间逻辑鸿沟的消失。

勤思看到了机械行业的庞大复杂，感受到了自己知识的不足，无尽的"W"生发着不竭的探索动力，浓厚的兴趣、良好的工作态度都应然而生。这也和胡格实验班齐珺老师在接受培训中所获知的一样，兴趣来源于已有的能力。勤思这样表述了自己的工作兴趣、工作态度和工作状态之间的关系。

> 态度和兴趣不是一样吗？因为我感觉我喜欢这个行业，我才会有态度去做。我感觉态度和兴趣是一样的。因为我喜欢这个东西的话，我就会乐于去学，就不考虑态

---

[1] ［英］迈克尔·波兰尼.个人知识——迈向后批判哲学[M].许泽民译.贵州：贵州人民出版社；2000：193.

度。……假如十二点吃饭，我东西没干好，你叫我去吃饭，我都不去的。我就跑去吃饭。我要在这干，什么时候干好什么才去吃饭。也不会因为是去挣钱什么的才去学习，就是感觉对这方面感兴趣。比如说我刚开始当操作工的时候，就特别不感兴趣。一天到晚就重复一个动作，我就感觉人生看不到希望了，干着干着就感觉犯困。就看时间，什么时候吃饭啊，天天就想这些。就是拿啊放啊这些……一直在考虑什么时候吃饭这些问题。然后到现在到了感兴趣的地方了，感觉吃饭都不是很重要了，就是这样的一种感觉。（张勤思，2017 年 10 月）

结合波兰尼对个人知识生成中个人参与系数之意义的论述，分析胡格教育模式中的"3W"路径以及公司对勤思不断引导的"5W"思维路径，不难得出，"5W"思维路径对于个人知识生成的核心意义。波兰尼通过历史地梳理个人科学发现的过程来说明求知热情对于个人知识生成的意义所在。从个人科学发现的历程看，求知热情蕴含了动态的求知过程与发现过程，也孕育了个人科学信念体系的构建。基于此，波兰尼提出在教育领域，对于科学的求知热情的认识和处理方式发生了变化，即当科学发现被放置在教科书中被当作是已知的和真实的，从而使得科学发现对于学习者而言变成了静态知识，对于科学发现的识知由"习得一门技能的努力"变成了"掌握一门技能的感觉"。科学发现之初启发性行为中的"感情瀑布""接踵而来的冲动"在最后的学习者这里先是以较弱的形式出现，最终失去了一切"动态特性"，而这些"感情瀑布"和"冲动"可以由先驱者们建立，后来又被继承者们坚持的不同知识领域里并行地观察到[①]。

结合波兰尼的科学发现的路径以及其对教科书将科学发现的热情弱化处理的现实，我们发现，"5W"思维路径旨在将蕴藏在技术知识发现背后的个人参与热情激发出来，进而构成个人生成技术知识的重要组成部分，因此依循的正是波兰尼笔下所揭示的个人技术知识生成路径。在此思维路径的规制下，个人生成动态的知识与能力。

我感觉最重要的还是自己的一个学习态度，因为只要你肯学，就没有发展不下去的路，只要你有这种吃苦耐劳的态度，培养了浓厚的学习兴趣，这个专业知识你自然而然能学会。你想去学的话，那是肯定能够学好。这种兴趣来自自己在学习中能够不断获得进步。我觉得这种理论和实际结合对我很有益处，我出去这些知识就立马能够用得到，而不需要到社会上去过渡，而不是不会操作，需要自己反复，然后再慢慢地摸索，我们没有了这样的阶段，就是上手直接操作。……比如说加工一个轴，需要注意什么，然后加工的方法是什么？加工的方式，加工工艺是什么？这些都需要我们去分析。为什么要这样加工而不是那样加工？这里面有一个额外的步骤是，你要做工作笔记，老师检查。就是这一点直接培养了我们分析问题的思维模式。遇到问题我就会分析，为什么这样做。我们胡格实验班还有一个就是看图纸的能力非常强，这

① ［英］迈克尔·波兰尼.个人知识——迈向后批判哲学［M］.许泽民译.贵州：贵州人民出版社：2000：264-265.

也是来源于上课。老师先发图纸给你看，然后会布置作业给我们，自己先学，还有哪些工序需要注意什么？我们用的参数是什么？自己回去先算转速啊什么的，然后第二天的时候老师再给你讲一遍，就是把老师正确的分析和自己的对照一遍，我为什么当时没有想到，就是前后对比。（张勤思，2017 年 10 月）

"5W"路径是理论学习和实际操作之间不断反复探照、发现、验证、理解与认知的过程，学生遇到问题自己反思，查阅资料，有困难咨询教师，通过个人不断的感性观察与理性思考之间的往复，从而将蕴含在技术知识背后的动态的个人成分开发了出来，因此学生在"5W"路径下生成的知识即蕴含了个人动态参与系数，对规则性的发现、验证、理解、应用的能力，以及被他探照到的有待进一步发现、验证、理解与应用的规则性知识域与问题域，都可归属为生成的知识构成范围。

2）良好工作习惯生成与"5W"

在校期间通过每日记录学习情况卡和可视化的教育方法来加强对学生所学知识的理解以及思维能力的培养。每日记录包括当日所学、所懂、所知以及在此基础上的所不知与困惑等等，作为自己进一步学习的新起点和依据。可视化的方法以小组为单位来完成教师交给的每一项任务。前期是小组成员的计划、分工与讨论，后期是以小组为单位通过语言表达的方式来汇报各自小组的任务完成情况。勤思将自己积极的工作态度以及对应的良好的工作习惯归因到在校期间受到的上述两种方法的训练。比如目前已经形成一个主动分析问题，解决问题的工作习惯，并且会记在自己的工作笔记本上，这来源于在校期间的每日学习总结记录卡的填写。

对于可视化的教学方法，勤思现在追溯起来，总结收获主要是两个方面：一方面是团队合作能力的培养，一方面是分析问题的能力。随着自己在工作中不断地遇到新问题，愈发发现学校期间对分析问题能力的培养的重要性。在提到分析问题的能力时，他先后两次用"非常重要"来表述自己对可视化教学方式认可。

学校的可视化教学，我感觉非常重要，……我认为目前最成功的是可视化，……非常重要。可视化就是完全把一个问题暴露在六个人的视野当中，然后去逐步地分析。老师会发一张 A4 白纸，然后我们在上面画一个轴，再用水彩笔画，培养我们的创意性，不是像那种黑白的单纯机械那种。我们有水彩笔，还有荧光笔，在白板上进行问题分析，有创意的同学可以画一个刀具之类的，怎么加工，有二维图像的轴，也有三维立体的。六个人你想到的别人没有想到，然后有的时候会争论，六个人会有这种不同的讲法，当时开始学的时候会有争论，然后遇到不懂的实在解决不了再去问老师，所以我感觉这个可视化是可以的。（张勤思，2017 年 10 月）

3）不懈的精神、能力与"5W"

在工作中遇到困难该如何处理是每一个单位人需要面对的问题，是退缩还是迎难而上,尤其是当领导交给自己比较难的工作时,考验的首先是员工的工作能力,更重要的是工作态度。在勤思的论述中,他描述了自己的矛盾心理以及学校教育对于疏导自己矛盾心理的意义。他用"抗拒"来表达了自己当时的心理,原因在于工作量比较大,但是想起学校实践课宗栋老师的教导。宗老师教导说,如果开始做一件事情,就要坚持做完。尽管后来因为别的事情,并没有继续完成领导的任务,但是心理上其实已经克服了自己的畏难情绪,这已经是一大进步,也是学校教育效果的延伸。这样的教育理念渗透在胡格教学团队所有教师的理念与教学过程中,尤其通过言语的教导来实现对学生持之以恒精神的培养。事实上在波兰尼生成的个人知识的内在构成的个人参与系数中,执着、痴迷、持之以恒发挥着积极的作用。波兰尼称之为个人知识的"理性内核"。对学生的教育不仅仅体现在言语说教中,还体现在学生完成作业的态度中。

> 我们的老师经常教导说做事情不能放弃。……今天的工作今天完成,不要拖到明天,因为明天可能还会有新的工作。举个例子,就是我们刚开始大一的时候,练锯条,两天时间锯一个板,每个 2 毫米厚,然后要锯 20 条,有的人突然说今天锯了 10 条,明天锯 10 条,结果他明天还是没有锯完,所以就这样拖下去了,然后那个同学,H 老师变相地教育,又重新拿给他一块,然后再去锯,结果他只能在我们工作之余加班完成。因为我们老师当时课堂上也规定了,周六周日练,周一开始教新的东西,但是那个学生没有锯完,他只能用自己课下的时间去锯,因为我们课上不等人的。其实老师是特意的,就是教会他今天事情今天完成,这也是认真踏实做事的一种培养方式吧。(张勤思,2017 年 10 月)

勤思将解决问题的能力包括两部分:一部分是技术能力,一部分是素养能力。在困难面前选择不退缩,"做总比不做好",问题的解决始于尝试解决问题的起点,没有尝试问题就不会有解决。基础的技术能力离不开持之以恒的素养能力,二者共同构成了个人解决问题的能力。他所说的态度能力,从技术知识构成要素的视角看,构成了个人知识生成过程中的个人参与系数的培养,核心为遇到困难时不畏难能力的培养,这是个人知识生成的重要保证。勤思以及他的同学在单位的踏实肯干,持之以恒的工作态度和工作习惯也得到了单位领导的认可。

> 最大的一个是吃苦耐劳、做事踏实,这是我们整个胡格实验班给外面一种直观印象。工作态度举个例子。当时因为公司规定工作日是八小时制,你可以选择加班,也可以选择不加班。但是我们同一批去的,基本上我们头几个月每个月都在加班,能加多少就加多少。我们实习生工资低,但后来我们的工资都超过那些老员工,加到这种程度。我们当中也没有说家境非常贫困的,但感觉就是想在领导面前表现得多,吃苦耐劳,让领导看重啊。(张勤思,2017 年 10 月)

4）团队协作能力与"5W"

在胡格教育模式中，团队合作能力是其教育目标之一，这也可以从胡格实验班齐珺老师的讲述中得到印证。对学生团队合作能力的培养，我们更愿意用"生产"而非"传递"的表述，因为"传递"是物体位置空间的移动，从一处到另一处，而生产是一种从"无"到"有"的过程，教师自身具有团队合作能力，通过学生小组合作的教育途径让学生的团队合作能力实现了从"无"到"有"，这是一种能力生产的路径。勤思给笔者讲述了团队在如何帮助他人战胜自我畏难情绪以及实现团队目标中的力量，团队成员的鼓励、认可，集体的力量等都在实现团队目标的同时，培养了个人的团队合作能力。

一般的话，我们都是通过彼此之间的鼓励，比如说我们当时每组都有两到三个相对来说能力比较强一点的，可能是动手方面，或者是语言表达方面比较强一点……比如说一堂课上，今天一个问题，老师让我们那个组来回答，我们派出一个人，然后当那个人不行的时候，我记得当时我们有一个比较内向的，但是我鼓励他，我说："我说你能做好，你一定可以的，我们组的不比别的组差，相信你一定可以，我们学到的东西和接受的教育都是一样。"然后他也会尝试自己去做，结果呢，可能对他来说，从座位上站起来那一刻，我就感觉就是为我们团队作出了贡献，就已经做得非常好，已经是进步了。（张勤思，2017 年 10 月）

5）自信心与"5W"

经历了毕业之际找工作时的迷茫，到现在的满怀信心，勤思将自己自信心的源头回溯到胡格教育路径中"5W"的思维路径是一种知识生成的路径，对于教育主体而言，创造学习者个人知识生成的路径即知识生产的路径。基于"5W"的教育路径留给勤思以及他的同学是无尽的疑问、探索、解决疑问的思维路径以及通过这一路径不断收获的技术知识，学习者通过个人的探索生成的知识其本质是内含个人参与系数在内的一种动态的分析和解决问题的专业能力、团队合作能力，一种复杂系数参与的能力结构。

我在胡格实验班真正收获的东西是什么？我感觉非常地自信，非常有自信，但是我说不出这种自信的底气来源于哪里，就感觉我出去了不会比别人差，别人不会的东西就算我不会，但我可以学，我可以做，我比别人能加班，我比他们更能吃苦耐劳，所以这都是潜移默化的一些东西。然后做到后来的话，我就感觉自己还能够更上一层楼。（张勤思，2017 年 10 月）

3. 技术知识生成归因为理论实践紧密结合

通过胡格教育路径，勤思收获了学习能力，解决问题的能力，自信的品质，踏实肯干、持之以恒的工作作风和积极主动的工作态度。当追问这一切的收获的归因，归结到自我努力和学校教育各自的贡献时，他的结论是自我努力 35% 左右，胡格教育 65% 左右，进一步归因,他认为主要的原因是理论与实践之间的紧密结合,和非实验班学生对比,差别主要是实验班学生动手操作机会多。

> 因为最根本的,我觉得还是这种理论和实践的结合,应该是我们大部分都认为的,你学的理论知识,不去动手,不去做,不去验证的话,你脑子里这种东西就很容易忘记。这种知识只有当你多用几次之后才会记得,就是这样一种实际和理论结合的模式,才让我们大部分人认可。我们私下里也有非实验班的一些朋友,和他们相比,他们可能在毕业的时候连这些普通机床、磨床都没有我们这么熟练,我们上手就可以操作。拿一个轴、一个零件,我们量一下,定一个基准面,画一个线就能加工,这是我们最大的优势。(张勤思,2017 年 10 月)

4. 总体评价胡格教育路径

走上工作岗位,随着面对的问题越来越多,张勤思认为自己目前最为突出的问题是理论知识结构不够完善,尤其是对数控加工方面的知识。他总结说常校已经做到了技术生成的第一阶段,能够根据实践需要提供对应的理论知识,但是还相对缺乏范围更广的客观知识域的供给,应该依循的是"理论认识-实践验证理论-理论指导实践-学习更广泛的知识域"的教育路径。

但是相比自己已经熟练掌握了思维路径,勤思还是表示很知足,因为与传统教育模式(非实验班教育路径)相比,这已经迈出了很大的一步,已经把师生从"先理论学习后实践应用"的路径中解放出来,学生已经获得了学习的能力、解决问题的思路与方法。学生获得的知识是生成的个体知识,如果能够持续坚持和改进,相信其所培养的人才质量一定会满足社会的需求。

> 传统模式是把知识交给你了,它到底是不是你的是另一回事,而我们胡格实验班就把这个书本上的知识转变为你自己的知识,我们已经迈出了很大的一步。因为我已经做了,其实我脑子里潜移默化中还是有这些东西的,遇到这个问题我就知道是怎么做。这样的话是需要一个从实践再到理论的过程。如果一直坚持这个过程,我想以后像我们胡格实验班培养出来的人才就真的是炙手可热的人才。(张勤思,2017 年 10 月)

与非实验班学生江越所描述的"浑浑噩噩"相比,勤思所在的班级同学的上课状态是"看一下时间都没空",更别说玩手机了。

> 普通班出来的学生基本上好一点的是懂一点,不好的是一窍不通,因为他没有把这些东西变成自己的知识。普通班我自己看到在大课堂上真正听的就是班级成绩好的学生,但真正听懂的没有多少。我们的教育模式不一样,每个人都在参与,我们有

时候说白了,想上课玩手机一般都没空,看一下时间都没空,因为老师都在互动。我们也没空也没兴趣。(张勤思,2017年10月)

另一方面是基于走上工作岗位后看到"5W"思维路径对于他所在的机械领域个人技术进步的重要意义,并通过分解说明面对同一个问题,经过系统逻辑思维训练的技术员之间的能力差异。通过举例说明不同层级的技术工程师所能够解决的问题的层级是不同的,通过这一超出自己能力范围又目睹了整个团队是如何解决当时所面临的问题,让他更加坚信"5W"思维路径将在他的职业发展路途上继续发挥关键的作用。

有一次我们检测一个设备,油泵里面一个转子滑块,还有整个机壳的高度,我们要通过传感器来测,通过里面的逻辑运算来算它们三个点的相对高度、公差范围。机械行业都是这样测试。当时我们把工件拿出去到实验室用三维坐标去测是好的,但是在设备上是不合格。分三个层面,我首先看到转头没有坏,有没有可能被撞断,因为撞断之后也会影响到它。我当时看的时候是没有,把脏东西擦掉看也没有问题,然后我当时就没有办法,因为比较急。我的班长当时看时,怀疑是工件下面那个托盘,一个被测体分为三个维度检测,人、机、料,都排除后也没有问题。我们还换了一个传感器,也没有问题,解决不了。然后我们经理、主管直接去调用数据,他说既然这三个没有问题,肯定还是在机器上。看传感器外面是没有问题,用肉眼根本看不出来,因为传感器里面还有一个小的弹簧被压变形了。一个非常小的弹簧,直接被撞了,压进去了。我们分析问题就没有经理分析得那么透彻。其实只要把五个W做好,做到透彻的话,这种思维模式,还有一个逻辑关系,做最好的话,那我什么都不会害怕了。遇到再困难的问题我也不是像那种无从下手的感觉,最起码我还能做点什么去分析。(张勤思,2017年10月)

5. 胡格教育路径、教育效果与技术知识构成

通过张勤思对胡格教育路径的核心方法——"5W"以及教育效果的回顾,我们收获到的是他对教育路径的认可以及自己综合职业能力的提升。他的论述让我们在胡格教育路径与积极的教育效果之间建立了显性相关联结。结合波兰尼提出的个人默会系数对于个人知识生成的核心意义以及亚里士多德的理论知识生成的路径,我们可以得出以下结论:①胡格实验班教育路径是一种基于个人技术知识生成路径的技术知识生产路径。②基于技术知识生成的胡格实验班技术教育路径是有效的技术教育路径,这是因为其将技术知识的内在构成部分通过两种不同的路径相结合来实现,其一是通过"5W"来生产学习者个体生成知识所需要的个人默会系数"疑问-探索-释疑"的一部分,兴趣、持之以恒等能力在这一过程中得到培养;其二是理论与实践紧密结合,这是所有技术知识发现与应用的源头。③技术知识的构成要素并非静态的规则性知识,而是包括基于个人参与系数在内的,运用理解了的知识分析和解问题的能力。事实上,相对表象静态的客观知识,是基于个人

参与的通过言述性表达生成的具有主观性质的知识。更为重要的是,对未知领域不止的探索欲、自信心与熟练的思维能力,这些也构成了生成的个人知识的能力域成分。

第二节　技术知识生成与技术教育路径

作为一名技术工程师、技术主管,经历了传统的教育模式,目前任职于外资企业从事生产管理或技术管理,他们对于技术知识是什么,个人技术知识如何生成,学校技术教育应该如何开展都有着自己的见解。这一节将通过解析三位常校毕业生所在单位的技术主管关于上述三个问题的论述,以期进一步在技术知识观、技术教育路径与教育效果之间验证显性相关关系。

一、"记忆犹新"的技术知识生成经历

（一）困境中突出重围：技术主管王郑海

王郑海是一名外资 E 公司常市分公司生产经理,2013 级 AHK 实验班毕业生 H 的部门经理。他在校期间主要以学习电气知识为主,并且只处于会识图的阶段。公司制造的机电产品发送到客户手里,如果产品在运行过程中出现问题,需要技术人员跟进调试和解决。跟进客户做调试是电气行业基本的职能。2004 年本科毕业就业三个月的时候,当时公司里很多人都在外出差,电气方面只剩下郑海一人在公司。接到了客户公司的技术调试需求,在师父的鼓励下只身一人前往客户单位解决技术问题。对自己的技术能力缺乏信心的郑海来说,无疑是一次莫大的挑战,问题的关键是公司产品是运用在名为"远望号"测量船上,这是一个军事区域。"远望号"测量船很有名气,全部停在苏南城市江阴,曾经的神舟五号、神舟六号飞船,都是"远望号"在全球进行跟踪观察的。郑海用"忐忑不安"来形容自己当时的紧张心情,毕竟自己尽管学了很多电气方面的知识,但是对于液压系统、控制电路等不是很精通,幸好自己的读图能力还可以,但还是没能过了液压图纸的关。经历了图纸与问题之间的反复对照,问题终于得以解决。经历了"发现问题-目的性紧张-努力地理论探照与学习-解决问题"的过程,最终突出重围,这一学习和解决问题的过程让郑海切实收获了如何有效学习的路径。在大学期间,液压课程被认为不重要,结果在工作当中的一次困境,让他探照到了这类知识,并因这一次认识到了这一类知识体系的重要性,下定决心要把它学好学通。也正是这一次困境中的经历,不断地让他在工作中受益。

液压图纸看得还是迷迷糊糊的。如果这个东西有问题怎么办,那个东西有问题怎么办,天天看那个液压图纸。结果那个新设备一调试,它不运作。我们那个液压会有升降的,是维修的一个设备,它那个接收器很大。上去维修,一套液压系统不运作,我就非常着急,当天没有解决掉。我就给我那个师父打电话,因为工程部一开始有人带我的。他说你先不要着急,因为后面有好多人在催嘛,你做电气设备,无论任何人催你都不要着急,越着急越出不来,而且可能会出错,你随随便便接错一根线,可能会

损坏零器件,会带来更大的损失。一定要平心静气,然后我又看了几遍图纸,第二天又去。他们有的人催得很紧。我站在旁边仔细地去想,图纸跟哪方面我还没有注意到的,查查,弄好了之后它就动了,毕竟不是太复杂,图纸研究了之后,你理论的是通的。它动了一半又停了,后来我又着急了,又去看。我感觉电气方面的东西都好了,就去检查液压系统,发现一个管道在漏油,结果油箱里面没油了,加了液压之后它又好了。这件事情印象特别深。像"远望号"测量船是军事区域,花两天就搞好了,也没耽误什么事。那次对我的印象就特别深。从那次之后我就发誓,我一定要把电气和液压全部搞定,不然的话,自己一个人出去就会丢人的。你会电气,你出去了可以解决电气方面的问题,但是你解决不了液压的问题。可让你出去,你代表的就是公司,人家不会听你说任何话的,你跟人家说自己刚毕业,这些都没有用的。别说自己是搞电气的,不懂液压,这个东西也是没有用的。所以说从那段时间开始我就知道,自己一个人出去解决不了问题的话,你今后的路会非常难走。我为什么会去学液压方面的东西也是因为受了刺激,你受了刺激的话可能会更努力。从那以后我就没有什么困难了。现在想想,有的时候那么大的一个项目,我一个人就可以到国外去做,像泰国啊,韩国啊,墨西哥啊,这些地方我都经常去,基本上都是我一个人,最多带一个操作工。对啊,而且现在看来这个东西就来源于那一次,困境中突出重围。对,最起码影响了我很多年。(王郑海,2017 年 11 月)

(二) 三更半夜的"众目睽睽":技术主管志宏

志宏,1982 年出生,苏南人。2007 年 12 月来到常市目前所在的 BOSS 外资公司驻常市分公司,目前是该公司一名生产经理。细数年头,他来到常市 BOSS 公司已经 12 年,从入职一名机械工程师开始,到技术管理部负责一个大项目从理念到做法的落实[①]。突出的工作业绩为他在企业赢得管理职位提供了机会,他升格为一名项目经理。项目经理主要负责好多国外产品的国产化过程。随着国产化项目的落实,产品在国内生产线的形成,他成为一名生产经理,目前负责产品向国内输送的生产经营管理。接近一小时的访谈让笔者收获到:学习能力、解决问题的能力加之积极主动的学习与工作状态是一名优秀的企业技术员工所必须具备的素质。

默顿将科学探索作为一类社会现象进行社会学的解析,提出科学探索中蕴含着怀疑精神对于科学发现的重要意义。舍勒、波普尔、波兰尼进一步提出,解释内居于心中的疑问是科学发现的原点。同样,在个人知识生成过程中,通过解决问题而获得的知识才是个人意义上的知识。对这样的知识,实验班毕业生勤思表述为"自己的知识"。志宏也经历了一次让他记忆犹新的解决现场技术问题的经历,也让他对于何谓"知识"有了更为深刻的理解。他认为,只有能够和现场实际情况结合在一起的知识才是真正意义上的知识。

---

① 主要需要一部分专业技术人才对现有设备做升级、改造、替换这样一些方案。

　　志宏描述了发生在自己身上的一件技术处理的问题，并且通过那次技术问题的成功处理以及积极主动的反思，解决了一个技术障碍时发自内心的对自己的肯定。他对专业的认可在那一瞬间就诞生了。波兰尼所说的新的发现，产生于持续地思考存在的问题和已知的材料之间的逻辑鸿沟消失的那一刹，前提条件是已经理解了储备的理论工具。当理论知识经过个人的知识成为个人的认识工具被储存到知识库中，在其需要之时方可从知识库中调取出来。未经个人理解的知识也就不具备工具意义。正是因为有了师父对自己的放手"磨练"和"锻炼"，让自己顿时发现所用和所学之间的关系，经过发现、理解、验证和运用的知识才是自己的知识的一部分，这才是真正意义上的所学。当"所学"在需要的时候"解救"了自己时，这才是真正的"所用"。"半夜两点钟"，机器出了问题，当师父不在场，当"周围所有人都眼巴巴地盯着你的时候"，当"第一次"调取已学到的知识去解决现场问题，并且得到解决，把自己从当时的危急时刻解脱时，对自己的成就感、师父对自己的信任感、对所学专业的情感都在那一刻涌向了自己。

　　通过检查发现是管路被烧时，问题暂时得以解决。为了进一步避免此类问题再次发生，志宏思考需要对管路进行保护或重新设计，这时他所要调取的知识仍是在知识库中所储存的内容。专业知识又一次在问题现场发挥了作用。

　　　怎么去避免这个问题第二次发生，你要去找到原因。哦，原来是因为高温造成管路的烧坏，那我要去换这个管路。我换了一个新管路，下次它还是要烧坏，那我要在这个管路上面做一些保护，加一个嘴之类的，或者说我要对炉盖重新设计和布置，避免问题的再发生。这个时候你会发现，哦，我原来学的这个东西是有用的，这是对我自己的认可，也是对我所学的专业的一个认可。（志宏，2017 年 11 月）

　　在这一次记忆深刻的技术事件中，我们发现，志宏一直在学过的理论知识与现场问题之间穿梭，一会儿停留在问题现场的节点上，一会儿去调取自己曾经学过的理论知识，当思绪落到了能帮他解决现场问题的理论知识时，现场问题与问题答案之间的"逻辑鸿沟"消失。另一方面，在他的技术知识体系中又发生了"重组"式样的变化。如遇到问题时该怎么思考，理论知识如何才能转化为自己的知识，如何能够为自己所用，从现场问题到"知"到"识"到"用"，四者之间的逻辑关系是紧密相连的。如果没有深入递进的思考，就没有对管路进行下一步改进的思路，管路被高温烧坏的事件便会经常发生，企业为此多准备一些备用的管路也不是没有可能。但是正是因为有了避免问题再次发生的设想和目标，潜在的问题也在志宏的努力下得到优化解决，为公司赢得了经济效益，也为自己的技术能力增加了砝码。这一次深刻经历也进一步提高了志宏的学习能力，因此在对毕业生的工作状态进行评价时，他首先提出的是要有积极主动学习的能力。是否有积极主动的学习习惯和能力是衡量一个员工工作状态的重要标志，其中隐含了项目化学习更容易激发学生的学习热情和学习主动性。他的这次经历再次验证了问题情境对于知识生成的重要性，也验证了理论储备的重要性与必要性。

（三）盯着明确的目标：技术主管付之周

付之周于 2004 年考取重点大学苏南理工大学车辆工程专业，大三年级时获得企业奖学金，2008 毕业后就业于长安福特整车厂南京区分厂。2011 年回到了自己的故乡常市，就业于德资 KARL 公司分公司。他在该公司经历了几个岗位，从事供应商质量管理工作一年提升为产品经理，主要从事内部质量与过程质量控制，两年之后被提升为装备技术主管。掐指一算一眨眼工作已经第九个年头，之周主管对自己的工作充满了信心。

围绕自己技术知识进步的经历，之周认为是一件小事情，但是对他的影响却比较深刻。因为通过这件小事情，让他更加明白了明确的目标和为实现明确目标开展的逻辑思维过程最为重要。从长安福特整车厂来到常市 KARL 公司，从原来的质量控制转为技术管理，从工作内容看尽管具有一定的相通性，但还是发生了一定的转变。但是如果有着明确的目标，路径可以有很多条，这也是之周在回忆深刻经历时反复强调的。正是在该理念的支配下，之周成功实现了他心中的目标——为企业节省成本，这也是现代工业化过程中企业越来越关注的内容。这一次他选择的是节省人力成本，因为在企业的利润成本目标中，计划每年都需要有三个人的人力成本节约目标。努力的最终结果是，从原来需要两个人力操作的结构优化为只需要一个人来操作，前提是牺牲了美观。在实现这一目标的基础上，或许如何实现美观将会成为他下一步技术改进的目标。

> 就是一个比较简单的动作，这有两个站，直角的那儿放着（一个人），然后需要这一站放一个人。因为这两站他们距离稍微有一点儿远，需要两个人来操作，那么我做了一个简单调整，就是把这一站转了一个角度，相当于这两个工位能够贴在一起，那么一个人来操作这两站的话，就是节约，也能满足我们的生产要求。这可能我觉得就是说，不拘泥于大家的惯性思维，大家非要方方正正的才好。（付之周，2017 年 11 月）

梳理之周对于自己技术知识生成经历的回忆，可以发现有四个核心要素贯穿始终。

（1）明确的目标，即解决什么问题。波兰尼提出，沉迷于自己的问题是一切创造力的源泉。正是因为有了对问题持之以恒的执着追求，使得问题思索者即使在休息之余也整理自己的思维，进而不断地梳理问题，收集资料，在答案出现的最后阶段，问题与答案之间的"逻辑鸿沟"会以自行加速的方式缩小。[①] 围绕自己有成就感这件事的陈述仅有七到八分钟的时间里，之周共有六次提到明确的"目标"："你自己要知道自己想要的是什么""看你想要什么""你一定要知道自己的目的是什么""我们做事的要想明白""我明确我的项目目标""要自己明白自己要做什么"，提醒任务完成人一定要有明确的目标。由此可见明确的目标在其完成整个技术改进过程中的重要意义。

（2）责任心及其努力。秉持一种负责任的态度，"这个事情做成之后和做不成，你要去负责的"，之周全力以赴地进行准备，达成一个目标需要准备两种以上方案，并且对各种方

---

① ［英］迈克尔·波兰尼. 个人知识——迈向后批判哲学［M］. 许泽民译. 贵州：贵州人民出版社：2000：193.

案实现的路径以及可能遇到的问题进行多方位的了解和确定,并作出预案,以供他人分析判断和完善,因此其中的困难也可想而知,但是为了克服困难而付出的努力也功不可没。

> 当然,做这个事情中间还会有很多波折。比如需要你来配合我,需要我们在做这个调整的时候涉及方方面面协调。……但是我知道这个目的,包括我方案做出来之后我会邀请很多人一起来讨论。大家从各自的角度来论有什么问题,然后大家觉得有问题就再改,达成一致,OK,然后我们来实施,实施完了再去跟踪,然后去关闭它。……这个项目优化经历了这样一个过程。首先第一个,我明确我的项目目标,然后会有几个方案,怎么去实现它……经过现场考察和逻辑设计两个方案出来之后呢,就会召集大家开一个会,因为需要把大家从平常工作里召集到会议上来看看,从各自方向看有没有什么新的一个想法,那么会跟大家一起讨论。……你如果开了一会,大家都在挑战你,说明你这个会主题是很差的。你要是有一定的预判,大家会提这样的问题,你尽可能地提前做一些预案。然后在会上出现一些你想不到的情况时,需要大家来支持你。(付之周,2017 年 11 月)

(3) 清晰的逻辑思维能力。在问题确定后与解答问题之间,通过努力确定各种方案的过程是逻辑思维能力的体现。这样的逻辑思维能力需要通过培养方可获得。这一次事件的成功增加了他的信心,他更加肯定了自己已经具有逻辑思维能力是通用的。

> 我觉得做事情的原理是一样的。为什么这个事情对我来讲印象比较深刻。我刚刚从质量到技术,因为是转行了,我也是心里面没底的,因为毕竟是两个功能块嘛。其实后来这件事情也多了很强的信心吧,也可以用一样的方式来做事。我觉得更多的专业上的东西比较好学,比如说机器人你不懂,那你可以去学习一下,那都是死的,你只要学会编码代码,就是这么回事。但你有没有这个逻辑,这个是很重要的。你怎么想这个问题,机器人只是帮你实现而已。(付之周,2017 年 11 月)

(4) 团队合作能力。在流水线工作流程中会涉及很多不同的功能和不同的专业,面对流水线一个问题,一项技术的变化会涉及很多相关联部位功能的变化和调整,也需要相应的条件来保障。在之周努力完成的技术改造工程中离不开他与团队的通力合作,他在其中的角色是在为了达成目标把所有可利用资源用他的路径组织起来,但是如何组织、如何有效和高效利用则体现了他的团队合作能力。

在上述四个要素齐具的条件下,之周完成了他的初始目标,节省了人力成本。经历这一次项目的成功完成,他对于这一项目所涉及的多方面技术有了更为清晰的认识,生成了多方面的知识。梳理各个知识的构成要素,都离不开上述四个要素——目标、路径、方法和个人参与的努力的意义,其中个人参与的努力嵌入到目标、路径和方法各个方面的选择、确定和落实中。同时四个要素中缺乏了哪一块内容,初始的计划都不能完成。生成的个人知识中四项要素缺一不可,不论是波普尔的知识生成,还是波兰尼的科学发现,都离不开上述四个方面的参与。

二、企业人才规格结构要素

(一)解决问题的能力是核心

企业招聘毕业生时经常采取的考核办法是识别图纸。图纸往往是对具体现场问题的反映。当面试考官问应聘者能否看懂图纸时,旨在考查其分析问题与解决问题的能力,而这往往成为很多毕业生就业时遇到的最大瓶颈,因为从理论学习看,基于课程体系学习了很多内容,但是学生分析问题解决问题的能力往往很弱。供给与需求的关系反映了学校供给与市场需求之间的差距,供给的是课程知识体系,而需求的是利用所学知识解决现场问题的能力。因此结合自己的受教育经历、实际工作感悟与总结,志宏建议高校在安排学生学校教育时要分专业基础教育阶段和专业方向教育阶段,后者更多地培养学生基于基础能力开展问题分析、问题解决的能力。一个工程师不是通过学校背了很多基本的机械制造知识成就的,而是需要通过参与项目的形式,不断地触类旁通,逐渐让自己在一个领域的能力得到提升。"触类旁通"本质是对探照灯式知识生成方式的形象描述。

对于如何建立学生的专业学习兴趣,志宏建议首先在理论学习之前要多给学生一些感知的内容,让学习者在感知当中寻找自己的兴趣点,比如到企业参观,让自己所学在实际工作中得到验证和发现,从而激发学习的兴趣和成就感。回忆起自己接受的大学教育,志宏总结到还是以理论教学为主,并指出实际上从事科学研究的毕业生还是居少数,因此建议机械类大专毕业生有两个方向的定位选择:一类是有经验的高级工程师,一类是有经验的生产经理。项目化教学体现了实践所需与理论所导之间的紧密连接,因此也就凸显了两个方面的需求:一方面是学习者系统的理论知识的储备,一方面是有效教学系统理论知识的问题。当项目化教学能够解决理论知识的有效学习之任务时,是否具有系统的理论知识储备则会成为企业之人才梯队分层的重要原因。

类似地,之周强调逻辑思维能力的重要性。他认为在工作过程中考量更多的是一个人解决问题的思路。因为在工作中往往遇到的情况是,同一专业的人很多,各方面的知识学了很多,但是在面对问题情境时,对于知识的调取组织就存在差别。所以建议学校除了教授基础性知识,还需要培养学生的逻辑思维能力,即解决问题的方法,包括观察现象分析问题、知识的整理、解决问题的路径,在解决问题的过程中,个人的学习能力自然得到提升。

> 问题解决方法其实就是一个思路。第一步,你要明确现象,现象里面会告诉你有哪些,比如说问题出现的班次频次?问题有没有图片?然后跟我们的零件的批次是不是有明显关联?跟我们操作工,是哪个操作工关联很大?现象它会告诉你很多,你会按照这个方面去找。那么原因上面的分析告诉你人、机、料、法、环、测,每个方向上都会有很多的原因。……第二步你要知道怎么解决问题,就知道需要什么样的知识

来解决问题。因为我们分析原因分析到最后可能就会涉及,比如说这个机器人的位置不对,有什么措施来把这个机器人调了,那这个时候我需要调动机器人的相关知识,再去学习。有了学习能力,然后学习你的东西。……解决问题的前导,我觉得第一个是就要了解它的背景,所谓背景就是你要知道它是怎么实现的,用什么样的逻辑判断的,了解完之后,再把这个问题解决。只有你清楚地了解这件事情,你才能很好地做到现象的收集、原因的分析,包括措施以及验证。(付之周,2017 年 11 月)

之周认为逻辑思维能力更多是在工作中过程中培养起来的,所以这一培养过程可以前移到学校教育中实现。之所以这样建议,还有一个重要的原因在于,只有在解决问题的过程中学习者才知道自己需要学什么、学了有什么用。单纯的理论教学会带来学生学习的被动状态。

其实你不知道他需要学什么,你只有让他解决问题,做事了,他才知道自己要学什么。如果不做的话,他觉得这东西可能没用,或者说觉得我不需要它,所以说从学习能动性和学习效果上来讲可能会欠缺一点。……只有他遇到了,比如说他经常遇到这个报警,在学的过程中,他就知道这个问题怎么去解决,这个报警是怎么发生的。……知识包括两个方面,一方面是硬知识,一方面是软知识。比如说刚学的机器,一般的学校我先把课程给你讲一遍,至少有硬知识。硬知识是不会跑的,公理上的东西,比如说六个自由度都限制死的,这是定位。但是你需要什么时候用到它。比如说我们告诉你一加一等于二,这个可能用到也可能用不到。数学,不论心算还是口算有可能算得很快,但是可能用到也可能用不到。如果以工程为导向的话,我觉得这条路是更好的路。(付之周,2017 年 11 月)

之周指出,解决问题是工科生获得成就感的重要来源。正是通过解决某一个问题,获得了解决问题的整体思维路径,尤其是把别人解决不了的问题通过自己的努力得到解决,成就感自然而生。

(二)"态度决定一切"

在所有的工作素养中,郑海将工作态度放在了首位,其次是团队协作能力,最后是克服困难的信心。技术能力再强如果工作态度不好,对于集体而言是缺乏意义的。在专业划分越来越细的社会背景下,团队合作更为重要,也更加凸显了个人能力的局限性。结合自己"突破重围"的难忘记忆,郑海指出克服困难的自信心一定要有,这是自己工作和学习取得进步的重要前提。而对于专业技术能力则在工作当中可以学习。他强调对工作态度和克服困难的能力的重要性,说明了在生成的知识中这些个人参与系数的重要性。

在学生综合素养要素排序中,之周同样将工作态度放在第一位,逻辑思维能力放在第二的位置。之周的"深刻记忆"强调了逻辑思维能力的重要性,但是当把逻辑思维能力放在整个企业人才规格的结构中时,工作态度被放在了逻辑思维能力的前端。在他看来,工作态度与个人兴趣、主人翁的精神、刨根问到底的探索精神是分不开的。之周认为,团队协作能力、克服困难的能力、自信心等其实都是与工作态度相关的副产品,"态度决定一切"。自认为是一名非技术出生的技术主管,他相信对个人而言,技术不会可以努力学习;对集体而言,技术不会可以通过别的渠道获取。通过列举技术高明的一线维修老师傅和自己的求学经历说明态度对人的学习的重要性。一线老师傅经过自己多年经验的积累,可以解决很多人解决不了的技术难题,正是基于其积极认真努力的态度。自己能够从一名初中时期的中等生转变为后来的好学生,正是基于意识到学习的重要性,转变了学习态度的结果。通过在校生、毕业生的访谈发现,"所学能所用"是学生学习主动性的重要来源,即理论教学要与理论运用紧密结合,方可提高学生的学习兴趣。从这一意义上讲,理论紧密联系实际是学生学习主动性提升、学习态度积极的重要依据。

> 工作态度好的话,你就会积极去想,要把这件事情做好,为什么要这样做。我记得我刚刚工作的时候就会想,我去主机厂,是一个制造高端的地方。我就想这个地方为什么这样规划,那个地方为什么那样要求,就会去主动想一些问题。那就在后面的工作过程当中慢慢解答这样的疑惑。然后我会有新的问题。为什么要这样做?就是态度问题了。这个也不是兴趣(问题),我觉得更多的是一种责任。……态度……决定一切。(付之周,2017 年 11 月)

三、反思学科式教育模式

(一)知识结构不完善

郑海本科学的是机电一体化专业,工作以后的他发现,在学校的课程学习主要是以电气类为主,实际工作中发现学校课程教学机械和电气相结合还是不够,尤其是液压内容,因此也有人提出需要建设"机电液一体化"专业,三者在实际工作中是紧密联系的。液压的知识在学校里也接触过,但当时只是为了应付考试,等到毕业后发现液压是非常重要的一部分内容,电气的控制对象很多是液压系统,比如说油缸、马达、泵、阀等等。于是他只能通过自学,边学边用,因为不断面对现实的问题情境,所以他认为自己还是学得很快。

郑海将所学知识结构的不完善归因为实训资源和实践环节的匮乏。正是这方面的匮乏,给自己在校学习和毕业后的职业规划带来了障碍。因此回忆起自己大学的受教育体会,回顾自己的工作经历,从开始的迷茫到目前的清晰定位,郑海认为自己如果在校期间能够对自己有更为清晰的定位,或许会少走一些弯路。他用"迷茫"来形容上学期间的状态。经历了更多困惑的他,用"现在明白了很多"表达了他对自己曾经迷茫的一种遗憾。一方面是职业规划,人生规划教育比较少;一方面是教学还是以理论教学为主,实践操作比较少。所以,不论当时学习还是工作之初,他都是比较迷茫的状态。志宏也表达了同样的想法。尽管可以应付考试过关,但是只重视理论学习的结果,很容易造成所学理论的遗忘。

　　学专业课的话,基本上就是老师在讲台上讲,学生就坐在台下面看书。你要说动手(实操)的话,在我们那个学校里面机会其实还是不太多的。人也比较多,像一个班30多号人,而且我们是四个班合一个大班,100多号人,基本上都是这样的。除非有些课程是小班化,但基本上不会的,就是全部讲理论。理论当时考试还是行的,但到了毕业以后你要把这些理论拿去用还是很难。你用的话就会发现,可能今年考试好像还行,但是你明年再去看今年的课,可能已经忘得差不多了,实事求是地讲,我感觉太偏重理论了。……你如果现在想那些公式的话早就忘完了,现在也不用了。而且如果真的让你去修的话,你可能还真搞不定。(王郑海,2017年11月)

　　尽管当时学校也有实践,但后来因为高考扩招的原因,班级容量扩大,相应的实践教学资源并没有因此进一步增加,带来了实践教学资源缺乏的状况。因此对于普通教育模式的改革建议是多一些实践。一味的理论教学会带来学生独立工作能力、社会适应能力偏弱的社会问题。在他身陷技术困境又通过自己的努力得以解决时,他更为清楚地明白了学校以理论学习为主教学的局限性以及如何有效开展专业教学的路径。

(二)从迷茫到兴趣递增

　　围绕工科专业大专毕业生的自我社会定位,志宏认为,技术员是经验积累到一定阶段的自然结果,如果毕业生一开始将自己定位为技术员,则会面临现实与理想之间差距带来的心理上的失落与实际工作中的碰壁。而他也是不断和现实"磨合"才走到了当前的职位上。从最开始的盲目到工作环境恶劣,但是因为选择了坚持,在目睹了最艰苦的工作环境后发现自己所学的内容能够在实际工作中得到运用时,对于专业的兴趣和自信心才逐渐树立起来。

　　钢厂的环境温度又高,灰尘又大,我刚开始每天上班都要带着个口罩,一天下来,整个鼻子这个地方都是黑的。我还记得我们第一次到车间时候,我们这个车间主任第一次带我们去爬横车,那个比我们现在这个更大,是靠人在上面开的,下面就是一炉钢水,钢水1800多度。上面每天往那里投放保温渣,保温渣受热后扬尘,整个钢铁表面上的那个灰尘堆积,一脚踩上去以后就跟下很多雪一样的,根本就看不到你的脚在哪里,就是这种工作状态。当时其实很多同学,我们有时在一起吃饭的时候在抱怨。哎呀! 这个工作环境这么恶劣。……但是时间长了,就是说你能在这边,能把自己稳下来,能熬过前面的两到三个月,这个时候你就会想自己未来想怎么样? 是不是想把你的专业方向和实际应用方面有一定结合。这里有很多重要的方面。(志宏,2017年11月)

　　正是因为在工作当中发现自己所学可以所用,也就增加了自己的工作自信心和对专业的兴趣。让他担心毕业生在工作当中经常会面临的问题是,毕业生发现自己学校所学内容和实际现场结合很少时,其心情与状态,志宏用"可怕"来形容,毕业生可能会处于一种被动的工作状态。在这种情况下靠单纯的轮岗也解决不了毕业生积极主动学习的问题,关键在于让自己在日常工作中能够找到自己感兴趣的问题点,去探索、琢磨、主动提升自己的专业技术能力。

> 其实我们在现场有很多文件性的东西,一些工艺流程上的东西,包括一些质量管理的理念啊,其实你可以主动地去发掘,去看……其实我们更多的是希望员工在工作过程中能够深入本职岗位,你要研究你这个岗位,并且在这个岗位中能够提出一些改善的意见,其实这些意见不单单是对我们员工好,也对我们单位也好。更重要的是,你能够通过这些发掘发现慢慢地在思维观念上能有一个变化,能更符合一个精益型制造型企业的理念。(志宏,2017 年 11 月)

毕业生是否具有学习能力在很大程度上与接受教育的模式或路径有关。如果刚刚毕业的学生整体有着学习状态不佳的表现,则需要教育工作者、教育研究者探究表层现象背后的社会原因。如何提高学生的学习主动性,结合自己的工作经历,志宏提出一方面需要加强系统理论知识的学习,一方面加强项目化教学,项目化教学是学生专业学习最为有效的方式。

(三)客观条件限制影响基于问题情境的知识生成

之周认为,直观的方法是培养学生逻辑思维能力的起点,因为直观的方法更容易引起学习者探索的好奇心,追根溯源。他以汽车行业为例来说明直观教学对于学习以及逻辑思维能力训练、解决问题能力训练的重要性。

> 比方说今天灯泡不亮了,为什么灯泡不亮了?因为没电了,为什么没电了?因为电线短路了,还是其他什么原因?你就知道我们看问题不能只看表象,好像后面还有很多深层的原因。可能就是说生活中也会这样。这些方法其实各处都会用到的。(付之周,2017 年 11 月)

与直观教学紧密联系的是学生动手操作——实践。之周指出,只有通过实践才能遇到一系列问题。唯有在问题情景中,解决问题的能力以及逻辑思维能力方能得到培养。

> 为什么说实践能学到东西?首先你一定是遇到问题。实践中你会遇到问题,不实践你就不会遇到问题,不会遇到问题你就不知道该学什么。当你遇到问题之后,你会知道怎么获得。获得知识的过程,我觉得是比较简单,你上网查一下也好,观察也好,去请教有经验的人。你要实践,你要遇到问题,你才知道问题是这样的,然后怎么去找资料,怎么去解决。(付之周,2017 年 11 月)

之周指出学校教育中直观教学条件的局限,在一定程度上影响了学生学习效果。条件限制除了直观教学条件(如实训条件),还包括教师的教学能力以及师资数量的配备,因为直观教学需要一对一的指导,更为注重一种过程导向。他将问题导向和过程导向分开,认为学校教育应该更为注重过程导向,因为正是在不断观察和反思的过程中,分析问题和解决问题的能力才能得到提升,而不仅仅是停留在解决某一个问题层面。

> 但是它(学校)也没有方法,也没有直观的东西。现在回头想想,可能学校这方面的教育比较少一点,像德国就更直接吧。这实际上对老师的要求很高的,对学校的要求很高。……其实更应该注重 process(过程)导向,注重的是解决问题的过程,是怎么思考解决这个问题的。你要告诉他一个方法。在解决问题的过程中你要去看一个有经验的人,他是怎么去分析问题的。你会发现他在分析问题的过程中,哪一步是跳了,哪一步是没考虑到。哪怕这个问题没有解决,但是你会知道这个解决问题过程中会用什么方法,而不是说我今天把这个多加工了一毫米,明天把这个少加工一毫米就可以了。这个是结果,他解决掉了。但是为什么会多加工一毫米。你的现象是多加工一毫米。比如今天一个件多加工一毫米,加工十个件,是这一个件多加工了一毫米? 还是十个件都多加工了一毫米? 这是问题的本身,不同的现象肯定解决方法就不一样了。所以刚才我为什么说对老师的要求高,其实就是老师需要具备这样的能力,还要有精力去引导他,要一对一的。(付之周,2017 年 11 月)

四、有效的技术教育路径

(一)"问题百出"学习才有效

如何开展有效教学,郑海和志宏有着一致的看法,认为结合实际需要学习更有效。因为在实际工作中会遇到很多问题,有了问题的驱动,学习的兴趣、求知欲等自然而生。郑海认为如果还能有机会重新回到学校学习,在学校学习一半左右的时间后可以申请休学去参加工作,带着很多感知到的问题再回到学校,就会知道更需要学习哪些东西。他认为单一的理论学习会让学习者感到迷茫,学习兴趣和动力都会缺乏,被动完成学业成为主要任务。他举例说,如果通过工作知道学习英语很重要,知道 PLC 编程很重要,在学校学习时就会加倍努力学习,而不是被动学习状态。

> 原来老师就说了,你学好英语,你的工资能从三千块钱提升到四五千。实际工作中你真的发现,英语好了能挣四五千,英语不好只能挣三千。如果你再回去学校的话,不用老师说,你自己就会去学。……在国外的话倒是很普遍。就是说先不把理论知识教给他,先让他去接触、去了解,以理论实践相结合的方式,让他在接受实物的过程中把理论吸收了,然后让他直接去实践,实践之后他就会问题百出,然后再让他回来重新去学理论。也不需要老师敦促你要把这个学好,把那个学好。他自己就有感受了,有这个实践经历在里面。(王郑海,2017 年 11 月)

（二）理论储备有助于实际能力提升

在我国"应用型"教育模式下，郑海反映包括研究生在内仍然是以理论学习为主，更多的理论学习并不能代表实际工作能力强，但是低学历对于技术的学习会成为一个瓶颈，个人要想获得大的成就，还是需要扎实的理论基础。当然不排除低学历的人依靠自己的不断努力获得管理层岗位，技术能力非常强，但是这仍然是凤毛麟角。

> 我们这里还有高中没有毕业的，现在已经做到经理了，他的技术也非常过硬，他是自己后来去学的。我个人感觉你的学历太低的话，时间长了你后面会花费更大的努力。最起码要到专科或者本科以上，这种情况下你有这样的一个基础，你的再学习能力和对社会的接触，包括学习速度等各方面都要快很多，你对新事物的认识也会很快的，所以说要有一定的学历，你如果学历很低的话，你在学习过程中会有很大的障碍。当然也有人成功，但毕竟是少数。你如果有一定的教育基础，再去拔高的话相对来说会更容易一点。（王郑海，2017 年 11 月）

系统理论储备涉及学历与能力之间一个悖论的问题。高学历是否代表高能力，时常会作为工作者讨论的话题。对以工科技术为核心内容追求经济利润的制造类企业而言，这更是一个核心问题。志宏和其他企业主管一样，表达了学历与能力是大概率事件与小概率事件之关系。大概率事件表示，在企业内从事技术设计与改造，主要在以脑力为主的工作岗位中，没有专科生及以下的学校毕业生；小概率事件表示也不乏低学历，从一线工匠师傅升格为在公司管理层的个别优秀的人，这样的人毕竟是很少。可见，有较强的学习能力，接受系统理论知识训练，是进行高阶知识生成的必要条件。

五、技术知识的本质

（一）复杂性知识

对于个人技术知识是什么，有着十余年工作经历的郑海，经历了深刻的技术困境，将个人技术知识的内涵界定为一个序列过程。首先是面临一个需要解决的问题。其次，为了解决问题而开展的分析问题和解决问题的能力。对问题本身进行梳理和定位，找到问题的症结所在。再次，为了进一步解决问题，需要调动自己已有的经验、知识和技能，包括调用从未应用过的知识。最后，发现了新的未曾学习过的知识。当最终的问题得以解决时，个体的技术知识才得以生成，但此时的知识不仅仅是因果关系的命题性知识，而是将上述所有因素都涵盖进去，既包括过程，也包括结果性复杂知识。

> 我理解的个人技术知识是什么呢？这个问题发生了，你可能让别人来做的话，不一定能够解决，但让你来解决的话，你可能会利用理论方面的知识和自己的经验、阅历等综合性能力，能把这个问题解决掉。你利用了比如说你的液压方面和电气方面的知识，电器的控制怎么实现，线路是怎么样的，这是一种技能知识！还有一部分，比

如说液压方面的,包括元器件,都属于液压的知识,问题不能只看表象,从表象看它的实质,你会发现一个问题会牵涉很多。你排查问题的原因,要从各方面去寻找,而且还要结合自身的经验,根据你经验的判断,虽然这个问题没发生过,但是有类似的问题发生过。你判断它是偏于电气方面的还是液压方面的。这样的一个过程,我感觉这就是个人的技术知识。我通过回顾已经做好流程的情况下,使出浑身解数,利用我液压方面的知识去判断,阀有没有问题? 油缸有没有问题? 管道有没有问题? 利用个人知识去排查,我利用电气方面的知识,这是硬件上的系统,这是控制上的系统。电气元器件,包括 PLC 上面有没有那方面的问题,到时候来解决这个问题。当然在解决过程当中,我肯定要利用自己的经验、过往的经验。也有一些理论知识,可能处在某个角落没有调用过,调用起来,然后跟实际问题结合起来,就发现这个处在角落里的液压知识浮出来了,调出来了,然后成为自己解释问题的工具了。还有一种情况是什么呢? 我大脑里压根就没有这个知识,但是我遇到困难了,我需要用到这个知识,未知的知识,我可能要去翻翻书,要再学习,这就叫"活到老,学到老"。你的再学习能力一定要强。你重新翻到新的东西,现在网上都可以查。那么我一旦解决这个问题了,这些东西都会转化为我的个人知识。(王郑海,2017 年 11 月)

(二) 一种解决问题的能力

之周认为技术知识的本质还是逻辑思维能力与解决问题的能力。技术在日新月异,更新换代,理论知识学习认识比较容易,但是应用起来则是另一个层面的内容。比如定位、自由度的限制等这些理论知识,如果将了解、认识作为目标是比较容易的,但是如何应用到产品设计上,如何提高机械运作的效率,如何降低工作的成本,如何保证产品的质量,要做好这些就要开展应用的探索,不能简单停留在对定位、自由度限制的了解上,需要结合实际问题加以深入研究,技术员要把受力和定位的配合关系研究得非常深。他将应用能力的培养归为解决问题的能力的培养和逻辑思维能力的培养,并进一步认为,个人的知识都是在实践中不断生成。有了对问题的感知,然后在解决问题的过程中的试错、验证、个人基于对现象的认知,对理论的进一步验证、理解和应用,技术知识才得以形成。

其实我是觉得个人的知识、经验都是在实践中做的。只有不断地被挑战,然后失败加成就感相互交错,你的思维会慢慢有进步。当然,我现在也是走在这条路上,还在接受挑战。(付之周,2017 年 11 月)

之周个人技术知识生成过程中功能要素包括明确的目标、责任心及其努力、清晰的逻辑思维能力以及团队合作能力。通过他对有效教育的路径和方法的分析,对于工科技术教育而言,教育目标与教育方法都需要进一步调整,方可满足学生与用人单位的需求。对于企业而言,满足了其对学生分析问题、解决问题的能力要求;对于学生个人而言,在培养其分析问题解决问题的过程中,通过个人技术知识生成,自我积极主动性、专业能力、工作能力等都得到提高,自我价值得以实现。

第三节　知识生成、教育路径和教育效果

一、教育路径对于教育效果有显性解释力

企业技术领导技术生成的深刻经历凸显了个体技术知识生成的路径为"疑惑与好奇-发现问题(确定目标)-探照知识-发现、验证、理解、应用-生成技术知识"的过程。从实验班和非实验班在校学生、毕业生、教师描述的教育路径可以看到,实验班依循的是技术知识生成的路径,我们称之为技术生成型教育路径,即技术知识生产的教育路径。非实验班依循的是以客观主义知识观为依托的教育路径,我们称之为技术知识"应用型"教育路径。叙事的实证研究表明,不同的教育路径教育效果截然不同。以生成的技术知识为目标的教育路径比以"应用的"技术知识为目标的教育路径教育效果更好。作为技术领导的郑海、志宏和之周都有深刻体会,齐珺老师对实验班和普通班的比较,乾璟老师面临改革带来的教学困境都形象生动地说明了客观主义知识观指导下技术知识"应用型"教育路径的教育目标设定与目标达成之间"遥远"距离。

二、个人参与系数对技术教育效果具有优先影响力

在胡格实验班中我们可以看到通过小组合作、可视化教学方法、关键词卡片法、对学生意志力的培养、每日一记一省的学习习惯、思维导图等各种方法培养学生的各类素养能力,在工作中这些能力的效用得以延伸和发挥作用,从而进一步提升了毕业生在职业发展中的自信心和优势。人文主义知识论强调个人理性内核对于科学发现的优先性意义。通过本章对口述访谈资料的质的研究发现,认可个人参与系数在个人知识构成中的核心地位,并通过合适的方法加以培养,其教育效果在学生的职业行动能力的优势中得到彰显。因此这一方面证明了个人参与系数在技术知识生成中的首要意义,另一方面也证明了在技术教育中重视核心要素的培养对于教育效果的显性意义。

三、生成的技术知识构成

依据技术知识生成观与技术知识应用观,通过比较研究和叙事研究,反观实验班与非实验班的教育路径与教育效果发现,二者分别依循的是技术知识生成的教育路径和技术知识"应用"的教育路径,通过教师和学生的反馈揭示了生成的教育路径教育效果更好。对比研究也进一步说明了依循技术知识生成的教育路径,生产的技术知识较依循技术知识"应用"的路径有着本质的不同。这为本书进一步确定个体技术知识的本体要素提供了实证的证据。实验班学生在校期间主动好学、团结合作、吃苦耐劳的学习品质,毕业生就业后的自信、勤奋、主动思考与探索、"5W"思维能力与思维习惯;非实验班学生在校期间的被动学习、逃避、矛盾与纠结、对实践操作的渴望与无奈;实验班教师对实验班学生学习

状态与非实验班学生学习状态的横向比较,都生动地诠释了不同的教育路径生成的技术知识的不同。企业技术领导对技术知识的界定都以能力为核心,包括逻辑思维能力、解决问题的能力,而能力的生成离不开问题情境。这些都生动地说明了基于问题情境而生成的技术知识的构成要素不同于客观主义技术知识观。后者将技术知识视为确定的、可接受的、可直接学习的客观原理。因此,生成的技术知识是一个内含个人参与系数、理解了的客观知识域、系列能力域以及探照到的新客观知识域与问题域四项基本要素的动态的、具身的复杂综合体。其中,外在的问题情境对于技术知识生成具有优先重要性。技术学习者被放置在问题情境中是其技术知识获得进步的关键因素。技术领导如何从问题困境中突围和取得进步,实验班学生如何在问题情境中积极主动地探照、聚焦和团队合作都体现了问题情境对于知识生成的关键意义。正如亚里士多德的"结"、桑内特的"坏结果"、波兰尼的"目的性紧张"所强调的一样,只有在发现问题和解决问题的过程中,学习者获得的知识才是个体知识、生成的知识。也正是在问题情境中,客观知识域、问题域、能力域和个体参与系数域分别并同时得以生成,离开了哪一项因素,技术知识都将不能生成。

第五章

路径追溯：量化研究

　　基于结构式访谈，通过叙事研究，从个案的层面验证发现实验班因依循技术知识生成的路径而较非实验班教育效果更好。为了从面的层面进一步验证这一发现，本书特对在校期间参加过本项调查的学生在其毕业后展开跟踪问卷调查。调查数据结果进一步验证了上述结论。数据还显示，影响毕业生综合职业能力的主要因素包括四个方面：工作态度、专业技术能力、克服困难的能力与主动学习状态，并且工作态度具有优先重要意义。实验班在工作习惯、面对困难的态度、专业技术能力以及主动学习状态方面都具有显著性优势。从学校教学条件的追溯看，实验班具有诸多优势的显性原因为在校期间有更多的专业实践操作机会。上述发现在学理的层面进一步与第二章学理的梳理发现、第三章叙事研究的发现形成了相互印证的关系。

第一节　研究对象与调查方法

一、研究对象与调查方法

　　研究对象为2014级学生在校期间参加过该项调查的2017届毕业生，在他们顶岗实习一年结束、毕业四到五个月后展开问卷调查。调查专业包括机械制造与自动化、机电一体化、模具设计与制造、数控技术、汽车检测与维修技术五个机电类专业，班级类型涉及对口单招班、普通教学班、AHK教学实验班与胡格实验班，两个实验班全班参与。毕业后跟踪问卷学生通过班级QQ群填答。预设参与调查的毕业生有537人，有效填答问卷313份，问卷有效率为58.3％。问卷数据采用SPSS统计分析软件进行回归分析与双变量相关分析。样本构成如表表5-1所示。

二、问卷情况

设计调查问卷《母校面向机电类专业毕业生开展教育教学效果的跟踪调查（2017 届）》，问卷内容包括基本信息、目前工作状态（包括工作单位情况、工作适应性、工作态度与工作能力）、领导对自己工作状态的评价、对学校教育效果的评价与建议四大内容，共 47 个问题。

（一）基本信息

基本信息包括班级类型、专业、性别、籍贯、入学考试类型、大学期间学生干部经历、当前工作性质、工作单位类型八个指标。

（二）工作状态

工作状态包括工作单位情况、工作适应性、工作态度、工作能力、工作收获五个子方面。工作单位情况旨在调查学生的跳槽情况、在本单位工种结构中的位次、本单位岗位调动情况、对当前工作状态的满意度四个方面。工作适应性旨在调查学生走上工作岗位的工作状态，主要包括上手速度以及面对困难时的态度。工作态度包括综合态度、面对领导交给的任务的态度以及踏实做事的态度。工作能力包括面对困难的态度与能力、未来发展的自信心与发展空间、工作兴趣、积极主动学习状态、专业技术能力、综合工作能力、团队合作能力、工作习惯等。工作收获主要旨在调查学生毕业后对职业素养构成要素的重要性的看法。

表 5-1　毕业生调查样本构成状况

变量	指标	样本数	百分比
籍贯	省内	249	79.60%
	省外	64	20.40%
性别	男	287	91.70%
	女	26	8.30%
专业	机械制造与自动化	63	20.10%
	机电一体化	50	16.00%
	模具设计与制造	72	23.00%
	数控技术	34	10.90%
	汽车检测与维修技术	94	30.00%
班级类型	对口单招班	37	11.80%
	普通教学班	220	70.30%
	中德双元实验班	29	9.30%
	胡格实验班	27	8.60%
入学考试类型	普通高考生	161	51.40%
	提前单独考生	97	31.00%
	对口单招生	55	17.60%

（续表）

变量	指标	样本数	百分比
大学期间 学生干部经历	无	160	51.10%
	有	153	48.90%
工作单位类型	事业单位	21	6.70%
	民营企业	199	63.60%
	国营企业	23	7.30%
	中外合资企业	30	9.60%
	外资(独资)企业	40	12.80%
当前工作性质	专业技术服务	220	70.30%
	销售	53	16.90%
	客户服务	24	7.70%
	行政管理	16	5.10%
样本总数＝313			

（三）领导对自己工作状态的评价

主要包括领导对毕业生的重视度和满意度(对工作能力、工作态度与工作习惯等方面的满意度)两个方面。

（四）对学校教育效果的评价

评价内容包括对学校教育模式的整体评价与满意度、理论知识的教育效果评价(印象、用途、知识面、系统情况、突出收获)、存在的问题与改革的建议四个方面。

三、问卷信度与效度

信度检测显示毕业生跟踪调查问卷信度可以接受。如表 5-2 所示，可靠性统计资料显示，Cronbach 的 Alpha 值为 0.863，说明该问卷指标信度良好，可以接受。

因子分析检测显示该问卷效度良好。效度检测采用 KMO 测量取样适当性和 Bartlett 的球形检定。如表 20 所示，KMO 值为 0.879，说明该问卷指标良好，适合进行因子分析。Bartlett 的球形检定值为 0.000，表示调查样本来自服从多元正态分布的整体。

表 5-2　教师问卷信度与效度检测

可靠性统计资料	Cronbach 的 Alpha	0.863
	基于标准化项目的 Cronbach 的 Alpha	0.891
	项目个数	39

（续表）

KMO 与 Bartlett 检定	Kaiser-Meyer-Olkin 测量取样适当性		0.879
	Bartlett 的球形检定	近似卡方	5 546.805
		df	741
		显著性	0.000

问卷测量的回归模型 R 平方值。本书选择毕业生"学校教育效果评价"为反馈教育效果的核心变量，变量从"很不好"到"很好"五个等级，由低到高赋值 1—5 分，依次为很不好（1 分）、较不好（2 分）、一般（3 分）、较好（4 分）、很好（5 分）。描述性统计资料显示，该变量平均值为 3.44，介于"一般"和"较好"之间，如表 5-3 所示。这表明被调查群体对学校教育模式教育效果的评价居于一般偏好水平。

表5-3 毕业生"对学校教育效果评价"描述性统计资料

范围	4		总和		1 076
最小值	1		最大值		5
平均数	统计资料	3.44	偏斜度	统计资料	−0.409
	标准错误	0.052		标准错误	0.138
峰度	统计资料	0.46	标准偏差		0.922
	标准错误	0.275	变异数		0.849

如表 5-4 所示，多重线性回归分析发现，对测量学校教育效果的核心指标"毕业生对所接受的学校教育模式的教育效果评价情况"的问卷结构内容的模型 R 值为 0.871，R 平方值为 0.758，调整后 R 平方值为 0.717，表明该模型对于"毕业生对学校教育效果评价情况"具有 71.7% 的解释力，说明该解释模型解释力良好。

表5-4 毕业生教育效果反馈回归模型摘要

模型	R	R 平方	调整后 R 平方	标准偏斜度错误
1	0.871[a]	0.758	0.717	0.490
a. 预测值：（常数），性别等。				

第二节 数据分析结果

如果将综合职业能力的构成要素分为专业技术能力与素养能力两部分，数据分析显示，素养能力中的工作态度优先于专业技术能力位居综合职业能力的首位。和非实验班毕业生相比，实验班毕业生无论是素养能力还是专业技术能力都要相对优于非实验班毕业生。

一、综合能力核心要素及各要素意义

选择毕业生综合能力满意度和领导对综合能力满意度作为因变量进行回归分析发

现,工作态度、工作习惯和专业技术能力在工作素养中处于核心地位,且工作态度以明显的显性强解释力位居首位。

(一)综合能力核心构成要素分析

1. 对毕业生综合能力满意度影响因素的回归分析

1)背景因素

如表5-5到5-9所示,在所有的背景因素中,包括在校期间背景因素和工作后背景因素两个方面,唯有"在校期间学生干部经历"对于毕业生综合工作能力满意度具有显性解释力。

表5-5—表5-9　背景因素对综合工作能力满意度的回归分析

表5-5　背景因素对综合工作能力满意度　变数已输入/已移除[a]			
模型	变数已输入	变数已移除	方法
1	在校期间学生干部经历	.	逐步(准则：F-to-enter 的概率≤0.050,F-to-remove 的概率≥0.100)。
a. 应变数：综合工作能力满意度			

表5-6　背景因素对综合工作能力满意度　模型摘要				
模型	R	R 平方	调整后 R 平方	标准偏斜度错误
1	0.122[a]	0.015	0.012	0.872
a. 预测值：(常数),在校期间学生干部经历				

表5-7　背景因素对综合工作能力满意度　变异数分析[a]						
模型		平方和	df	平均值平方	F	显著性
1	回归	3.566	1	3.566	4.687	0.031[b]
	残差	236.62	311	0.761		
	总结	240.185	312			
a. 应变数：综合工作能力满意度						
b. 预测值：(常数),在校期间学生干部经历						

如表5-8所示,回归模型为：综合工作能力满意度=3.168+0.214×学生干部经历,说明有学生干部经历的毕业生对自己的综合能力满意度更高。

表5-8　背景因素对综合工作能力满意度　系数[a]						
模型		非标准化系数		标准化系数	T	显著性
		B	标准错误	Beta		
1	(常数)	3.168	0.155		20.45	0.000
	在校期间学生干部经历	0.214	0.099	0.122	2.165	0.031
a. 应变数：综合工作能力满意度						

表5-9 背景因素对综合工作能力满意度 排除的变数[a]

模型		Beta 入	T	显著性	偏相关	共线性统计资料
						允差
1	专业	0.035[b]	0.623	0.534	0.035	0.994
	班级	0.021[b]	0.378	0.706	0.021	0.985
	班级类型	−0.009[b]	−0.166	0.868	−0.009	1.000
	性别	−0.065[b]	−1.152	0.25	−0.065	0.999
	籍贯	0.023[b]	0.41	0.682	0.023	0.999
	生源类型	0.077[b]	1.364	0.174	0.077	1.000
	工作性质	−0.028[b]	−0.5	0.618	−0.028	0.997
	单位类型	0.042[b]	0.747	0.456	0.042	0.999
	工作与专业关联度	0.102[b]	1.813	0.071	0.102	0.997
	当前工作单位位次	0.027[b]	0.47	0.639	0.027	0.994
	目前工作单位总计工作时间	0.051[b]	0.897	0.37	0.051	0.994
	岗位调动情况	−0.059[b]	−1.049	0.295	−0.059	0.996
	从事工种性质	0.099[b]	1.76	0.079	0.099	0.999
	月净收入	0.031[b]	0.543	0.588	0.031	0.986

a. 应变数：综合工作能力满意度

b. 模型中的预测值：(常数)，在校期间学生干部经历

2）工作主动状态

从表5-10—表5-14可以看出，在毕业生工作主动状态要素中，工作态度、工作兴趣以及遇到困难时的态度对其综合能力满意度具有显性解释力。

表5-10—表5-14 工作主动状态对综合工作能力满意度回归分析

表5-10 工作主动状态对综合工作能力满意度 变数已输入/已移除[a]

模型	变数已输入	变数已移除	方法
1	工作态度	·	逐步（准则：F-to-enter 的概率≤0.050，F-to-remove 的概率≥0.100）。
2	工作兴趣	·	逐步（准则：F-to-enter 的概率≤0.050，F-to-remove 的概率≥0.100）。
3	遇到困难时的态度	·	逐步（准则：F-to-enter 的概率≤0.050，F-to-remove 的概率≥0.100）。

a. 应变数：综合工作能力满意度

表 5-11　工作主动状态对综合工作能力满意度　模型摘要

模型	R	R 平方	调整后 R 平方	标准偏斜度错误
1	0.600[a]	0.36	0.358	0.703
2	0.621[b]	0.385	0.381	0.69
3	0.630[c]	0.397	0.391	0.685
a. 预测值：（常数），工作态度				
b. 预测值：（常数），工作态度，工作兴趣				
c. 预测值：（常数），工作态度，工作兴趣，遇到困难时的态度				

如表 5-11 所示，毕业生工作主动状态要素对综合能力满意度的回归模型中，三项要素工作态度、工作兴趣和遇到困难时的态度依次输入，回归模型 R 值在显著递增，说明三者对毕业生综合工作能力满意度均有显性解释力。

表 5-12　工作主动状态对综合工作能力满意度　变异数分析[a]

模型		平方和	df	平均值平方	F	显著性
1	回归	86.575	1	86.575	175.281	0.000[b]
	残差	153.61	311	0.494		
	总计	240.185	312			
2	回归	92.497	2	46.248	97.076	0.000[c]
	残差	147.689	310	0.476		
	总计	240.185	312			
3	回归	95.338	3	31.779	67.794	0.000[d]
	残差	144.848	309	0.469		
	总计	240.185	312			
a. 应变数：综合工作能力满意度						
b. 预测值：（常数），工作态度						
c. 预测值：（常数），工作态度，工作兴趣						
d. 预测值：（常数），工作态度，工作兴趣，遇到困难时的态度						

如表 5-13 所示，回归模型为：综合工作能力满意度＝0.671＋0.495×工作态度＋0.142×工作兴趣＋0.133×遇到困难时的态度。从三者的回归系数比较可以看出，工作态度的解释力最强，由此可以发现工作态度之于综合工作能力提升的重要性。

表 5-13 工作主动状态对综合工作能力满意度 系数[a]

模型		非标准化系数		标准化系数	T	显著性
		B	标准错误	Beta		
1	（常数）	1.088	0.185		5.871	0.000
	工作态度	0.626	0.047	0.6	13.239	0.000
2	（常数）	0.895	0.19		4.709	0.000
	工作态度	0.534	0.053	0.512	10.01	0.000
	工作兴趣	0.163	0.046	0.18	3.525	0.000
3	（常数）	0.671	0.209		3.203	0.001
	工作态度	0.495	0.055	0.474	8.948	0.000
	工作兴趣	0.142	0.047	0.157	3.043	0.003
	遇到困难时的态度	0.133	0.054	0.121	2.462	0.014

a. 应变数：综合工作能力满意度

表 5-14 工作主动状态对综合工作能力满意度 排除的变数[a]

模型		Beta 入	T	显著性	偏相关	共线性统计资料
						允差
1	工作满意度	0.140[b]	2.927	0.004	0.164	0.875
	当前工作挑战难度	0.040[b]	0.878	0.38	0.05	0.993
	对工作难度的期望值	0.082[b]	1.746	0.082	0.099	0.937
	遇到困难时的态度	0.148[b]	3.031	0.003	0.17	0.835
	面对高难度任务的态度	0.091[b]	1.915	0.056	0.108	0.898
	工作兴趣	0.180[b]	3.525	0.000	0.196	0.759
2	工作满意度	0.082[c]	1.546	0.123	0.088	0.704
	当前工作挑战难度	0.090[c]	1.95	0.052	0.11	0.918
	对工作难度的期望值	0.071[c]	1.543	0.124	0.087	0.932
	遇到困难时的态度	0.121[c]	2.462	0.014	0.139	0.807
	面对高难度任务的态度	0.084[c]	1.792	0.074	0.101	0.896
3	工作满意度	0.075[d]	1.42	0.156	0.081	0.701
	当前工作挑战难度	0.085[d]	1.852	0.065	0.105	0.916
	对工作难度的期望值	0.039[d]	0.811	0.418	0.046	0.838
	面对高难度任务的态度	0.051[d]	1.024	0.307	0.058	0.792

a. 应变数：综合工作能力满意度

（续表）

b. 模型中的预测值：（常数），工作态度
c. 模型中的预测值：（常数），工作态度，工作兴趣
d. 模型中的预测值：（常数），工作态度，工作兴趣，遇到困难时的态度

3）毕业生工作能力要素

如表 5－15 到表 5－18 所示，在毕业生工作能力要素中毕业生主动学习状态、克服困难的能力、未来的工作发展空间、专业技术能力以及工作上手速度对于其综合能力满意度均具有显性解释力。

表 5－15—表 5－18　毕业生工作能力要素对综合工作能力满意度的回归分析

表 5－15　毕业生工作能力要素对综合工作能力满意度　变数已输入/已移除[a]

模型	变数已输入	变数已移除	方法
1	主动学习状态	·	逐步（准则：F-to-enter 的概率≤0.050，F-to-remove 的概率≥0.100）。
2	克服困难的能力	·	逐步（准则：F-to-enter 的概率≤0.050，F-to-remove 的概率≥0.100）。
3	未来工作发展空间	·	逐步（准则：F-to-enter 的概率≤0.050，F-to-remove 的概率≥0.100）。
4	专业技术能力	·	逐步（准则：F-to-enter 的概率≤0.050，F-to-remove 的概率≥0.100）。
5	工作上手速度	·	逐步（准则：F-to-enter 的概率≤0.050，F-to-remove 的概率≥0.100）。
a. 应变数：综合工作能力满意度			

从表 5－16 可以看出，毕业生工作能力要素对综合能力满意度的回归模型中，上述五个要素依次输入，回归模型中 R 值在显著提升，说明五要素均具有显性解释力。

表 5－16　毕业生工作能力要素对综合工作能力满意度　模型摘要

模型	R	R 平方	调整后 R 平方	标准偏斜度错误
1	0.497[a]	0.247	0.245	0.762
2	0.577[b]	0.333	0.329	0.719
3	0.625[c]	0.391	0.385	0.688
4	0.654[d]	0.428	0.42	0.668
5	0.662[e]	0.438	0.429	0.663
a. 预测值：（常数），主动学习状态				
b. 预测值：（常数），主动学习状态，克服困难的能力				

（续表）

c. 预测值：（常数），主动学习状态，克服困难的能力，未来工作发展空间
d. 预测值：（常数），主动学习状态，克服困难的能力，未来工作发展空间，专业技术能力
e. 预测值：（常数），主动学习状态，克服困难的能力，未来工作发展空间，专业技术能力，工作上手速度

表5-17　毕业生工作能力要素对综合工作能力满意度　变异数分析[a]

模型		平方和	df	平均值平方	F	显著性
1	回归	59.37	1	59.37	102.116	0.000[b]
	残差	180.815	311	0.581		
	总计	240.185	312			
2	回归	80.032	2	40.016	77.457	0.000[c]
	残差	160.153	310	0.517		
	总计	240.185	312			
3	回归	93.921	3	31.307	66.14	0.000[d]
	残差	146.264	309	0.473		
	总计	240.185	312			
4	回归	102.716	4	25.679	57.534	0.000[e]
	残差	137.469	308	0.446		
	总计	240.185	312			
5	回归	105.223	5	21.045	47.87	0.000[f]
	残差	134.962	307	0.44		
	总计	240.185	312			

a. 应变数：综合工作能力满意度
b. 预测值：（常数），主动学习状态
c. 预测值：（常数），主动学习状态，克服困难的能力
d. 预测值：（常数），主动学习状态，克服困难的能力，未来工作发展空间
e. 预测值：（常数），主动学习状态，克服困难的能力，未来工作发展空间，专业技术能力
f. 预测值：（常数），主动学习状态，克服困难的能力，未来工作发展空间，专业技术能力，工作上手速度

如表5-18所示，毕业生工作能力要素对综合工作能力满意度的回归模型为：综合工作能力满意度＝0.113＋0.231×专业技术能力＋0.22×克服困难的能力＋0.215×主动学习状态＋0.178×未来工作发展空间＋0.127×工作上手速度。比较各要素回归系数可以发现，在五要素中专业技术能力具有最强解释力，其次是克服困难的能力，第三是主动学习状态。

模型		非标准化系数		标准化系数	T	显著性
		B	标准错误	Beta		
1	（常数）	1.678	0.184		9.125	0.000
	主动学习状态	0.502	0.05	0.497	10.105	0.000
2	（常数）	0.875	0.215		4.07	0.000
	主动学习状态	0.357	0.052	0.354	6.851	0.000
	克服困难的能力	0.368	0.058	0.327	6.324	0.000
3	（常数）	0.522	0.216		2.42	0.016
	主动学习状态	0.309	0.051	0.306	6.102	0.000
	克服困难的能力	0.313	0.057	0.278	5.535	0.000
	未来工作发展空间	0.211	0.039	0.254	5.417	0.000
4	（常数）	0.252	0.218		1.156	0.249
	主动学习状态	0.224	0.053	0.222	4.248	0.000
	克服困难的能力	0.281	0.055	0.249	5.066	0.000
	未来工作发展空间	0.179	0.038	0.216	4.667	0.000
	专业技术能力	0.248	0.056	0.224	4.439	0.000
5	（常数）	0.113	0.224		0.503	0.615
	主动学习状态	0.215	0.053	0.213	4.096	0.000
	克服困难的能力	0.22	0.061	0.196	3.638	0.000
	未来工作发展空间	0.178	0.038	0.214	4.664	0.000
	专业技术能力	0.231	0.056	0.209	4.128	0.000
	工作上手速度	0.127	0.053	0.122	2.388	0.018

表5-18　毕业生工作能力要素对综合工作能力满意度　系数[a]

a. 应变数：综合工作能力满意度

4）领导评价的回归分析

如表5-19—表5-23所示，在领导评价因素中，唯有"领导对综合能力的满意度"具有显性解释力，即领导对毕业生的综合能力满意度评价与自我的综合能力满意度评价是相对一致的，但是对工作习惯和工作态度的满意度并未显示一致性（见表5-23）。

表 5-19—表 5-23　领导评价对综合工作能力满意度的回归分析

模型	变数已输入	变数已移除	方法
表 5-19　领导评价对综合工作能力满意度　变数已输入/已移除[a]			
1	领导对综合能力的满意度	.	逐步（准则：F-to-enter 概率≤0.050，F-to-remove 的概率≥0.100）。
a. 应变数：综合工作能力满意度			

模型	R	R 平方	调整后 R 平方	标准偏斜度错误
表 5-20　领导评价对综合工作能力满意度　模型摘要				
1	0.443[a]	0.196	0.193	0.788
a. 预测值：（常数），领导对综合能力的满意度				

模型		平方和	df	平均值平方	F	显著性
表 5-21　领导评价对综合工作能力满意度　变异数分析[a]						
1	回归	47.087	1	47.087	75.837	0.000[b]
	残差	193.098	311	0.621		
	总计	240.185	312			
a. 应变数：综合工作能力满意度						
b. 预测值：（常数），领导对综合能力的满意度						

从表 5-22 可以看到，领导评价要素的回归模型为：毕业生综合能力满意度＝1.693＋0.494×领导对综合能力的满意度。

模型		非标准化系数		标准化系数	T	显著性
表 5-22　领导评价对综合工作能力满意度　系数[a]						
		B	标准错误	Beta		
1	（常数）	1.693	0.211		8.038	0.000
	领导对综合能力的满意度	0.494	0.057	0.443	8.708	0.000
a. 应变数：综合工作能力满意度						

模型		Beta 入	T	显著性	偏相关	共线性统计资料
表 5-23　领导评价对综合工作能力满意度　排除的变数[a]						
						允差
1	领导对工作态度的满意度	0.104[b]	1.148	0.252	0.065	0.315
	领导对工作习惯的满意度	0.141[b]	1.613	0.108	0.091	0.339
a. 应变数：综合工作能力满意度						
b. 模型中的预测值：（常数），领导对综合能力的满意度						

5）学校教育效果因素的回归分析

从表5-24—表5-28可以看出，采用逐步输入法进行回归分析发现，在对学校教育效果评价的自变量因素中，学校教育效果评价、学校教育效果满意度和学校专业理论知识印象三要素对于毕业生综合工作能力满意度具有显性解释力。

表5-24—表5-28　学校教育效果评价对综合工作能力满意度的回归分析

表5-24　学校教育效果因素对综合工作能力满意度　变数已输入/已移除[a]			
模型	变数已输入	变数已移除	方法
1	学校教育效果评价	·	逐步（准则：F-to-enter 的概率≤0.050，F-to-remove 的概率≥0.100）。
2	学校专业理论知识印象	·	逐步（准则：F-to-enter 的概率≤0.050，F-to-remove 的概率≥0.100）。
3	学校教育效果满意度	·	逐步（准则：F-to-enter 的概率≤0.050，F-to-remove 的概率≥0.100）。
a. 应变数：综合工作能力满意度			

从表5-25可以看出，三要素递进逐步输入，回归模型的 R 值在显著提高，可见三者对于综合工作能力满意度的显性解释力。

表5-25　学校教育效果因素对综合工作能力满意度　模型摘要				
模型	R	R 平方	调整后 R 平方	标准偏斜度错误
1	0.402[a]	0.162	0.159	0.805
2	0.439[b]	0.193	0.188	0.791
3	0.451[c]	0.203	0.195	0.787
a. 预测值：（常数），学校教育效果评价				
b. 预测值：（常数），学校教育效果评价，学校专业理论知识印象				
c. 预测值：（常数），学校教育效果评价，学校专业理论知识印象，学校教育效果满意度				

表5-26　学校教育效果因素对综合工作能力满意度　变异数分析[a]					
模型		平方和	df	平均值平方	F	显著性
1	回归	38.848	1	38.848	60.007	0.000[b]
	残差	201.337	311	0.647		
	总计	240.185	312			
2	回归	46.296	2	23.148	37.01	0.000[c]
	残差	193.889	310	0.625		
	总计	240.185	312			

（续表）

模型		平方和	df	平均值平方	F	显著性
3	回归	48.814	3	16.271	26.273	0.000[d]
	残差	191.371	309	0.619		
	总计	240.185	312			
a. 应变数：综合工作能力满意度						
b. 预测值：(常数),学校教育效果评价						
c. 预测值：(常数),学校教育效果评价,学校专业理论知识印象						
d. 预测值：(常数),学校教育效果评价,学校专业理论知识印象,学校教育效果满意度						

表 5-27 可以看出,学校评价要素对毕业生工作能力满意度的回归模型为：毕业生综合能力满意度＝1.927＋0.173×学校专业理论知识印象＋0.156×学校教育效果满意度＋0.144×学校教育效果评价。比较回归系数可以发现三要素中学校专业理论知识印象的解释力最强,即专业理论知识印象越深刻,则综合工作能力更强。其次是学校教育效果满意度和学校教育效果评价。

表 5-27　学校教育效果因素对综合工作能力满意度　系数[a]

模型		非标准化系数		标准化系数	T	显著性
		B	标准错误	Beta		
1	(常数)	2.169	0.176		12.335	0.000
	学校教育效果评价	0.383	0.049	0.402	7.746	0.000
2	(常数)	2.077	0.175		11.869	0.000
	学校教育效果评价	0.246	0.063	0.259	3.933	0.000
	学校专业理论知识印象	0.19	0.055	0.227	3.451	0.001
3	(常数)	1.927	0.189		10.187	0.000
	学校教育效果评价	0.144	0.081	0.151	1.782	0.076
	学校专业理论知识印象	0.173	0.055	0.208	3.139	0.002
	学校教育效果满意度	0.156	0.077	0.159	2.016	0.045
a. 应变数：综合工作能力满意度						

表 5-28　学校教育效果因素对综合工作能力满意度　排除的变数[a]

模型		Beta 入	T	显著性	偏相关	共线性统计资料
						允差
1	学校教育效果满意度	0.194[b]	2.463	0.014	0.139	0.425
	学校专业理论知识印象	0.227[b]	3.451	0.001	0.192	0.601

（续表）

模型		Beta入	T	显著性	偏相关	共线性统计资料
						允差
	所学理论知识用途	0.052[b]	0.882	0.379	0.05	0.772
	学校理论知识面	0.029[b]	0.545	0.586	0.031	0.934
	学校专业理论知识系统情况	0.124[b]	1.928	0.055	0.109	0.645
2	学校教育效果满意度	0.159[c]	2.016	0.045	0.114	0.416
	所学理论知识用途	−0.025[c]	−0.407	0.684	−0.023	0.666
	学校理论知识面	0.032[c]	0.611	0.542	0.035	0.934
	学校专业理论知识系统情况	0.072[c]	1.097	0.274	0.062	0.602
3	所学理论知识用途	−0.030[d]	−0.486	0.628	−0.028	0.665
	学校理论知识面	0.055[d]	1.025	0.306	0.058	0.899
	学校专业理论知识系统情况	0.052[d]	0.782	0.435	0.045	0.586
a. 应变数：综合工作能力满意度						
b. 模型中的预测值：（常数），学校教育效果评价						
c. 模型中的预测值：（常数），学校教育效果评价，学校专业理论知识印象						
d. 模型中的预测值：（常数），学校教育效果评价，学校专业理论知识印象，学校教育效果满意度						

6）建议或看法等要素的回归分析

在建议或看法要素方面，共设计了学校实践动手操作机会、学校教育中最为突出的收获、学校教育模式存在的主要问题、教育模式改革力度建议、学校教育最需要改革的内容、居于核心地位的良好职业素养等六个方面的内容。如表5－29到表5－33所示，在六个要素中学校实践动手操作机会、居于核心地位的良好职业素养、教育模式改革力度建议三个要素对毕业生综合工作能力满意度具有显性解释力。

表5－29—表5－33　建议或看法要素对综合工作能力满意度的回归分析

表5－29　建议或看法要素对综合工作能力满意度　变数已输入/已移除[a]			
模型	变数已输入	变数已移除	方法
1	学校实践动手操作机会	.	逐步（准则：F-to-enter 的概率≤0.050，F-to-remove 的概率≥0.100）。
2	居于核心地位的良好职业素养	.	逐步（准则：F-to-enter 的概率≤0.050，F-to-remove 的概率≥0.100）。
3	教育模式改革力度建议	.	逐步（准则：F-to-enter 的概率≤0.050，F-to-remove 的概率≥0.100）。
a. 应变数：综合工作能力满意度			

表 5-30　建议或看法要素对综合工作能力满意度　模型摘要

模型	R	R 平方	调整后 R 平方	标准偏斜度错误
1	0.222[a]	0.049	0.046	0.857
2	0.293[b]	0.086	0.08	0.841
3	0.318[c]	0.101	0.092	0.836

a. 预测值：(常数),学校实践动手操作机会

b. 预测值：(常数),学校实践动手操作机会,居于核心地位的良好职业素养

c. 预测值：(常数),学校实践动手操作机会,居于核心地位的良好职业素养,教育模式改革力度建议

表 5-31　建议或看法要素对综合工作能力满意度　变异数分析[a]

模型		平方和	df	平均值平方	F	显著性
1	回归	11.804	1	11.804	16.074	0.000[b]
	残差	228.381	311	0.734		
	总计	240.185	312			
2	回归	20.673	2	10.336	14.597	0.000[c]
	残差	219.513	310	0.708		
	总计	240.185	312			
3	回归	24.22	3	8.073	11.551	0.000[d]
	残差	215.966	309	0.699		
	总计	240.185	312			

a. 应变数：综合工作能力满意度

b. 预测值：(常数),学校实践动手操作机会

c. 预测值：(常数),学校实践动手操作机会,居于核心地位的良好职业素养

d. 预测值：(常数),学校实践动手操作机会,居于核心地位的良好职业素养,教育模式改革力度建议

表 5-32　建议或看法要素对综合工作能力满意度　系数[a]

模型		非标准化系数		标准化系数	T	显著性
		B	标准错误	Beta		
1	(常数)	2.882	0.158		18.233	0.000
	学校实践动手操作机会	0.185	0.046	0.222	4.009	0.000
2	(常数)	2.455	0.197		12.484	0.000
	学校实践动手操作机会	0.168	0.046	0.201	3.672	0.000
	居于核心地位的良好职业素养	0.132	0.037	0.193	3.539	0.000

（续表）

模型		非标准化系数		标准化系数	T	显著性
		B	标准错误	Beta		
3	（常数）	2.029	0.272		7.456	0.000
	学校实践动手操作机会	0.138	0.047	0.165	2.915	0.004
	居于核心地位的良好职业素养	0.118	0.038	0.172	3.129	0.002
	教育模式改革力度建议	0.158	0.07	0.129	2.253	0.025
a. 应变数：综合工作能力满意度						

表5-33　建议或看法要素对综合工作能力满意度　排除的变数[a]

模型		Beta 入	T	显著性	偏相关	共线性统计资料
						允差
1	学校教育中为最突出收获	0.163[b]	2.913	0.004	0.163	0.956
	教育模式改革力度建议	0.159[b]	2.785	0.006	0.156	0.913
	居于核心地位的良好职业素养	0.193[b]	3.539	0.000	0.197	0.988
	学校教育模式存在的主要问题	−0.034[b]	−0.594	0.553	−0.034	0.946
	学校教育最需要改革的内容	−0.062[b]	−1.106	0.27	−0.063	0.985
2	学校教育中为最突出收获	0.122[c]	2.133	0.034	0.12	0.898
	教育模式改革力度建议	0.129[c]	2.253	0.025	0.127	0.887
	学校教育模式存在的主要问题	−0.072[c]	−1.264	0.207	−0.072	0.915
	学校教育最需要改革的内容	−0.045[c]	−0.811	0.418	−0.046	0.977
3	学校教育中为最突出收获	0.107[d]	1.881	0.061	0.107	0.884
	学校教育模式存在的主要问题	−0.066[d]	−1.169	0.243	−0.066	0.913
	学校教育最需要改革的内容	−0.042[d]	−0.774	0.439	−0.044	0.977
a. 应变数：综合工作能力满意度						
b. 模型中的预测值：（常数），学校实践动手操作机会						
c. 模型中的预测值：（常数），学校实践动手操作机会，居于核心地位的良好职业素养						
d. 模型中的预测值：（常数），学校实践动手操作机会，居于核心地位的良好职业素养，教育模式改革力度建议						

在核心地位的良好职业素养选项中设置了五个选项，从高到低依次赋值为：不确定（1分）；系统的专业知识和良好的专业技术能力（2分）；浓厚的学习兴趣与工作兴趣（3分）；团队协作能力和解决问题能力（4分）；端正的工作态度和良好的工作习惯（5分）。之所以将工作态度和工作习惯放置在第一位、合作能力和解决问题的能力放置在第二位，是基于在质的调研阶段发现工作态度和工作习惯以及解决问题的能力在工作要求的首要重要性

地位。如表 5-32 所示，"居于核心地位的良好职业素养"对综合能力满意度的回归系数 B＝0.118，即具有 11.8％的解释力，也说明越是选择工作态度、工作习惯作为核心素养，其综合能力满意度就越高。"学校实践动手操作机会"对综合能力满意度的回归系数 B＝0.138，即解释力为 13.8％，说明学校动手操作机会越多，则综合能力满意度也越高。"学校教育模式改革力度建议"对综合能力满意度的回归系数 B＝0.158，即具有 15.8％的解释力，说明建议改革力度越小的毕业生其综合能力满意度更高。

综合上述回归分析结果，可以发现在上述所有对毕业生综合能力满意度具有显性解释力的自变量因素中，按照回归系数从高到低排序，如表 5-34 所示，位居前四位的分别是：工作态度（B＝0.495）居于首位；专业技术能力（B＝0.231）居于其次；克服困难的能力（B＝0.22）位居第三；主动学习状态（B＝0.215）位居第四。由此可以发现，在毕业生综合能力构成因素中前三项要素的重要性和占有比重。我们据此可以初步得出结论，在综合能力素养中居于核心地位的前四位要素从高到低依次是工作态度、专业技术能力、克服困难的能力和主动学习状态。

表 5-34　各要素模块对毕业生综合能力满意度回归系数综合表

模块	自变量（非标准化系数 B）			
背景因素	班干部经历（B＝0.214）			
工作主动状态	工作态度（B＝0.495）	工作兴趣（B＝0.142）	遇到困难时的态度（B＝0.133）	
毕业生工作能力要素	工作上手速度（B＝0.127）	专业技术能力（B＝0.231）	主动学习状态（B＝0.215）	克服困难的能力（B＝0.22）	未来的工作发展空间（B＝0.178）
领导评价	领导对综合能力满意度（B＝0.494）			
学校教育效果因素	学校专业理论知识印象（B＝0.173）	学校教育效果满意度（B＝0.156）	学校教育效果评价（B＝0.144）	
建议或看法因素	教育模式改革力度建议（B＝0.158）	学校实践操作机会（B＝0.138）	居于核心地位的良好职业素养（B＝0.118）	

2. 对"领导对综合能力满意度"的影响因素回归分析

1）背景因素

如表 5-35 到表 5-38 所示，在背景因素中工作性质、工作与专业关联度以及性别对"领导对综合能力满意度"具有显性解释力。其中与教育紧密相关的自变量为"工作与专业的关联度"，即关联度越高的毕业生，自认为领导对其的综合能力满意度更高，解释力为 11.8％，如表 5-38 所示。

表5-35—表5-38　背景因素对"领导对综合能力满意度"的回归分析

表5-35　背景因素对"领导对综合能力满意度" 变数已输入/已移除[a]

模型	变数已输入	变数已移除	方法
1	从事工种性质	.	逐步（准则：F-to-enter 的 概率 ≤0. 050，F-to-remove 的 概率 ≥ 0. 100）。
2	工作与专业关联度	.	逐步（准则：F-to-enter 的 概率 ≤0. 050，F-to-remove 的 概率 ≥ 0. 100）。
3	性别	.	逐步（准则：F-to-enter 的 概率 ≤0. 050，F-to-remove 的 概率 ≥ 0. 100）。

a. 应变数：领导对综合能力的满意度

表5-36　背景因素对"领导对综合能力满意度" 模型摘要

模型	R	R 平方	调整后 R 平方	标准偏斜度错误
1	0.254[a]	0.065	0.062	0.762
2	0.296[b]	0.088	0.082	0.754
3	0.318[c]	0.101	0.092	0.749

a. 预测值：（常数），从事工种性质

b. 预测值：（常数），从事工种性质，工作与专业关联度

c. 预测值：（常数），从事工种性质，工作与专业关联度，性别

表5-37　背景因素对"领导对综合能力满意度" 变异数分析[a]

模型		平方和	df	平均值平方	F	显著性
1	回归	12.471	1	12.471	21.483	0.000[b]
	残差	180.538	311	0.581		
	总计	193.01	312			
2	回归	16.958	2	8.479	14.93	0.000[c]
	残差	176.052	310	0.568		
	总计	193.01	312			
3	回归	19.471	3	6.49	11.556	0.000[d]
	残差	173.539	309	0.562		
	总计	193.01	312			

a. 应变数：领导对综合能力的满意度

b. 预测值：（常数），从事工种性质

c. 预测值：（常数），从事工种性质，工作与专业关联度

d. 预测值：（常数），从事工种性质，工作与专业关联度，性别

表5-38 背景因素对"领导对综合能力满意度" 系数[a]					
模型	非标准化系数		标准化系数	T	显著性
	B	标准错误	Beta		
1 (常数)	2.967	0.149		19.888	0.000
从事工种性质	0.254	0.055	0.254	4.635	0.000
2 (常数)	2.665	0.183		14.585	0.000
从事工种性质	0.271	0.055	0.271	4.971	0.000
工作与专业关联度	0.127	0.045	0.153	2.811	0.005
3 (常数)	2.989	0.238		12.573	0.000
从事工种性质	0.291	0.055	0.291	5.287	0.000
工作与专业关联度	0.118	0.045	0.143	2.626	0.009
性别	−0.331	0.157	−0.117	−2.115	0.035
a. 应变数：领导对综合能力的满意度					

2）毕业生主动工作状态因素

从表5-39—表5-43中可以看出在毕业生主动工作状态因素中唯有工作态度具有显性解释力。

表5-39—表5-43 主动工作状态因素对"领导对综合能力满意度"的回归分析

表5-39 毕业生主动工作状态因素对"领导对综合能力满意度" 变数已输入/已移除[a]			
模型	变数已输入	变数已移除	方法
1	工作态度	.	逐步（准则：F-to-enter 的概率≤0.050，F-to-remove 的概率≥0.100）。
a. 应变数：领导对综合能力的满意度			

表5-40 毕业生主动工作状态因素对"领导对综合能力满意度" 模型摘要			
模型	R	R 平方	调整后 R 平方	标准偏斜度错误
1	0.533[a]	0.284	0.282	0.667
a. 预测值：（常数），工作态度			

表5-41 毕业生主动工作状态因素对"领导对综合能力满意度" 变异数分析[a]					
模型		平方和	df	平均值平方	F	显著性
1	回归	54.817	1	54.817	123.364	0.000[b]
	残差	138.193	311	0.444		
	总计	193.01	312			
a. 应变数：领导对综合能力的满意度						
b. 预测值：（常数），工作态度						

如表5-42所示,回归模型为:领导对综合能力满意度＝1.722＋0.498×工作态度。对照前面工作态度对毕业生自我评价综合能力满意度的回归系数0.495,可以发现,工作态度对于企业员工工作能力的强解释力(近50%的解释力),即工作态度越好,则不论是自我评价还是他人评价,工作能力会更强。

表5-42　毕业生主动工作状态因素对"领导对综合能力满意度"　系数[a]

模型		非标准化系数		标准化系数	T	显著性
		B	标准错误	Beta		
1	(常数)	1.722	0.176		9.792	0.000
	工作态度	0.498	0.045	0.533	11.107	0.000
a. 应变数:领导对综合能力的满意度						

表5-43　毕业生主动工作状态因素　排除的变数[a]

模型		Beta 入	T	显著性	偏相关	共线性统计资料
						允差
1	对工作难度的期望值	0.094[b]	1.899	0.058	0.107	0.937
	面对高难度任务的态度	0.056[b]	1.1	0.272	0.062	0.898
	遇到困难时的态度	0.036[b]	0.694	0.488	0.039	0.835
a. 应变数:领导对综合能力的满意度						
b. 模型中的预测值:(常数),工作态度						

3)毕业生工作素养要素

从表5-44到表5-48中可以看出,在毕业生工作素养要素中,采用"逐步输入"法进行回归分析发现四项要素:团队合作能力、工作兴趣、克服困难的能力以及主动学习状态对于领导对综合能力评价满意度均具有显性解释力。

表5-44—表5-48　工作素养要素对"领导对综合能力满意度"的回归分析

表5-44　毕业生工作素养要素对"领导对综合能力满意度"　变数已输入/已移除[a]

模型	变数已输入	变数已移除	方法
1	团队合作能力	.	逐步(准则:F-to-enter 的概率≤0.050,F-to-remove 的概率≥0.100)。
2	工作兴趣	.	逐步(准则:F-to-enter 的概率≤0.050,F-to-remove 的概率≥0.100)。
3	克服困难的能力	.	逐步(准则:F-to-enter 的概率≤0.050,F-to-remove 的概率≥0.100)。
4	主动学习状态	.	逐步(准则:F-to-enter 的概率≤0.050,F-to-remove 的概率≥0.100)。
a. 应变数:领导对综合能力的满意度			

从表5-45可以看出，四个要素依次递进输入，回归模型的R值在显著提高，说明四要素各自对领导满意度评价的显性解释力。

表5-45 毕业生工作素养要素对"领导对综合能力满意度" 模型摘要

模型	R	R 平方	调整后 R 平方	标准偏斜度错误
1	0.461[a]	0.212	0.21	0.699
2	0.514[b]	0.264	0.259	0.677
3	0.540[c]	0.291	0.284	0.665
4	0.551[d]	0.303	0.294	0.661

a. 预测值：(常数)，团队合作能力

b. 预测值：(常数)，团队合作能力，工作兴趣

c. 预测值：(常数)，团队合作能力，工作兴趣，克服困难的能力

d. 预测值：(常数)，团队合作能力，工作兴趣，克服困难的能力，主动学习状态

表5-46 毕业生工作素养要素对"领导对综合能力满意度" 变异数分析[a]

模型		平方和	df	平均值平方	F	显著性
1	回归	40.946	1	40.946	83.744	0.000[b]
	残差	152.063	311	0.489		
	总计	193.01	312			
2	回归	50.916	2	25.458	55.541	0.000[c]
	残差	142.093	310	0.458		
	总计	193.01	312			
3	回归	56.208	3	18.736	42.32	0.000[d]
	残差	136.802	309	0.443		
	总计	193.01	312			
4	回归	58.537	4	14.634	33.519	0.000[e]
	残差	134.472	308	0.437		
	总计	193.01	312			

a. 应变数：领导对综合能力满意度

b. 预测值：(常数)，团队合作能力

c. 预测值：(常数)，团队合作能力，工作兴趣

d. 预测值：(常数)，团队合作能力，工作兴趣，克服困难的能力

e. 预测值：(常数)，团队合作能力，工作兴趣，克服困难的能力，主动学习状态

如表5-47所示，四项要素的回归模型为：领导对综合能力评价的满意度＝1.209＋

0.256×团队合作能力＋0.139×工作兴趣＋0.151×克服困难的能力＋0.129×主动学习状态。对比各回归系数可以发现团队合作能力具有最强解释力,由此可见在工作素养能力中团队合作能力的重要性意义。

表5-47　毕业生工作素养要素对"领导对综合能力满意度"　系数[a]

模型		非标准化系数		标准化系数	T	显著性
		B	标准错误	Beta		
1	(常数)	1.988	0.184		10.823	0.000
	团队合作能力	0.445	0.049	0.461	9.151	0.000
2	(常数)	1.645	0.192		8.55	0.000
	团队合作能力	0.357	0.051	0.37	7.058	0.000
	工作兴趣	0.198	0.043	0.245	4.664	0.000
3	(常数)	1.277	0.217		5.884	0.000
	团队合作能力	0.301	0.052	0.312	5.743	0.000
	工作兴趣	0.173	0.042	0.213	4.067	0.000
	克服困难的能力	0.184	0.053	0.182	3.457	0.001
4	(常数)	1.209	0.218		5.557	0.000
	团队合作能力	0.256	0.056	0.265	4.609	0.000
	工作兴趣	0.139	0.045	0.172	3.12	0.002
	克服困难的能力	0.151	0.055	0.15	2.757	0.006
	主动学习状态	0.129	0.056	0.143	2.31	0.022

a. 应变数:领导对综合能力满意度

表5-48　毕业生工作素养要素对"领导对综合能力满意度"　排除的变数[a]

模型		Beta入	T	显著性	偏相关	共线性统计资料
						允差
1	克服困难的能力	0.220[b]	4.133	0.000	0.229	0.851
	职业发展自信心	0.186[b]	3.505	0.001	0.195	0.869
	工作兴趣	0.245[b]	4.664	0.000	0.256	0.863
	主动学习状态	0.259[b]	4.523	0.000	0.249	0.729
2	克服困难的能力	0.182[c]	3.457	0.001	0.193	0.825
	职业发展自信心	0.109[c]	1.94	0.053	0.11	0.744
	主动学习状态	0.187[c]	3.106	0.002	0.174	0.635

（续表）

模型		Beta 入	T	显著性	偏相关	共线性统计资料
						允差
3	职业发展自信心	0.074^d	1.31	0.191	0.074	0.715
	主动学习状态	0.143^d	2.31	0.022	0.13	0.592
4	职业发展自信心	0.065^e	1.147	0.252	0.065	0.711

a. 应变数：领导对综合能力满意度

b. 模型中的预测值：（常数），团队合作能力

c. 模型中的预测值：（常数），团队合作能力，工作兴趣

d. 模型中的预测值：（常数），团队合作能力，工作兴趣，克服困难的能力

e. 模型中的预测值：（常数），团队合作能力，工作兴趣，克服困难的能力，主动学习状态

4）毕业生专业能力要素

如表5-49到表5-53所示，在毕业生专业能力要素中，三项要素对领导满意度评价具有显性解释力，分别为工作习惯、工作上手速度和专业技术能力。可以看出，相比工作习惯，专业技术能力并没有显示出优势影响力，这进一步说明生成的系列能力域中，素养能力如工作态度等对综合工作能力提升的优先意义。

表5-49—表5-53　专业能力要素对"领导对综合能力满意度"的回归分析

表5-49　毕业生专业能力要素对"领导对综合能力满意度"　变数已输入/已移除[a]

模型	变数已输入	变数已移除	方法
1	工作习惯	·	逐步（准则：F-to-enter 的概率≤0.050，F-to-remove 的概率≥0.100）。
2	工作上手速度	·	逐步（准则：F-to-enter 的概率≤0.050，F-to-remove 的概率≥0.100）。
3	专业技术能力	·	逐步（准则：F-to-enter 的概率≤0.050，F-to-remove 的概率≥0.100）。

a. 应变数：领导对综合能力满意度

从表5-50可以看出，工作习惯、工作上手速度和专业技术能力依次输入，回归模型的R值在显著提升，说明三者对于领导评价满意度的显性解释力。

表5-50　毕业生专业能力要素对"领导对综合能力满意度"　模型摘要

模型	R	R 平方	调整后 R 平方	标准偏斜度错误
1	0.614^a	0.377	0.375	0.622
2	0.656^b	0.431	0.427	0.595
3	0.673^c	0.453	0.448	0.584

(续表)

| a. 预测值：(常数)，工作习惯 |
| b. 预测值：(常数)，工作习惯，工作上手速度 |
| c. 预测值：(常数)，工作习惯，工作上手速度，专业技术能力 |

表5-51　毕业生专业能力要素对"领导对综合能力满意度"变异数分析[a]

模型		平方和	df	平均值平方	F	显著性
1	回归	72.843	1	72.843	188.521	0.000[b]
	残差	120.167	311	0.386		
	总计	193.01	312			
2	回归	83.116	2	41.558	117.232	0.000[c]
	残差	109.893	310	0.354		
	总计	193.01	312			
3	回归	87.485	3	29.162	85.392	0.000[d]
	残差	105.525	309	0.342		
	总计	193.01	312			

| a. 应变数：领导对综合能力满意度 |
| b. 预测值：(常数)，工作习惯 |
| c. 预测值：(常数)，工作习惯，工作上手速度 |
| d. 预测值：(常数)，工作习惯，工作上手速度，专业技术能力 |

如表5-52所示，回归模型为：领导对综合能力评价的满意度＝0.803＋0.418×工作习惯＋0.218×工作上手速度＋0.169×专业技术能力。对比回归系数可以发现，三项要素中工作习惯具有最强解释力，工作上手速度次之。再一次说明工作素养之于工作能力提升的重要性。

表5-52　毕业生专业能力要素对"领导对综合能力满意度"系数[a]

模型		非标准化系数		标准化系数	T	显著性
		B	标准错误	Beta		
1	(常数)	1.492	0.16		9.351	0.000
	工作习惯	0.591	0.043	0.614	13.73	0.000
2	(常数)	1.033	0.175		5.906	0.000
	工作习惯	0.483	0.046	0.502	10.515	0.000
	工作上手速度	0.241	0.045	0.257	5.383	0.000

（续表）

模型		非标准化系数		标准化系数	T	显著性
		B	标准错误	Beta		
3	（常数）	0.803	0.183		4.376	0.000
	工作习惯	0.418	0.049	0.434	8.609	0.000
	工作上手速度	0.218	0.044	0.232	4.907	0.000
	专业技术能力	0.169	0.047	0.171	3.577	0.000

a. 应变数：领导对综合能力的满意度

表5-53 毕业生专业能力要素对"领导对综合能力满意度" 排除的变数[a]

模型		Beta 入	T	显著性	偏相关	共线性统计资料
						允差
1	工作上手速度	0.257[b]	5.383	0.000	0.292	0.807
	综合能力优势	0.098[b]	2.006	0.046	0.113	0.822
	专业技术能力	0.205[b]	4.183	0.000	0.231	0.792
2	综合能力优势	0.058[c]	1.218	0.224	0.069	0.8
	专业技术能力	0.171[c]	3.577	0.000	0.199	0.775
3	综合能力优势	0.015[d]	0.3	0.764	0.017	0.744

a. 应变数：领导对综合能力满意度

b. 模型中的预测值：（常数），工作习惯

c. 模型中的预测值：（常数），工作习惯，工作上手速度

d. 模型中的预测值：（常数），工作习惯，工作上手速度，专业技术能力

5）领导评价

从表5-54—表5-58可以看出，领导对工作态度的满意度、对工作习惯的满意度对"领导对综合能力满意度"均具有显性解释力。

表5-54—表5-58 领导评价对"领导对综合能力满意度"的回归分析

表5-54 领导评价对"领导对综合能力满意度" 变数已输入/已移除[a]			
模型	变数已输入	变数已移除	方法
1	领导对工作态度满意度	·	逐步（准则：F-to-enter 的概率≤0.050，F-to-remove 的概率≥0.100）。
2	领导对工作习惯满意度	·	逐步（准则：F-to-enter 的概率≤0.050，F-to-remove 的概率≥0.100）。

a. 应变数：领导对综合能力满意度

从表5-55可以看出，领导对工作态度和工作习惯的满意度依次输入，回归模型的 R

值在提升，说明二者对于"领导对综合能力满意度"具有显性解释力，也进一步说明领导对员工的满意度评价中非常看重工作态度和工作习惯。

表5-55 领导评价对"领导对综合能力的满意度" 模型摘要				
模型	R	R 平方	调整后 R 平方	标准偏斜度错误
1	0.828[a]	0.685	0.684	0.442
2	0.846[b]	0.715	0.713	0.421
a. 预测值：(常数)，领导对工作态度的满意度				
b. 预测值：(常数)，领导对工作态度的满意度，领导对工作习惯的满意度				

表5-56 领导评价对"领导对综合能力的满意度" 变异数分析[a]					
模型		平方和	df	平均值平方	F	显著性
1	回归	132.278	1	132.278	677.374	0.000[b]
	残差	60.732	311	0.195		
	统计	193.01	312			
2	回归	138.009	2	69.005	388.933	0.000[c]
	残差	55	310	0.177		
	统计	193.01	312			
a. 应变数：领导对综合能力的满意度					
b. 预测值：(常数)，领导对工作态度的满意度					
c. 预测值：(常数)，领导对工作态度的满意度，领导对工作习惯的满意度					

从表5-57可以看出，二者对"领导对综合能力的满意度"的回归模型为：领导对综合能力的满意度＝0.346＋0.503×领导对工作态度的满意度＋0.38×领导对工作习惯的满意度。其中工作态度的满意度具有更强的解释力，而二者相加的显性解释力高达0.883(0.503＋0.38)。

表5-57 领导评价对"领导对综合能力满意度" 系数[a]					
模型	非标准化系数		标准化系数	T	显著性
	B	标准错误	Beta		
1 (常数)	0.518	0.122		4.239	0.000
领导对工作态度的满意度	0.835	0.032	0.828	26.026	0.000
2 (常数)	0.346	0.12		2.878	0.004
领导对工作态度的满意度	0.503	0.066	0.499	7.64	0.000
领导对工作习惯的满意度	0.38	0.067	0.371	5.684	0.000
a. 应变数：领导对综合能力的满意度					

表 5-58　领导评价对"领导对综合能力满意度" 排除的变数[a]

模型		Beta 入	T	显著性	偏相关	共线性统计资料
						允差
1	领导对工作习惯的满意度	0.371[b]	5.684	0.000	0.307	0.215
a. 应变数：领导对综合能力满意度						
b. 模型中的预测值：(常数)，领导对工作态度满意度						

6) 学校教育效果因素

如表 5-59—表 5-63 所示，母校教育效果评价因素中，教育效果满意度、教育效果评价以及专业理论知识印象三项要素对"领导满意度评价"具有显性解释力，即越是对母校教育效果满意度和评价等级高，领导的满意度也就越高。在校期间专业理论知识学习的印象越深刻，领导对毕业生综合能力满意度也越高。

表 5-59—表 5-63　学校教育效果因素对"领导对综合能力满意度"的回归分析

表 5-59　学校教育效果因素对"领导对综合能力满意度" 变数已输入/已移除[a]

模型	变数已输入	变数已移除	方法
1	学校教育效果评价	.	逐步（准则：F-to-enter 的概率≤0.050，F-to-remove 的概率≥0.100）。
2	学校专业理论知识印象	.	逐步（准则：F-to-enter 的概率≤0.050，F-to-remove 的概率≥0.100）。
3	学校教育效果满意度	.	逐步（准则：F-to-enter 的概率≤0.050，F-to-remove 的概率≥0.100）。
a. 应变数：领导对综合能力满意度			

从表 5-60 中可以看出，三项要素依次输入，回归模型的 R 值在显著提升，说明三者对"领导对综合能力满意度"的显性解释力。

表 5-60　学校教育效果因素对"领导对综合能力满意度" 模型摘要

模型	R	R 平方	调整后 R 平方	标准偏斜度错误
1	0.406[a]	0.165	0.162	0.72
2	0.442[b]	0.195	0.19	0.708
3	0.453[c]	0.205	0.198	0.704
a. 预测值：(常数)，学校教育效果评价				
b. 预测值：(常数)，学校教育效果评价，学校专业理论知识印象				
c. 预测值：(常数)，学校教育效果评价，学校专业理论知识印象，学校教育效果满意度				

表5-61　学校教育效果因素对"领导对综合能力满意度" 变异数分析[a]

模型		平方和	df	平均值平方	F	显著性
1	回归	31.778	1	31.778	61.297	0.000[b]
	残差	161.231	311	0.518		
	总计	193.01	312			
2	回归	37.639	2	18.819	37.549	0.000[c]
	残差	155.371	310	0.501		
	总计	193.01	312			
3	回归	39.655	3	13.218	26.634	0.000[d]
	残差	153.355	309	0.496		
	总计	193.01	312			
a. 应变数：领导对综合能力满意度						
b. 预测值：（常数）,学校教育效果评价						
c. 预测值：（常数）,学校教育效果评价,学校专业理论知识印象						
d. 预测值：（常数）,学校教育效果评价,学校专业理论知识印象,学校教育效果满意度						

从表5-62可以看出,三者对"领导对综合能力的满意度"的回归模型为：领导对综合能力的满意度＝2.223＋0.154×学校专业知识理论印象＋0.139×学校教育效果满意度＋0.133×学校教育效果评价。和前述毕业生自我综合能力满意度评价中母校效果评价的影响因素一致。

表5-62　学校教育效果因素对"领导对综合能力满意度" 系数[a]

模型		非标准化系数		标准化系数	T	显著性
		B	标准错误	Beta		
1	（常数）	2.439	0.157		15.496	0.000
	学校教育效果评价	0.346	0.044	0.406	7.829	0.000
2	（常数）	2.357	0.157		15.047	0.000
	学校教育效果评价	0.225	0.056	0.264	4.016	0.000
	学校专业理论知识印象	0.168	0.049	0.225	3.42	0.001
3	（常数）	2.223	0.169		13.127	0.000
	学校教育效果评价	0.133	0.072	0.156	1.847	0.066
	学校专业理论知识印象	0.154	0.049	0.205	3.108	0.002
	学校教育效果满意度	0.139	0.069	0.158	2.016	0.045
a. 应变数：领导对综合能力满意度						

表 5-63　学校教育效果因素对"领导对综合能力满意度" 排除的变数[a]

模型		Beta 入	T	显著性	偏相关	共线性统计资料 允差
1	学校教育效果满意度	0.194[b]	2.459	0.014	0.138	0.425
	学校专业理论知识印象	0.225[b]	3.42	0.001	0.191	0.601
	所学理论知识用途	0.058[b]	0.982	0.327	0.056	0.772
	学校理论知识面	0.072[b]	1.336	0.183	0.076	0.934
	学校专业理论知识系统情况	0.124[b]	1.923	0.055	0.109	0.645
2	学校教育效果满意度	0.158[c]	2.016	0.045	0.114	0.416
	所学理论知识用途	−0.018[c]	−0.285	0.776	−0.016	0.666
	学校理论知识面	0.074[c]	1.415	0.158	0.08	0.934
	学校专业理论知识系统情况	0.072[c]	1.1	0.272	0.062	0.602
3	所学理论知识用途	−0.023[d]	−0.364	0.716	−0.021	0.665
	学校理论知识面	0.099[d]	1.853	0.065	0.105	0.899
	学校专业理论知识系统情况	0.052[d]	0.785	0.433	0.045	0.586

a. 应变数：领导对综合能力满意度

b. 模型中的预测值：(常数)，学校教育效果评价

c. 模型中的预测值：(常数)，学校教育效果评价，学校专业理论知识印象

d. 模型中的预测值：(常数)，学校教育效果评价，学校专业理论知识印象，学校教育效果满意度

7）建议或看法等要素的回归分析

从表 5-64 到表 5-68 可以看出，学校动手操作机会、学校教育中最为突出的收获两要素对"领导对综合能力满意度"具有显性解释力。

表 5-64—表 5-68　建议或看法对"领导对综合能力满意度"的回归分析

表 5-64　建议或看法对"领导对综合能力满意度" 变数已输入/已移除[a]

模型	变数已输入	变数已移除	方法
1	学校实践动手操作机会	.	逐步（准则：F-to-cnter 的概率≤0.050，F-to-remove 的概率≥0.100）。
2	学校教育中最为突出的收获	.	逐步（准则：F-to-enter 的概率≤0.050，F-to-remove 的概率≥0.100）。

a. 应变数：领导对综合能力满意度

表 5-65　建议或看法对"领导对综合能力满意度" 模型摘要

模型	R	R 平方	调整后 R 平方	标准偏斜度错误
1	0.277[a]	0.077	0.074	0.757

(续表)

模型	R	R 平方	调整后 R 平方	标准偏斜度错误
2	0.344[b]	0.119	0.113	0.741
a. 预测值：(常数),学校实践动手操作机会				
b. 预测值：(常数),学校实践动手操作机会,学校教育中最突出收获				

表 5-66　建议或看法对"领导对综合能力满意度"　变异数分析[a]

模型		平方和	df	平均值平方	F	显著性
1	回归	14.809	1	14.809	25.846	0.000[b]
	残差	178.2	311	0.573		
	总计	193.01	312			
2	回归	22.896	2	11.448	20.862	0.000[c]
	残差	170.114	310	0.549		
	总计	193.01	312			
a. 应变数：领导对综合能力满意度						
b. 预测值：(常数),学校实践动手操作机会						
c. 预测值：(常数),学校实践动手操作机会,学校教育中最突出收获						

表 5-67　建议或看法对"领导对综合能力满意度"　系数[a]

模型		非标准化系数		标准化系数	T	显著性
		B	标准错误	Beta		
1	(常数)	2.954	0.14		21.152	0.000
	学校实践动手操作机会	0.208	0.041	0.277	5.084	0.000
2	(常数)	2.624	0.161		16.259	0.000
	学校实践动手操作机会	0.175	0.041	0.233	4.279	0.000
	学校教育中最突出收获	0.115	0.03	0.209	3.839	0.000
a. 应变数：领导对综合能力满意度						

表 5-68　建议或看法对"领导对综合能力满意度"　排除的变数[a]

模型		Beta 入	T	显著性	偏相关	共线性统计资料 允差
1	教育模式改革力度建议	0.122[b]	2.148	0.032	0.121	0.913
	居于核心地位的良好职业素养	0.123[b]	2.259	0.025	0.127	0.988
	学校教育中最突出收获	0.209[b]	3.839	0.000	0.213	0.956

（续表）

模型		Beta λ	T	显著性	偏相关	共线性统计资料
						允差
	学校教育模式存在的主要问题	−0.066[b]	−1.187	0.236	−0.067	0.946
	学校教育最需要改革的内容	−0.003[b]	−0.062	0.951	−0.003	0.985
2	教育模式改革力度建议	0.090[c]	1.597	0.111	0.09	0.89
	居于核心地位的良好职业素养	0.077[c]	1.388	0.166	0.079	0.927
	学校教育模式存在的主要问题	−0.092[c]	−1.677	0.095	−0.095	0.933
	学校教育最需要改革的内容	−0.001[c]	−0.016	0.987	−0.001	0.985
a. 应变数：领导对综合能力满意度						
b. 模型中的预测值：（常数），学校实践动手操作机会						
c. 模型中的预测值：（常数），学校实践动手操作机会，学校教育中为最突出收获						

综合上述对"领导对综合能力满意度"的回归分析结果，如表 5-69 所示，可以发现在上述所有具有显性解释力的自变量要素中，按照回归系数从高到低排序排在前六位的是：领导对工作态度的满意度（B=0.503）、工作态度（B=0.498）、工作习惯（B=0.418）、领导对工作习惯的满意度（B=0.38）、从事工种性质（B=0.291）、团队合作能力（B=0.256）。这一数据结果又一次证明在能力域中，工作态度、工作习惯、团队合作能力等人格能力与社会能力对于毕业生综合能力提升的重要性。

表 5-69 各因素模块对"领导对综合能力满意度"的回归系数综合表

自变量模块	具体自变量因素（非标准化系数 B）			
背景因素	从事工种性质（B=0.291）	工作与专业关联度（B=0.118）		
工作主动状态	工作态度（B=0.498）			
毕业生工作素养要素	团队合作能力（B=0.256）	工作兴趣（B=0.139）	克服困难的能力（B=0.151）	主动学习状态（B=0.129）
毕业生专业能力要素	工作习惯（B=0.418）	工作上手速度（B=0.218）	专业技术能力（B=0.169）	
领导评价	领导对工作态度的满意度（B=0.503）	领导对工作习惯满意度（B=0.38）		
学校教育效果因素	学校专业理论印象（B=0.154）	学校教育效果满意度（B=0.139）	学校教育效果评价（B=0.133）	
建议或看法因素	学校实践动手操作机会（B=0.175）	学校教育中最突出收获（B=0.115）		

结合前面的数据结果我们可以初步得出结论，工作态度、工作习惯、团结合作能力、专业技术能力均对"毕业生对自我综合能力的满意度"和"领导对毕业生综合能力满意度"具

有强解释力。这一结论可以从下面的回归分析中得到进一步验证。基于前面的分析,现将工作能力要素对"综合工作能力满意度""领导对综合能力满意度"进行回归分析。如表5-70所示,其中对综合工作能力具有显性解释力的能力域要素中包括工作态度、专业技术能力、克服困难的能力和工作兴趣,四者合计对综合工作能力的解释力为0.949。从这一数据可以看出该四项要素对于综合工作能力提升的综合强解释力。

表5-70 工作能力域要素对"综合工作能力满意度"的回归系数[a]

模型		非标准化系数		标准化系数	T	显著性
		B	标准错误	Beta		
1	(常数)	1.088	0.185		5.871	0.000
	工作态度	0.626	0.047	0.6	13.239	0.000
2	(常数)	0.524	0.198		2.645	0.009
	工作态度	0.507	0.049	0.486	10.385	0.000
	专业技术能力	0.317	0.052	0.287	6.124	0.000
3	(常数)	0.22	0.211		1.039	0.299
	工作态度	0.418	0.054	0.401	7.783	0.000
	专业技术能力	0.285	0.051	0.258	5.555	0.000
	克服困难的能力	0.207	0.057	0.184	3.664	0.000
4	(常数)	0.117	0.212		0.55	0.583
	工作态度	0.358	0.057	0.343	6.249	0.000
	专业技术能力	0.265	0.051	0.24	5.17	0.000
	克服困难的能力	0.204	0.056	0.181	3.639	0.000
	工作兴趣	0.122	0.044	0.135	2.802	0.005

a. 应变数:综合工作能力满意度

如表5-71所示,工作能力域要素对"领导对综合能力满意度"的回归分析发现:领导对综合能力满意度=0.042+0.457×领导对工作态度的满意度+0.338×领导对工作习惯的满意度+0.102×专业技术能力+0.086×工作上手速度。四者合计解释力为0.983。由此可见,上述四个要素至于毕业生综合工作能力的重要性。且从各个要素的回归系数可以看出各个要素在综合工作能力提升中的比重。

表5-71 工作能力域要素对"领导对综合能力满意度"的回归系数[a]

模型		非标准化系数		标准化系数	T	显著性
		B	标准错误	Beta		
1	(常数)	0.518	0.122		4.239	0.000
	领导对工作态度的满意度	0.835	0.032	0.828	26.026	0.000

（续表）

模型		非标准化系数		标准化系数	T	显著性
		B	标准错误	Beta		
2	（常数）	0.346	0.12		2.878	0.004
	领导对工作态度的满意度	0.503	0.066	0.499	7.64	0.000
	领导对工作习惯的满意度	0.38	0.067	0.371	5.684	0.000
3	（常数）	0.157	0.129		1.212	0.226
	领导对工作态度的满意度	0.468	0.065	0.465	7.168	0.000
	领导对工作习惯的满意度	0.365	0.066	0.357	5.553	0.000
	专业技术能力	0.116	0.032	0.117	3.597	0.000
4	（常数）	0.042	0.135		0.311	0.756
	领导对工作态度的满意度	0.457	0.065	0.453	7.052	0.000
	领导对工作习惯的满意度	0.338	0.066	0.33	5.127	0.000
	专业技术能力	0.102	0.032	0.103	3.154	0.002
	工作上手速度	0.086	0.032	0.092	2.716	0.007
a. 应变数：领导对综合能力的满意度						

（二）综合能力各构成要素溯源

1. 对工作态度影响因素的回归分析

基于前面的分析，对于工作态度的回归分析从背景因素、工作素养、专业能力和学校办学条件四个方面进行回归分析，以期探究影响工作态度的来源。

1）学校背景因素

从表 5-72—表 5-76 可以看出，在毕业生学校背景因素中，学生干部经历对于工作态度具有显性解释力，解释力为 22.2％，如表 5-75 所示。

表 5-72—表 5-76　学校背景因素对工作态度的回归分析

表 5-72　学校背景因素对工作态度　变数已输入/已移除[a]			
模型	变数已输入	变数已移除	方法
1	在校期间学生干部经历	·	逐步（准则：F-to-enter 的概率≤0.050，F-to-remove 的概率≥0.100）。
a. 应变数：工作态度			

表 5-73　学校背景因素对工作态度　模型摘要				
模型	R	R 平方	调整后 R 平方	标准偏斜度错误
1	0.132[a]	0.018	0.014	0.835
a. 预测值：（常数），在校期间学生干部经历				

表 5-74　学校背景因素对工作态度　变异数分析[a]

模型		平方和	df	平均值平方	F	显著性
1	回归	3.869	1	3.869	5.55	0.019[b]
	残差	216.814	311	0.697		
	总计	220.684	312			

a. 应变数：工作态度

b. 预测者：（常数），在校期间学生干部经历

表 5-75　学校背景因素对工作态度　系数[a]

模型		非标准化系数		标准化系数	T	显著性
		B	标准错误	Beta		
1	（常数）	3.496	0.148		23.58	0.000
	在校期间学生干部经历	0.222	0.094	0.132	2.356	0.019

a. 应变数：工作态度

表 5-76　学校背景因素对工作态度　排除的变数[a]

模型		Beta 入	T	显著性	偏相关	共线性统计资料 允差
1	专业	−0.039[b]	−0.686	0.493	−0.039	0.994
	班级	0.016[b]	0.284	0.776	0.016	0.985
	班级类型	0.054[b]	0.961	0.337	0.055	1.000
	性别	−0.108[b]	−1.923	0.055	−0.109	0.999
	籍贯	−0.050[b]	−0.896	0.371	−0.051	0.999
	生源类型	0.076[b]	1.358	0.175	0.077	1.000

a. 应变数：工作态度

b. 模型中的预测者：（常数），在校期间学生干部经历

2）工作素养要素

从表 5-77—表 5-81 可以看到，在工作素养要素中对工作态度具有显性解释力的要素包括工作习惯、主动学习状态、克服困难的能力和团队合作能力等四项。

表 5-77—表 5-81　工作素养对工作态度的回归分析

表 5-77　工作素养对工作态度　变数已输入/已移除[a]

模型	变数已输入	变数已移除	方法
1	工作习惯	.	逐步（准则：F-to-enter 的概率≤0.050，F-to-remove 的概率≥0.100）。

（续表）

模型	变数已输入	变数已移除	方法
2	主动学习状态	.	逐步（准则：F-to-enter 的概率≤0.050，F-to-remove 的概率≥0.100）。
3	克服困难的能力	.	逐步（准则：F-to-enter 的概率≤0.050，F-to-remove 的概率≥0.100）。
4	团队合作能力	.	逐步（准则：F-to-enter 的概率≤0.050，F-to-remove 的概率≥0.100）。
a. 应变数：工作态度			

从表5-78可以看出，采用"逐步"输入进行回归分析发现，回归模型的 R 值在逐渐显著提高，说明四项要素对工作态度均具有显性解释力。

表5-78 其他工作素养对工作态度 模型摘要

模型	R	R 平方	调整后 R 平方	标准偏斜度错误
1	0.649[a]	0.421	0.419	0.641
2	0.703[b]	0.495	0.491	0.600
3	0.733[c]	0.537	0.533	0.575
4	0.742[d]	0.55	0.544	0.568

a. 预测值：（常数），工作习惯

b. 预测值：（常数），工作习惯，主动学习状态

c. 预测值：（常数），工作习惯，主动学习状态，克服困难的能力

d. 预测值：（常数），工作习惯，主动学习状态，克服困难的能力，团队合作能力

表5-79 其他工作素养对工作态度 变异数分析[a]

模型		平方和	df	平均值平方	F	显著性
1	回归	92.956	1	92.956	226.336	0.000[b]
	残差	127.728	311	0.411		
	总计	220.684	312			
2	回归	109.16	2	54.58	151.715	0.000[c]
	残差	111.524	310	0.36		
	总计	220.684	312			
3	回归	118.508	3	39.503	119.464	0.000[d]
	残差	102.176	309	0.331		
	总计	220.684	312			
4	回归	121.355	4	30.339	94.075	0.000[e]
	残差	99.329	308	0.322		
	总计	220.684	312			

（续表）

a. 应变数：工作态度	
b. 预测值：（常数），工作习惯	
c. 预测值：（常数），工作习惯，主动学习状态	
d. 预测值：（常数），工作习惯，主动学习状态，克服困难的能力	
e. 预测值：（常数），工作习惯，主动学习状态，克服困难的能力，团队合作能力	

从表 5-80 可以看出，四项要素对工作态度的回归模型为：工作态度＝0.392＋0.309×工作习惯＋0.243×主动学习状态＋0.241×克服困难的能力＋0.156×团队合作能力，合计四项的回归系数为 0.949（0.309＋0.243＋0.241＋0.156），可以说明工作态度的培养能从该四个方面着手，即对于良好工作态度的培养不能停留在言语教导方面，应该从培养影响其生成的其他要素着手，包括培养良好的工作习惯、积极主动学习的能力、克服困难的能力以及团队合作能力。从前面叙事研究中也可以看出，胡格实验班毕业生工作态度得到领导的认可是基于胡格实验班对学生进行上述四项素养能力培养的结果。

表 5-80　其他工作素养对工作态度　系数[a]

模型		非标准化系数		标准化系数	T	显著性
		B	标准错误	Beta		
1	（常数）	1.413	0.165		8.59	0.000
	工作习惯	0.668	0.044	0.649	15.044	0.000
2	（常数）	0.999	0.166		6.021	0.000
	工作习惯	0.453	0.053	0.44	8.62	0.000
	主动学习状态	0.332	0.049	0.342	6.711	0.000
3	（常数）	0.548	0.18		3.038	0.003
	工作习惯	0.383	0.052	0.372	7.37	0.000
	主动学习状态	0.271	0.049	0.28	5.556	0.000
	克服困难的能力	0.256	0.048	0.237	5.317	0.000
4	（常数）	0.392	0.186		2.115	0.035
	工作习惯	0.309	0.057	0.3	5.407	0.000
	主动学习状态	0.243	0.049	0.251	4.955	0.000
	克服困难的能力	0.241	0.048	0.223	5.053	0.000
	团队合作能力	0.156	0.053	0.151	2.971	0.003
a. 应变数：工作态度						

表5-81 其他工作素养对工作态度 排除的变数[a]

模型		Beta 入	T	显著性	偏相关	共线性统计资料 允差
1	克服困难的能力	0.295[b]	6.506	0.000	0.347	0.800
	职业发展自信	0.167[b]	3.712	0.000	0.206	0.884
	主动学习状态	0.342[b]	6.711	0.000	0.356	0.626
	团队合作能力	0.245[b]	4.539	0.000	0.25	0.599
2	克服困难的能力	0.237[c]	5.317	0.000	0.29	0.756
	职业发展自信心	0.106[c]	2.411	0.016	0.136	0.836
	团队合作能力	0.177[c]	3.373	0.001	0.188	0.57
3	职业发展自信心	0.065[d]	1.503	0.134	0.085	0.805
	团队合作能力	0.151[d]	2.971	0.003	0.167	0.564
4	职业发展自信心	0.048[e]	1.109	0.268	0.063	0.789
a. 应变数：工作态度						
b. 模型中的预测值：(常数)，工作习惯						
c. 模型中的预测值：(常数)，工作习惯，主动学习状态						
d. 模型中的预测值：(常数)，工作习惯，主动学习状态，克服困难的能力						
e. 模型中的预测值：(常数)，工作习惯，主动学习状态，克服困难的能力，团队合作能力						

3）专业能力要素

从表5-82—表5-86可以看出，在毕业生专业能力要素中，三项要素包括工作上手速度、专业技术能力和综合能力优势对于工作态度具有显性解释力。

表5-82—表5-86 专业能力要素对工作态度的回归分析

表5-82 专业能力要素对工作态度 变数已输入/已移除[a]			
模型	变数已输入	变数已移除	方法
1	工作上手速度	.	逐步（准则：F-to-enter 的概率 ≤ 0.050，F-to-remove 的概率 ≥ 0.100）。
2	专业技术能力	.	逐步（准则：F-to-enter 的概率 ≤ 0.050，F-to-remove 的概率 ≥ 0.100）。
3	综合能力优势	.	逐步（准则：F-to-enter 的概率 ≤ 0.050，F-to-remove 的概率 ≥ 0.100）。
a. 应变数：工作态度			

表5-83 专业能力要素对工作态度 变异数分析[a]

模型		平方和	df	平均值平方	F	显著性
1	回归	41.041	1	41.041	71.051	0.000[b]
	残差	179.643	311	0.578		
	统计	220.684	312			
2	回归	57.98	2	28.99	55.235	0.000[c]
	残差	162.703	310	0.525		
	统计	220.684	312			
3	回归	61.648	3	20.549	39.926	0.000[d]
	残差	159.036	309	0.515		
	统计	220.684	312			

a. 应变数：工作态度

b. 预测值：(常数)，工作上手速度

c. 预测值：(常数)，工作上手速度，专业技术能力

d. 预测值：(常数)，工作上手速度，专业技术能力，综合能力优势

从表5-84可以看出，专业能力三项要素按照"逐步"输入法进行回归分析，回归模型R值在逐渐提高，说明三项要素对于工作态度的显性解释力。

表5-84 专业能力要素对工作态度 模型摘要

模型	R	R平方	调整后R平方	标准偏斜度错误
1	0.431[a]	0.186	0.183	0.76
2	0.513[b]	0.263	0.258	0.724
3	0.529[c]	0.279	0.272	0.717

a. 预测值：(常数)，工作上手速度

b. 预测值：(常数)，工作上手速度，专业技术能力

c. 预测值：(常数)，工作上手速度，专业技术能力，综合能力优势

从5-85可以看出，专业能力对于工作态度的回归模型为：工作态度＝1.436＋0.309×工作上手速度＋0.254×专业技术能力＋0.14×综合能力优势。三者合计的回归系数比例为：0.703(0.309＋0.254＋0.14)，可见专业能力提升对于工作态度培养的重要意义。

表5-85 专业能力要素对工作态度 系数ª

模型		非标准化系数		标准化系数	T	显著性
		B	标准错误	Beta		
1	（常数）	2.299	0.186		12.341	0.000
	工作上手速度	0.432	0.051	0.431	8.429	0.000
2	（常数）	1.629	0.213		7.642	0.000
	工作上手速度	0.339	0.052	0.339	6.588	0.000
	专业技术能力	0.309	0.054	0.292	5.681	0.000
3	（常数）	1.436	0.223		6.432	0.000
	工作上手速度	0.309	0.052	0.309	5.921	0.000
	专业技术能力	0.254	0.058	0.24	4.411	0.000
	综合能力优势	0.14	0.052	0.146	2.669	0.008

a. 应变数：工作态度

表5-86 专业能力要素对工作态度 排除的变数ª

模型		Beta 入	T	显著性	偏相关	共线性统计资料
						允差
1	综合能力优势	0.231[b]	4.407	0.000	0.243	0.898
	专业技术能力	0.292[b]	5.681	0.000	0.307	0.900
2	综合能力优势	0.146[c]	2.669	0.008	0.15	0.785

a. 应变数：工作态度

b. 模型中的预测值：（常数），工作上手速度

c. 模型中的预测值：（常数），工作上手速度，专业技术能力

4）学校办学条件

通过"学校动手操作机会"对工作态度的回归分析发现，学生动手操作机会对于工作态度具有10.1%的解释力，如表5-87—表5-89所示。

表5-87—表5-89 学校办学条件对工作态度的回归分析

表5-87 学校办学条件对工作态度 模型摘要

模型	R	R 平方	调整后 R 平方	标准偏斜度错误
1	0.126ª	0.016	0.013	0.836

a. 预测值：（常数），学校实践动手操作机会

表 5-88　学校办学条件对工作态度　变异分析[a]

模型		平方和	df	平均值平方	F	显著性
1	回归	3.496	1	3.496	5.005	0.026[b]
	残差	217.188	311	0.698		
	总计	220.684	312			
a. 应变数：工作态度						
b. 预测值：（常数），学校实践动手操作机会						

表 5-89　学校办学条件对工作态度　系数[a]

模型		非标准化系数		标准化系数	T	显著性
		B	标准错误	Beta		
1	（常数）	3.499	0.154		22.699	0.000
	学校实践动手操作机会	0.101	0.045	0.126	2.237	0.026
a. 应变数：工作态度						

　　从上述回归分析结果可以发现，工作态度主要来源于三个方面：工作素养能力、专业能力和学校实践动手操作机会，因此对于工作态度的培养需要融入上述三个方面教育内容中。

　　2. 对专业技术能力影响因素的回归分析

　　对于专业技术能力主要通过学校的背景因素、教学条件和教学效果三个方面作一分析追溯。

　　1）背景因素

　　从表 5-90—5-94 可以看出，在学校背景因素中班级类型对于专业技术能力具有显性正向解释力，解释力为 13.7%。

表 5-90—表 5-94　背景因素对专业技术能力的回归分析

表 5-90　背景因素对专业技术能力　变数已输入/已移除[a]

模型	变数已输入	变数已移除	方法
1	性别	.	逐步（准则：F-to-enter 的概率≤0.050，F-to-remove 的概率≥0.100）。
2	班级类型	.	逐步（准则：F-to-enter 的概率≤0.050，F-to-remove 的概率≥0.100）。
a. 应变数：专业技术能力			

表 5-91　背景因素对专业技术能力　模型摘要

模型	R	R 平方	调整后 R 平方	标准偏斜度错误
1	0.159[a]	0.025	0.022	0.786
2	0.202[b]	0.041	0.035	0.781
a. 预测值：（常数），性别				
b. 预测值：（常数），性别，班级类型				

表 5 - 92　背景因素对专业技术能力　变异数分析ª

模型		平方和	df	平均值平方	F	显著性
1	回归	4.982	1	4.982	8.073	0.005[b]
	残差	191.913	311	0.617		
	总计	196.895	312			
2	回归	8.025	2	4.013	6.586	0.002[c]
	残差	188.87	310	0.609		
	总计	196.895	312			
a 应变数：专业技术能力						
b. 预测值：（常数），性别						
c. 预测值：（常数），性别，班级类型						

表 5 - 93　背景因素对专业技术能力　系数ª

模型		非标准化系数		标准化系数	T	显著性
		B	标准错误	Beta		
1	（常数）	3.722	0.18		20.698	0.000
	性别	−0.457	0.161	−0.159	−2.841	0.005
2	（常数）	3.353	0.243		13.791	0.000
	性别	−0.389	0.163	−0.135	−2.39	0.017
	班级类型	0.137	0.061	0.127	2.235	0.026
a. 应变数：专业技术能力						

表 5 - 94　背景因素对专业技术能力　排除的变数ª

模型		Beta 入	T	显著性	偏相关	共线性统计资料 允差
1	专业	−0.017[b]	−0.296	0.767	−0.017	0.999
	班级	0.075[b]	1.338	0.182	0.076	1.000
	班级类型	0.127[b]	2.235	0.026	0.126	0.965
	籍贯	0.005[b]	0.091	0.927	0.005	0.985
	生源类型	0.004[b]	0.063	0.95	0.004	0.918
	在校期间学生干部经历	0.088[b]	1.571	0.117	0.089	0.999
2	专业	0.048[c]	0.773	0.44	0.044	0.802
	班级	0.049[c]	0.861	0.39	0.049	0.949
	籍贯	−0.005[c]	−0.093	0.926	−0.005	0.978

（续表）

模型	Beta 入	T	显著性	偏相关	共线性统计资料
					允差
生源类型	0.042[c]	0.693	0.489	0.039	0.851
在校期间学生干部经历	0.084[c]	1.518	0.13	0.086	0.998
a. 应变数：专业技术能力					
b. 模型中的预测值：（常数），性别					
c. 模型中的预测值：（常数），性别，班级类型					

2）教学条件和教学效果要素

从表5-95—表5-99可以看出，专业理论知识印象、实践操作机会对专业技术能力具有显性解释力，合计解释力43.5%（0.311+0.124），说明专业理论学习印象越深刻，实践操作机会越多，专业技术能力越强。

表5-95—表5-99　教学条件、教学效果对专业技术能力的回归分析

表5-95　教学条件和教学效果对专业技术能力　变数已输入/已移除[a]			
模型	变数已输入	变数已移除	方法
1	学校专业理论知识印象	·	逐步（准则：F-to-enter 的概率≤0.050，F-to-remove 的概率≥0.100）。
2	学校实践动手操作机会	·	逐步（准则：F-to-enter 的概率≤0.050，F-to-remove 的概率≥0.100）。
a. 应变数：专业技术能力			

如表5-96所示，依次输入专业知识印象与学校实践动手操作机会，回归模型 R 值在显著提升，说明二者对于专业技术能力的显性解释力。

表5-96　教学条件和教学效果对专业技术能力　模型摘要				
模型	R	R 平方	调整后 R 平方	标准偏斜度错误
1	0.486[a]	0.236	0.233	0.696
2	0.507[b]	0.257	0.252	0.687
a. 预测值：（常数），学校专业理论知识印象				
b. 预测值：（常数），学校专业理论知识印象，学校实践动手操作机会				

表5-97　教学条件和教学效果对专业技术能力　变异数分析[a]					
模型		平方和	df	平均值平方	F	显著性
1	回归	46.432	1	46.432	95.973	0.000[b]
	残差	150.463	311	0.484		
	总计	196.895	312			

（续表）

模型		平方和	df	平均值平方	F	显著性
2	回归	50.647	2	25.323	53.678	0.000[c]
	残差	146.248	310	0.472		
	总计	196.895	312			
a. 应变数：专业技术能力						
b. 预测值：（常数），学校专业理论知识印象						
c. 预测值：（常数），学校专业理论知识印象，学校实践动手操作机会						

表5-98 教学条件和教学效果对专业技术能力 系数[a]

模型		非标准化系数		标准化系数	T	显著性
		B	标准错误	Beta		
1	（常数）	2.139	0.118		18.148	0.000
	学校专业理论知识印象	0.367	0.037	0.486	9.797	0.000
2	（常数）	1.901	0.141		13.485	0.000
	学校专业理论知识印象	0.311	0.042	0.411	7.49	0.000
	学校实践动手操作机会	0.124	0.042	0.164	2.989	0.003
a. 应变数：专业技术能力						

表5-99 教学条件和教学效果对专业技术能力 排除的变数[a]

模型		Beta 入	T	显著性	偏相关	共线性统计资料
						允差
1	所学理论知识用途	0.116[b]	1.954	0.052	0.11	0.694
	学校理论知识面	0.035[b]	0.694	0.488	0.039	0.97
	学校专业理论知识系统情况	0.090[b]	1.542	0.124	0.087	0.711
	学校实践动手操作机会	0.164[b]	2.989	0.003	0.167	0.795
2	所学理论知识用途	0.104[c]	1.768	0.078	0.1	0.69
	学校理论知识面	0.066[c]	1.296	0.196	0.074	0.935
	学校专业理论知识系统情况	0.028[c]	0.449	0.654	0.026	0.607
a. 应变数：专业技术能力						
b. 模型中的预测值：（常数），学校专业理论知识印象						
c. 模型中的预测值：（常数），学校专业理论知识印象，学校实践动手操作机会						

3. 对克服困难的能力影响因素的回归分析

1）学校背景因素

如表5-100—5-104所示，毕业生学校背景因素中，唯有学生干部经历具有显性解释力,解释力为 30.8%。

表 5-100—表 5-104 背景因素对克服困难的能力的回归分析

表 5-100 背景因素对克服困难的能力 变数已输入/已移除[a]			
模型	变数已输入	变数已移除	方法
1	在校期间学生干部经历	.	逐步(准则:F-to-enter 的概率≤0.050,F-to-remove 的概率≥0.100)。
a. 应变数:克服困难的能力			

表 5-101 背景因素对克服困难的能力 模型摘要				
模型	R	R 平方	调整后 R 平方	标准片偏斜度错误
1	0.198[a]	0.039	0.036	0.764
a. 预测值:(常数),在校期间学生干部经历				

表 5-102 背景因素对克服困难的能力 变异数分析[a]					
模型		平方和	df	平均值平方	F	显著性
1	回归	7.428	1	7.428	12.716	0.000[b]
	残差	181.652	311	0.584		
	统计	189.08	312			
a. 应变数:克服困难的能力					
b. 预测值:(常数),在校期间学生干部经历					

表 5-103 背景因素对克服困难的能力 系数[a]					
模型		非标准化系数		标准化系数	T	显著性
		B	标准错误	Beta		
1	(常数)	3.142	0.136		23.149	0.000
	在校期间学生干部经历	0.308	0.086	0.198	3.566	0.000
a. 应变数:克服困难的能力					

表 5-104 背景因素对克服困难的能力 排除的变数[a]					
模型		Beta 入	T	显著性	偏相关	共线性统计资料
						允差
1	专业	−0.072[b]	−1.298	0.195	−0.074	0.994
	班级	−0.029[b]	−0.52	0.603	−0.03	0.985
	班级类型	0.105[b]	1.89	0.06	0.107	1.000

（续表）

模型	Beta 入	T	显著性	偏相关	共线性统计资料
					允差
性别	−0.090[b]	−1.617	0.107	−0.091	0.999
籍贯	−0.010[b]	−0.178	0.859	−0.01	0.999
生源类型	−0.025[b]	−0.454	0.65	−0.026	1.000

a. 应变数：克服困难的能力

b. 模型中的预测值：（常数），在校期间学生干部经历

2）素养能力要素

如表5-105—表5-108所示，素养能力要素中对"克服困难的能力"具有显性影响力的因素为团队合作能力、专业技术能力、学校理论知识面，解释力分别为0.316、0.225、0.135，通过对比回归系数发现专业技术能力并没有显示出绝对优势，团队合作能力则相对具有更强的解释力。

表5-105—表5-108 素养能力要素对克服困难的能力的回归分析

表5-105 素养能力要素对克服困难的能力 变数已输入/已移除[a]			
模型	变数已输入	变数已移除	方法
1	团队合作能力	·	逐步（准则：F-to-enter 的概率≤0.050，F-to-remove 的概率≥0.100）。
2	专业技术能力	·	逐步（准则：F-to-enter 的概率≤0.050，F-to-remove 的概率≥0.100）。
3	学校理论知识面	·	逐步（准则：F-to-enter 的概率≤0.050，F-to-remove 的概率≥0.100）。

a. 应变数：克服困难的能力

表5-106 素养能力要素对克服困难的能力 模型摘要				
模型	R	R 平方	调整后 R 平方	标准偏斜度错误
1	0.386[a]	0.149	0.146	0.719
2	0.442[b]	0.195	0.19	0.701
3	0.473[c]	0.224	0.216	0.689

a. 预测值：（常数），团队合作能力

b. 预测值：（常数），团队合作能力，专业技术能力

c. 预测值：（常数），团队合作能力，专业技术能力，学校理论知识面

表5-107 素养能力要素对克服困难的能力 变异数分析[a]

模型		平方和	df	平均值平方	F	显著性
1	回归	28.104	1	28.104	54.297	0.000[b]
	残差	160.976	311	0.518		
	统计	189.08	312			
2	回归	36.874	2	18.437	37.551	0.000[c]
	残差	152.206	310	0.491		
	统计	189.08	312			
3	回归	42.275	3	14.092	29.661	0.000[d]
	残差	146.805	309	0.475		
	统计	189.08	312			

a. 应变数：克服困难的能力
b. 预测值：(常数),团队合作能力
c. 预测值：(常数),团队合作能力,专业技术能力
d. 预测值：(常数),团队合作能力,专业技术能力,学校理论知识面

表5-108 素养能力要素对克服困难的能力 系数[a]

模型		非标准化系数 B	标准错误	标准化系数 Beta	T	显著性
1	(常数)	2.241	0.189		11.857	0.000
	团队合作能力	0.369	0.05	0.386	7.369	0.000
2	(常数)	1.802	0.211		8.526	0.000
	团队合作能力	0.29	0.052	0.303	5.561	0.000
	专业技术能力	0.226	0.053	0.231	4.226	0.000
3	(常数)	1.337	0.25		5.357	0.000
	团队合作能力	0.316	0.052	0.331	6.093	0.000
	专业技术能力	0.225	0.053	0.229	4.276	0.000
	学校理论知识面	0.135	0.04	0.171	3.372	0.001

a. 应变数：克服困难的能力

4. 对工作上手速度影响因素的回归分析

1) 学校背景因素

从表5-109—5-113可以看出,学生学校背景因素中学生干部经历对于其工作上手速度的显性解释力。如表5-112所示,显性解释力为28%,可见学生干部经历对于毕业生尽快适应工作,缩短过渡周期具有明显的影响力。

表5‑109—表5‑113 学校背景因素对工作上手速度的回归分析

模型	变数已输入	变数已移除	方法
1	在校期间学生干部经历	·	逐步（准则：F-to-enter 的概率≤0.050，F-to-remove 的概率≥0.100）。

表5‑109 学校背景因素对工作上手速度 变数已输入/已移除[a]

a. 应变数：工作上手速度

表5‑110 学校背景因素对工作上手速度 模型摘要

模型	R	R 平方	调整后 R 平方	标准偏斜度错误
1	0.167[a]	0.028	0.025	0.829

a. 预测值：（常数），在校期间学生干部经历

表5‑111 学校背景因素对工作上手速度 变异数分析[a]

模型		平方和	df	平均值平方	F	显著性
1	回归	6.12	1	6.12	8.907	0.003[b]
	残差	213.707	311	0.687		
	总计	219.827	312			

a. 应变数：工作上手速度

b. 预测值：（常数），在校期间学生干部经历

表5‑112 学校背景因素对工作上手速度 系数[a]

模型		非标准化系数		标准化系数	T	显著性
		B	标准错误	Beta		
1	（常数）	3.12	0.147		21.196	0.000
	在校期间学生干部经历	0.28	0.094	0.167	2.984	0.003

a. 应变数：工作上手速度

表5‑113 学校背景因素对工作上手速度 排除的变数[a]

模型		Beta 入	T	显著性	偏相关	共线性统计资料 允差
1	专业	−0.030[b]	−0.537	0.592	−0.03	0.994
	班级	0.027[b]	0.473	0.636	0.027	0.985
	班级类型	0.071[b]	1.271	0.205	0.072	1.000
	性别	0.009[b]	0.169	0.866	0.01	0.999
	籍贯	0.011[b]	0.197	0.844	0.011	0.999
	生源类型	−0.008[b]	−0.134	0.893	−0.008	1.000

a. 应变数：工作上手速度
b. 模型中的预测值：（常数），在校期间学生干部经历

2）工作素养和专业能力

从表 5-114—表 5-117 可以看出，影响毕业生上手速度的主要因素包括三项内容：克服困难的能力、综合能力与工作习惯。

表 5-114—表 5-117　工作素养、专业能力对工作上手速度的回归分析

表 5-114　工作素养、专业能力对工作上手速度　变数已输入/已移除[a]			
模型	变数已输入	变数已移除	方法
1	克服困难的能力	.	逐步(准则：F-to-enter 的概率≤0.050，F-to-remove 的概率≥0.100)。
2	工作习惯	.	逐步(准则：F-to-enter 的概率≤0.050，F-to-remove 的概率≥0.100)。
3	当前工作挑战难度	.	逐步(准则：F-to-enter 的概率≤0.050，F-to-remove 的概率≥0.100)。
4	对工作难度的期望值	.	逐步(准则：F-to-enter 的概率≤0.050，F-to-remove 的概率≥0.100)。
5	综合工作能力满意度	.	逐步(准则：F-to-enter 的概率≤0.050，F-to-remove 的概率≥0.100)。
a. 应变数：工作上手速度			

从表 5-115 可以看出，采用"逐步"输入法输入上述五项要素，回归模型 R 值在逐渐提升，说明该五项要素对于工作上手速度具有显著性影响力。

从表 5-117 可以看出，工作上手速度的回归模型为：工作上手速度=0.22+0.311×克服困难的能力+0.214×工作习惯+0.161×当前工作挑战难度+0.168×对工作难度的期望值+0.11×综合工作能力满意度。其中克服困难的能力和工作习惯的合计解释力高达 52.5%，可见，对于学习者而言，制造困难提升工作能力以及培养良好的习惯是提升工作适应能力的重要保证。这又进一步从量的层面验证了"困境"之于知识生成的必要性意义。

表 5-115　工作素养、专业能力对工作上手速度　模型摘要				
模型	R	R 平方	调整后 R 平方	标准偏斜度错误
1	0.520[a]	0.271	0.268	0.718
2	0.569[b]	0.324	0.32	0.692
3	0.590[c]	0.349	0.342	0.681
4	0.606[d]	0.367	0.359	0.672
5	0.613[e]	0.376	0.366	0.668

（续表）

| a. 预测值：(常数)，克服困难的能力 |
| b. 预测值：(常数)，克服困难的能力，工作习惯 |
| c. 预测值：(常数)，克服困难的能力，工作习惯，当前工作挑战难度 |
| d. 预测值：(常数)，克服困难的能力，工作习惯，当前工作挑战难度，对工作难度的期望值 |
| e. 预测值：(常数)，克服困难的能力，工作习惯，当前工作挑战难，对工作难度的期望值，综合工作能力满意度 |

表 5－116　工作素养、专业能力对工作上手速度　变异数分析[a]

模型		平方和	Df	平均值平方	F	显著性
1	回归	59.529	1	59.529	115.493	0.000[b]
	残差	160.299	311	0.515		
	总计	219.827	312			
2	回归	71.247	2	35.623	74.325	0.000[c]
	残差	148.581	310	0.479		
	总计	219.827	312			
3	回归	76.641	3	25.547	55.131	0.000[d]
	残差	143.187	309	0.463		
	总计	219.827	312			
4	回归	80.753	4	20.188	44.71	0.000[e]
	残差	139.074	308	0.452		
	总计	219.827	312			
5	回归	82.737	5	16.547	37.057	0.000[f]
	残差	137.09	307	0.447		
	总计	219.827	312			

| a. 应变数：工作上手速度 |
| b. 预测值：(常数)，克服困难的能力 |
| c. 预测值：(常数)，克服困难的能力，工作习惯 |
| d. 预测值：(常数)，克服困难的能力，工作习惯，当前工作挑战难度 |
| e. 预测值：(常数)，克服困难的能力，工作习惯，当前工作挑战难度，对工作难度的期望值 |
| f. 预测值：(常数)，克服困难的能力，工作习惯，当前工作挑战难度，对工作难度的期望值，综合工作能力满意度 |

表5-117 工作素养、专业能力对工作上手速度 系数[a]

模型		非标准化系数		标准化系数	T	显著性
		B	标准错误	Beta		
1	(常数)	1.516	0.192		7.885	0.000
	克服困难的能力	0.561	0.052	0.52	10.747	0.000
2	(常数)	1.006	0.212		4.74	0.000
	克服困难的能力	0.437	0.056	0.405	7.76	0.000
	工作习惯	0.265	0.054	0.258	4.945	0.000
3	(常数)	0.682	0.229		2.977	0.003
	克服困难的能力	0.411	0.056	0.381	7.356	0.000
	工作习惯	0.256	0.053	0.249	4.847	0.000
	当前工作挑战难度	0.154	0.045	0.159	3.412	0.001
4	(常数)	0.301	0.259		1.161	0.246
	克服困难的能力	0.351	0.059	0.325	5.983	0.000
	工作习惯	0.253	0.052	0.247	4.863	0.000
	当前工作挑战难度	0.16	0.045	0.165	3.585	0.000
	对工作难度的期望值	0.175	0.058	0.148	3.018	0.003
5	(常数)	0.22	0.261		0.844	0.399
	克服困难的能力	0.311	0.061	0.289	5.086	0.000
	工作习惯	0.214	0.055	0.208	3.882	0.000
	当前工作挑战难度	0.161	0.044	0.166	3.627	0.000
	对工作难度的期望值	0.168	0.058	0.142	2.915	0.004
	综合工作能力满意度	0.11	0.052	0.115	2.108	0.036
a. 应变数：工作上手速度						

5. 专业理论知识印象深刻的原因

通过实践动手操作机会对专业理论知识印象的回归分析发现，前者对后者具有接近50％（45.3％）的解释力。由此可见，动手实践操作对于加深专业理论知识的理解和内化具有至关重要的意义，如表5-118—表5-121所示。这也从量的角度证明了感知、疑惑对于知识生成的重要意义。

表5-118—表5-121 实践动手操作机会对专业理论知识印象的回归分析

表5-118 实践动手操作机会对专业理论知识印象 变数已输入/已移除[a]			
模型	变数已输入	变数已移除	方法
1	学校实践动手操作机会	·	逐步（准则：F-to-enter 的概率≤0.050，F-to-remove 的概率≥0.100）。
a. 应变数：学校专业理论知识印象			

表 5-119　实践动手操作机会对专业理论知识印象　模型摘要				
模型	R	R 平方	调整后 R 平方	标准偏斜度错误
1	0.453[a]	0.205	0.203	0.938

a. 预测值：（常数），学校实践动手操作机会

表 5-120　实践动手操作机会对专业理论知识印象　变异数分析[a]					
模型		平方和	df	平均值平方	F	显著性
1	回归	70.735	1	70.735	80.322	0.000[b]
	残差	273.879	311	0.881		
	总计	344.613	312			

a. 应变数：学校专业理论知识印象

b. 预测值：（常数），学校实践动手操作机会

表 5-121　实践动手操作机会对专业理论知识印象　系数[a]					
模型	非标准化系数		标准化系数	T	显著性
	B	标准错误	Beta		
1　（常数）	1.488	0.173		8.596	0.000
学校实践动手操作机会	0.454	0.051	0.453	8.962	0.000

a. 应变数：学校专业理论知识印象

二、实践动手操作与综合工作能力

和毕业生的访谈中，我们发现实验班因为有更多的专业实践机会，其专业理论知识学得更为深刻系统广泛。运用双变量相关方法，可以发现，事实上通过更多的实践操作机会，学习者获得的不仅仅是印象深刻的理论知识，其工作素养能力也具有显性相关性，因而对母校评价也更好。

（一）学校实践操作机会与毕业生工作状态

如表 5-122 所示，双变量相关关系检测显示，学校实践操作机会与毕业生工作状态的所有要素都呈显性相关关系，双尾相关显著性水平都在 0.01 层上显著。这说明，学校实践操作机会越多，就会出现以下情况：①工作满意度越高。不论是自我评价还是领导评价，都呈现出递增趋势。即实践操作机会越多，毕业工作后对自己的工作满意度和综合能力满意度更高，皮尔森相关系数分别为 0.264、0.222。领导对毕业生的综合能力满意度、工作态度满意度和工作习惯满意度都更高，皮尔森相关系数分别为 0.277、0.229、0.266。②工作兴趣也更高。学校专业实践机会多，遇到的专业问题也就更多，积极的影响是在问题的带动下有了更多的求知欲。随着认知的增加，自我获得感提高。工作兴趣与学校专业实践机会的皮尔森相关系数为 0.180。③遇到困难时也更积极。遇到困难时的态度在

一定意义上体现了自己的专业能力与工作能力,通过更多的实践机会,工作能力与专业能力能够得到很快提升,因而对待困难就呈现出积极主动的态度。遇到困难时的态度与学校实践机会的双尾皮尔森相关系数为0.213。

表5-122—表5-126　实践操作机会与综合工作能力的皮尔森相关系数

表5-122　实践操作机会与毕业生工状态因素皮尔森相关系数								
		学校实践动手操作机会	工作满意度	遇到困难时态度	综合工作能力满意度	工作兴趣	领导对综合能力满意度	领导对工作态度满意度	领导对工作习惯满意度
学校实践动手操作机会	皮尔森相关系数	1	0.264**	0.213**	0.222**	0.180**	0.277**	0.229**	0.266**
	显著性(双尾)		0.000	0.000	0.000	0.001	0.000	0.000	0.000
工作满意度	皮尔森相关系数	0.264**	1	0.256**	0.335**	0.534**	0.314**	0.310**	0.317**
	显著性(双尾)	0.000		0.000	0.000	0.000	0.000	0.000	0.000
遇到困难时态度	皮尔森相关系数	0.213**	0.256**	1	0.368**	0.345**	0.247**	0.259**	0.243**
	显著性(双尾)	0.000	0.000		0.000	0.000	0.000	0.000	0.000
综合工作能力满意度	皮尔森相关系数	0.222**	0.335**	0.368**	1	0.432**	0.443**	0.399**	0.408**
	显著性(双尾)	0.000	0.000	0.000		0.000	0.000	0.000	0.000
工作兴趣	皮尔森相关系数	0.180**	0.534**	0.345**	0.432**	1	0.381**	0.453**	0.392**
	显著性(双尾)	0.001	0.000	0.000	0.000		0.000	0.000	0.000
领导对综合能力满意度	皮尔森相关系数	0.277**	0.314**	0.247**	0.443**	0.381**	1	0.828**	0.813**
	显著性(双尾)	0.000	0.000	0.000	0.000	0.000		0.000	0.000
领导对工作态度满意度	皮尔森相关系数	0.229**	0.310**	0.259**	0.399**	0.453**	0.828**	1	0.886**
	显著性(双尾)	0.000	0.000	0.000	0.000	0.000	0.000		0.000
领导对工作习惯满意度	皮尔森相关系数	0.266**	0.317**	0.243**	0.408**	0.392**	0.813**	0.886**	1
	显著性(双尾)	0.000	0.000	0.000	0.000	0.000	0.000	0.000	
**.相关性在0.01层上显著(双尾)								
*.相关性在0.05层上显著(双尾)								
样本总数=313								

（二）实践操作机会与毕业生工作素养能力

如表 5-123 所示，毕业生学校实践动手操作机会越多，则其工作素养能力越强，具体表现在以下几项：①工作态度越好，皮尔森相关系数 0.126，显著性水平 0.026<0.05；②工作习惯越好，皮尔森相关系数 0.309，显著性水平 0.000<0.01；③更加乐于积极主动学习，皮尔森相关系数 0.295，显著性水平 0.000<0.01；④团队合作能力更强，皮尔森相关系数 0.295，显著性水平 0.000<0.01；⑤克服困难的能力更强，皮尔森相关系数 0.136，显著性水平 0.016<0.05；⑥综合能力优势更为明显，皮尔森相关系数 0.293，显著性水平 0.000<0.01。实践操作机会多能够带来毕业生各方面工作素养能力的提升，这进一步说明，各个素养能力也是在具身参与的过程中生成的，如果通过理论和言语的教导而缺乏具身参与，则素养生成的效果必然很弱。

表 5-123　学校实践操作机会与毕业生工作素养能力的皮尔森相关系数

		实践动手操作机会	工作态度	工作习惯	主动学习状态	团队合作能力	克服困难的能力
实践动手操作机会	皮尔森相关系数	1	0.126*	0.309**	0.295**	0.295**	0.136
	显著性（双尾）		0.026	0.000	0.000	0.000	0.016
工作态度	皮尔森相关系数	0.126*	1	0.649**	0.611**	0.558**	0.526**
	显著性（双尾）	0.026		0.000	0.000	0.000	0.000
工作习惯	皮尔森相关系数	0.309**	0.649**	1	0.611**	0.633**	0.447**
	显著性（双尾）	0.000	0.000		0.000	0.000	0.000
主动学习状态	皮尔森相关系数	0.295**	0.611**	0.611**	1	0.521**	0.439**
	显著性（双尾）	0.000	0.000	0.000		0.000	0.000
团队合作能力	皮尔森相关系数	0.295**	0.558**	0.633**	0.521**	1	0.386**
	显著性（双尾）	0.000	0.000	0.000	0.000		0.000
克服困难的能力	皮尔森相关系数	0.136*	0.526**	0.447**	0.439**	0.386**	1
	显著性（双尾）	0.016	0.000	0.000	0.000	0.000	
综合能力优势	皮尔森相关系数	0.293**	0.345**	0.422**	0.460**	0.549**	0.272**
	显著性（双尾）	0.000	0.000	0.000	0.000	0.000	0.000
**.相关性在 0.01 层上显著（双尾）							
*.相关性在 0.05 层上显著（双尾）							
样本总数＝313							

（三）学校实践操作机会与毕业生专业技术能力

如表 5-124 所示，学校操作机会越多，则毕业生的专业技术工作能力更好。

表 5-124　学校实践动手操作机会与毕业生专业工作能力的皮尔森相关系数		实践动手操作机会	工作上手速度	专业技术能力	工作难度期望值	面对高难度任务态度
实践动手操作机会	皮尔森相关系数	1	0.166**	0.350**	0.142*	0.180**
	显著性(双尾)		0.003	0.000	0.012	0.001
工作上手速度	皮尔森相关系数	0.166**	1	0.317**	0.319**	0.236**
	显著性(双尾)	0.003		0.000	0.000	0
专业技术能力	皮尔森相关系数	0.350**	0.317**	1	0.153**	0.190**
	显著性(双尾)	0.000	0.000		0.007	0.001
对工作难度的期望值	皮尔森相关系数	0.142*	0.319**	0.153**	1	0.321**
	显著性(双尾)	0.012	0.000	0.007		0.000
面对高难度任务的态度	皮尔森相关系数	0.180**	0.236**	0.190**	0.321**	1
	显著性(双尾)	0.001	0.000	0.001	0.000	
**. 相关性在 0.01 层上显著(双尾)						
*. 相关性在 0.05 层上显著(双尾)						
样本总数＝313						

①最为突出的是专业技术能力更强。皮尔森相关系数 0.35,显著性水平 0.000<0.01。②工作上手速度更快。即从毕业后走上工作岗位的适应过渡期会更短,皮尔森相关系数 0.166,显著性水平 0.003<0.01。③对工作难度的期望值更高,即期望能够接受具有挑战性的工作,皮尔森相关系数 0.142,显著性水平 0.012<0.05。④面对高难度的任务时态度更为积极。皮尔森相关系数 0.180,显著性水平 0.001<0.01。专业实践机会对毕业生专业工作能力有显性解释力,这进一步说明通过实践操作获得的知识是包含有各种能力的知识,因而是生成的知识。生成的知识本身即能力,正如在对企业技术领导访谈时他们所反映的,自己生成的技术知识从本质是上讲即一种能力。从这一意义上讲,技术知识是比技能范围更广内涵更深的范畴,前者因为有系统的理论知识作为基础和支撑而对于个体的专业能力可持续发展更有保障。

(四) 实践操作机会与未来发展空间

如表 5-125 所示,学校动手操作机会越多,则有以下表现:①毕业生对自己的未来职业发展有更多的信心,皮尔森相关系数 0.159,显著性水平 0.005<0.01;②自认为未来发展空间较好,皮尔森相关系数 0.209,显著性水平 0.000<0.01。从探照灯式知识生成路径的视角看,实践操作机会越多,遇到的操作问题越多,在自我主动性学习能力强的前提下,进行知识探照和自我释疑解惑,分析问题和解决问题的思维能力与实操能力得到自我生成,因此面对未来的职业发展也就有更好的自信心和发展空间。正如胡格实验班毕业生张勤思所反映的,对未来不害怕,且喜欢学习和探索。

表5－125 学校动手操作机会与职业发展自信心的皮尔森相关系数

		学校实践动手操作机会	职业发展自信心	未来工作发展空间
学校实践动手操作机会	皮尔森相关系数	1	0.159**	0.209**
	显著性（双尾）		0.005	0.000
职业发展自信心	皮尔森相关系数	0.159**	1	0.662**
	显著性（双尾）	0.005		0.000
未来工作发展空间	皮尔森相关系数	0.209**	0.662**	1
	显著性（双尾）	0.000	0.000	
**.相关性在0.01层上显著（双尾）				
*.相关性在0.05层上显著（双尾）				
样本总数＝313				

（五）实践操作机会与母校教育效果评价

如表5－126所示，学校动手操作机会越多，则有以下表现：①对母校教育效果评价整体更好。如教育效果满意度更高，皮尔森相关系数0.469，显著性水平0.000＜0.01；教育效果评价更好，皮尔森相关系数0.502，显著性水平0.000＜0.01。②专业理论知识学习效果更好。这点表现在四个方面：一是专业理论知识印象更为深刻，皮尔森相关系数0.453，显著性水平0.000＜0.01；二是所学理论的价值更为明显，能够做到学有所用，皮尔森相关系数0.303，显著性水平0.000＜0.01；三是专业理论知识更为系统，皮尔森相关系数0.531，显著性水平0.000＜0.01；四是更加发现所学知识的局限性，即当面对越来越多的问题时，越发现自我理论储备的不足，皮尔森相关系数－0.246，显著性水平0.000＜0.01。

表5－126 学校实践动手操作机会与毕业生母校教育效果评价的皮尔森相关系数

		实践动手操作机会	教育效果满意度	教育效果评价	专业理论知识印象	理论知识用途	理论知识面	专业理论系统情况
实践动手操作机会	皮尔森相关系数	1	0.469**	0.502**	0.453**	0.303**	－0.246**	0.531**
	显著性（双尾）		0.000	0.000	0.000	0.000	0.000	0.000
教育效果满意度	皮尔森相关系数	0.469**	1	0.758**	0.552**	0.413**	－0.317**	0.553**
	显著性（双尾）	0.000		0.000	0.000	0.000	0.000	0.000
学校教育效果评价	皮尔森相关系数	0.502**	0.758**	1	0.631**	0.478**	－0.257**	0.595**
	显著性（双尾）	0.000	0.000		0.000	0.000	0.000	0.000

（续表）

		实践动手操作机会	教育效果满意度	教育效果评价	专业理论知识印象	理论知识用途	理论知识面	专业理论系统情况
学校专业理论知识印象	皮尔森相关系数	0.453**	0.552**	0.631**	1	0.554**	−0.174**	0.537**
	显著性（双尾）	0.000	0.000	0.000		0.000	0.002	0.000
所学理论知识用途	皮尔森相关系数	0.303**	0.413**	0.478**	0.554**	1	−0.186**	0.434**
	显著性（双尾）	0.000	0.000	0.000	0.000		0.001	0.000
学校理论知识面	皮尔森相关系数	−0.246**	−0.317**	−0.257**	−0.174**	−0.186**	1	−0.202**
	显著性（双尾）	0.000	0.000	0.000	0.002	0.001		0.000
专业理论知识系统情况	皮尔森相关系数	0.531**	0.553**	0.595**	0.537**	0.434**	−0.202**	1
	显著性（双尾）	0.000	0.000	0.000	0.000	0.000	0.000	
**. 相关性在 0.01 层上显著（双尾）								
*. 相关性在 0.05 层上显著（双尾）								
样本总数＝313								

三、班级类型与教育效果

（一）班级类型与实践动手操作机会

如表 5－127—表 5－130 所示，采用"逐步"输入法进行回归分析发现，毕业生学校背景因素中唯有班级类型对学校实践动手操作机会具有显性解释力，说明实验班班级相对具有更多的专业实践操作机会。

表 5－127—表 5－130　学校背景因素对实践动手操作机会的回归分析

表 5－127　学校背景因素对实践动手操作机会　变数已输入/已移除[a]			
模型	变数已输入	变数已移除	方法
1	班级类型	.	逐步（准则：F-to-enter 的概率≤0.050，F-to-remove 的概率≥0.100）。
a. 应变数：学校实践动手操作机会			

表 5－128　学校背景因素对实践动手操作机会　模型摘要			
模型	R	R 平方	调整后 R 平方	标准偏斜度错误
1	0.373[a]	0.139	0.137	0.974
a. 预测值：（常数），班级类型			

表 5-129　学校背景因素对实践动手操作机会　应变数分析[a]

模型		平方和	df	平均值平方	F	显著性
1	回归	47.779	1	47.779	50.322	0.000[b]
	残差	295.282	311	0.949		
	总计	343.061	312			
a. 应变数：学校实践动手操作机会						
b. 预测值：(常数), 班级类型						

如表 5-130 所示，班级类型对学校动手实践操作机会具有 53.5% 的解释力。

表 5-130　学校背景因素对实践动手操作机会　系数[a]

模型		非标准化系数		标准化系数	T	显著性
		B	标准错误	Beta		
1	(常数)	2.105	0.171		12.317	0.000
	班级类型	0.535	0.075	0.373	7.094	0.000
a. 应变数：学校实践动手操作机会						

本节第二部分论述了实践操作对毕业生综合工作能力的显性解释力，因此，对于具有更多专业实践动手操作机会的实验班学生而言，也就具备了在综合能力各个要素方面的显性优势与潜力。

(二) 班级类型与教育效果反馈

1. 班级类型与工作状态

对班级类型与工作状态采用双变量相关关系检测发现，如表 5-131 所示，班级类型与"单位类型""工作与专业关联度""当前工作单位位次"三个变量之间呈显性相关。研究假设为实验班教育效果会更好，所以 AHK 实验班和胡格实验班的指标赋值更高。数据结果显示：①实验班学生外资企业就业率更高。"单位类型"共设置了四个指标，分别为民营企业(1 分)、国营企业(2 分)、中外合资企业(3 分)、外(独)资企业(4 分)。假设倾向于有外资投入成分的企业工作更为规范，所以对外资企业的赋值最高。班级类型对单位类型的皮尔森相关系数值为 0.194，显著性水平 0.001<0.01，说明越是实验班学生，就业于外资企业的比例越高。②实验班毕业生工作与专业的关联度较高。"工作与专业关联度"共设置了四个指标：没有关联(1 分)，有一点关联(2 分)，有很大关联(3 分)，完全关联(4 分)。"工作与专业关联度"对于班级类型的皮尔森相关系数值为 0.173，显著性水平 0.002<0.01，说明越是实验班学生，其所在工作与专业之间的联系越紧密。③实验班学生跳槽率较低。跳槽率选取了"当前工作单位位次"为测量指标，并假设工作位次越多，说明跳槽率越高。共设置了四个指标，单位位次越低，说明工作相对稳定，所以赋值越高，分别为第四个单位(1 分)、第三个单位(2 分)、第二个单位(3 分)、第一个单位(4 分)。"当前工作单位位次"对于班级类型的皮尔森相关系数值为 0.141，显著性水平 0.012<0.05，说明越是实

验班学生,其换单位的概率越低,工作更为稳定。

表 5-131　班级类型与工作状态的皮尔森相关系数

变量	班级类型(样本总数=313)	
	皮尔森相关系数	显著性(双尾)
工作性质	−0.049	0.39
单位类型	0.194**	0.001
工作与专业关联度	0.173**	0.002
当前工作单位位次	0.141*	0.012
目前工作单位总计工作时间	−0.096	0.088
岗位调动情况	0.034	0.544
从事工种性质	0.012	0.827
月净收入	−0.011	0.84
**. 相关性在 0.01 层上显著(双尾)		
*. 相关性在 0.05 层上显著(双尾)		

2. 班级类型与工作素养能力

通过班级类型与毕业生各工作素养要素(工作能力、工作态度、学习态度、克服困难的能力、工作习惯等)双变量相关关系分析发现,相比非实验班,实验班毕业生的工作素养更好。

1) 实验班毕业生克服困难的能力更强

实验班毕业生面对工作上的困难时态度更为积极。如表 5-132 所示,班级类型与"工作难度的期望值"、"遇到困难时的态度"两个变量之间呈显性相关关系。"工作难度的期望值"设置了四个指标,分别为很简单(1分)、较简单(2分)、一般(3分)、较难(4方)、很难(5分)。"工作难度的期望值"对班级类型的皮尔森相关系数值为 0.149,显著性水平为 0.008<0.01,说明越是实验班的学生,越是期望在工作中有高要求。"遇到困难时的态度"设置了四个指标,分别为很排斥(1分)、较排斥(2分)、一般(3分)、不排斥(4分)、积极对待(5分)。"遇到困难时的态度"对班级类型的皮尔森相关系数值为 0.112,显著性水平为 0.047<0.05,说明越是实验班的学生,面对工作困难时相对更为积极主动。

表 5-132　班级类型与毕业生克服困难的能力因素的皮尔森相关系数

变量	班级类型(样本总数=313)	
	皮尔森相关系数	显著性(双尾)
工作上手速度	0.075	0.188
当前工作挑战难度	0.069	0.224
对工作难度的期望值	0.149**	0.008
遇到困难时的态度	0.112*	0.047
克服困难的能力	0.109	0.054

（续表）

| **. 相关性在 0.01 层上显著（双尾） |
| * . 相关性在 0.05 层上显著（双尾） |

2）实验班毕业生更为积极主动学习

"主动学习状态"设置了四个指标，分别为很不主动（1分）、较不主动（2分）、一般（3分）、较主动（4分）和很主动（5分）。主动学习状态对班级类型的皮尔森相关系数 0.114，显著性水平为 0.045＜0.05，说明越是实验班的学生，积极主动学习状态更好，如表 5-133 所示。

3）实验班毕业生工作习惯更好

"工作习惯"设置了五个指标，分别为很差（1分）、较差（2分）、一般（3分）、较好（4分）、很好（5分）。工作习惯对班级类型的皮尔森相关系数值为 0.127，显著性水平为 0.024＜0.05，说明越是实验班的学生，在工作中更为符合岗位行为规范，工作习惯更好，如表 53-3 所示。

4）实验班毕业生更加认可工作态度、工作习惯的核心地位

在研究假设中工作态度与工作习惯在职业素养居于首要地位，因此赋予最高值。"居于核心地位的良好职业素养"设置了五个指标，分别为不确定（1分）、系统的专业知识和良好的专业技术能力（2分）、浓厚的学习兴趣与工作兴趣（3分）、团队协作的能力和解决问题的能力（4分）、端正的工作态度和良好的工作习惯（5分）。"居于核心地位的良好职业素养"对班级类型的皮尔森相关系数值为 0.122，显著性水平为 0.032＜0.05，如表 5-133 所示，说明越是实验班的学生，更加明白良好工作素养的构成要素中工作态度和工作习惯的重要性。

表 5-133　班级类型与毕业生工作素养因素的皮尔森相关系数

变量	班级类型（样本总数＝313）	
	皮尔森相关系数	显著性（双尾）
工作态度	0.057	0.315
工作兴趣	0.058	0.307
主动学习状态	0.114*	0.045
团队合作能力	0.109	0.054
工作习惯	0.127*	0.024
居于核心地位的良好职业素养	0.122*	0.032
**. 相关性在 0.01 层上显著（双尾）		
* . 相关性在 0.05 层上显著（双尾）		

3. 班级类型与专业技术能力

如表 5-134 所示，在毕业生各项能力要素中，"专业技术能力"与班级类型之间呈显性相关关系。专业技术能力设置了五个指标，分别为很弱（1分）、较弱（2分）、一般（3分）、较强（4分）、很强（5分）。专业技术能力对班级类型的皮尔森相关系数值为 0.152，显著性水平为 0.007＜0.01，说明越是实验班的学生专业技术能力水平越高。

表 5 - 134　班级类型与工作状况毕业生工作能力因素的皮尔森相关系数

变量	班级类型(样本总数=313)	
	皮尔森相关系数	显著性(双尾)
职业发展自信心	-0.052	0.356
未来工作发展空间	-0.015	0.796
工作满意度	0.046	0.42
综合工作能力满意度	-0.007	0.906
工作态度	0.057	0.315
专业技术能力	0.152**	0.007
综合能力优势	0.104	0.065
**. 相关性在 0.01 层上显著(双尾)		
*. 相关性在 0.05 层上显著(双尾)		

4. 班级类型与母校教育效果评价

如表 5 - 135 所示,"学校教育效果满意度""学校教育效果评价""学校教育最需要改革的内容"三者对班级类型具有显性相关关系。"学校教育效果满意度"对班级类型的皮尔森相关系数值为 0.143,显著性水平为 0.011<0.05,"学校教育效果评价"对班级类型的皮尔森相关系数值为 0.132,显著性水平为 0.019<0.05,说明越是实验班的学生,对母校的教育效果评价更好,这在统计学意义上说明实验班教育模式的有效性,而且实验班毕业生对学校改革的要求更高,建议学校要多与企业一线接触,了解前沿技术(皮尔森相关系数=0.116,显著性水平=0.04<0.05)。

表 5 - 135　班级类型与母校教育效果评价因素的皮尔森相关系数

变量	班级类型(样本总数=313)	
	皮尔森相关系数	显著性(双尾)
学校教育中为最突出收获	0.051	0.367
学校教育模式存在的主要问题	-0.076	0.182
学校实践动手操作机会	0.373**	0.000
学校教育效果满意度	0.143*	0.011
学校教育效果评价	0.132*	0.019
学校专业理论知识印象	0.078	0.171
所学理论知识用途	0.037	0.51
学校理论知识面	-0.028	0.625
校专业理论知识系统情况	0.027	0.64
教育模式改革力度建议	-0.086	0.128

（续表）

变量	班级类型(样本总数＝313)	
	皮尔森相关系数	显著性(双尾)
学校教育最需要改革的内容	0.116*	0.04
＊＊．相关性在 0.01 层上显著(双尾)		
＊．相关性在 0.05 层上显著(双尾)		

第三节 能力、知识生成与教育效果

总结上述数据分析结果，可以初步得出以下结论。

（一）明确了综合工作能力结构的核心要素

通过多重回归分析发现，如表 5-70 所示，综合工作能力结构要素主要包括四个方面，分别为工作态度、专业技术能力、克服困难的能力和工作兴趣，且从比重上看，各个要素有着明显区分，如各自的占比为工作态度 35.8%，专业技术能力 26.5%，克服困难的能力 20.4%，工作兴趣 12.2%，四者合计影响力高达 94.9%，其中工作态度与专业技术能力合计解释力为 62.3%，足以说明二者在综合能力结构中的重要性。

（二）核心要素来源依循的是知识生成的路径

（1）工作态度的来源包括在校期间班干部经历、工作素养、专业能力和学校专业实践操作机会。其中学生干部经历解释力为 22.2%，如表 5-75 所示。工作素养中各要素的解释力分别为工作习惯 30.9%、主动学习状态 24.3%、克服困难的能力 24.1%、团队合作能力 15.6%，合计 94.9%，如表 5-80 所示。专业能力要素中工作上手速度 30.9%、专业技术能力 25.4%、综合能力优势 14%，合计 70.3%，如表 5-85 所示。学校动手实践机会的解释力为 10.1%，如表 5-89 所示。上述各个要素说明对于工作态度的培养，单纯地停留在说教的层面达不到预期教育效果，而是需要建立在培养学生各项能力要素的基础上，需要依循知识生成的路径。

（2）专业技术能力的来源包括班级类型（13.7%，参考表 5-93）、专业理论知识印象（31.1%）、实践操作机会（12.4%，参考表 5-98）。其中实践操作机会对于专业理论印象又具有显性解释力，说明专业技术能力的培养还需要以动手实践操作能力为主，同时需要配以足够的系统理论知识。这也说明对于专业技术能力的获得需依循技术知识生成的路径。

（3）克服困难的能力来源包括团队合作能力（31.6%）、专业技术能力（22.5%）、专业理论知识面（13.5%），合计 67.6%，如表 5-108 所示。

（三）专业实践操作机会深刻影响各能力域要素生成

联系知识生成的路径以及知识构成的学理要素，可以发现实践动手操作的过程符合了知识生成的路径，学习者通过实践生成的知识中包含了如第二章所述的能力域要素，包括工作素养能力如工作态度、工作习惯、主动学习状态、团队合作能力、克服困难的能力等,如表 5-123 所示;专业技术工作能力如工作上手速度、专业技术能力、面对高难度任务的态度等,如表 5-124 所示;以及职业发展自信心,如表 5-125 所示。这些能力要素都是基于具身的参与和基于问题情境而生成的。

(四)实验班教育效果优势明显

数据分析结果进一步证明了班级类型与教育效果之间的显性相关关系。实验班在工作状态、工作素养、专业技术工作能力以及对母校的评价等方面都具有明显优势,如表 5-131 至表 5-135 所示。实验班显性的教育效果进一步证明了生成的知识与能力对于教育效果的显性解释力。

对于实验班教育效果优势的教育路径追溯和教育目标追溯需要进一步考察其人才培养方案的具体内容,这便构成了本书第五章的内容。

第六章

改革路径：两种导向的知识生产

结合目前已有的定量研究和叙事研究，我们可以得出结论，即与普通教学班相比，改革实验班依循技术知识生成的路径，其学生无论是在校期间还是毕业后都证明教育效果更好。本章拟对普通教学班与改革实验班的人才培养方案进行横向与纵向的比较，以期进一步探索教学层面技术知识生产路径与教育目标、教育内容和教育效果之间的关系。

围绕两个实验班所在的机电一体化专业和机械制造与自动化专业，鉴于两个专业普通教学班人才培养方案内容格式较为相近，且机械制造与自动化专业的办学历史更长（常校办学历史最久的专业），纵向的梳理以机械制造与自动化专业为考查对象，梳理其从 1988 年成立之初到 2017 年期间的人才培养方案发展史，考察其中的"变"与"不变"。横向层面主要比较 AHK 实验班、胡格实验班与普通教学班的人才培养方案的异同。

第一节　知识"应用"型教育路径

梳理普通教学班机械制造与自动化专业的人才培养方案内容，从名称的变化可以发现，其内容也在不断发生变化。从 1988 年开始到 2017 年，机械制造与自动化专业的人才培养方案名称经历了四次变化，分别是"教学进程计划及时间分配表""专业教学计划表""人才培养方案"和"专业教学标准"四个阶段。人才培养方案内容的调整与变化，我们可以将变化原因归为进一步适应市场经济发展要求的背景下人才规格要求的变化，其中一直保持不变的是学科式的课程体系与教学内容框架。因此在本节围绕两个方面，"常规内容"与"变化内容"，即"不变"与"变"来探究人才培养方案中教育目标、教育内容与教育路径的变化及其本质。

一、学科体系与技术教育

在学科体系规制下的技术教育特征为，教育目标的达成通过系统的课程体系来完成，包括素质教育目标对应的素质教育课程体系模块、基础技术能力目标对应的专业基础课程体系模块、专业技术能力目标对应的专业技术教育课程模块以及专业教学实践模块四大内容。

（一）人才培养目标：结构要素保持不变

最早且最完整的机械制造专业教学计划于1987年制订，1990年得到修订。该计划共有学制、培养目标、理论教学、实践教学、毕业设计、教学计划表、课外活动七部分内容。除了这一份完整的教学计划，从1988级到1999级，教学计划都只是一张教学进程计划表附加一张实践教学安排表。考察这一份教学计划中关于人才培养目标的规定，可以看到其中明确的目标三要素：素质目标、知识目标和能力目标。人才培养目标定位是这样规定的：本专业培养德、智、体、美全面发展，牢固掌握必需的文化科学基础知识和机械制造工艺及装备方面的专业知识，有一定实践能力的中等技术人才。[1] 人才培养规格包括业务工作范围，能力结构和知识结构三部分。时隔接近20年，2006年教学计划表中人才培养目标结构构成仍然是同样的目标三要素。梳理2006年到2017年的人才培养计划，可以发现人才培养目标和人才培养规格基本上都具有和1987年相类似的结构。

以2006级为例，人才培养目标共分为三部分内容：首先是社会发展的宏观要求，包括政治要求"拥护党的基本路线"和经济需求"以适应社会主义市场经济发展需要"两个方面。其次是教育内容包括三个方面：一是文化素质要求，包括德、智、体、美等几个方面的全面发展；二是掌握专业知识，例如机械制造技术和生产管理所需的基础专业知识；三是专业技能。第三部分是人才培养目标定位，包括两个方面：一是能力定位，需要具备较强的综合职业能力；二是人才层次定位，是高等技术应用型人才。这一人才培养目标定位结构如图6-1所示。

2006级人才培养规格明确提出包括三个部分的内容：知识结构、能力结构与素质结构。其中知识结构主要为掌握必需的文化基础理论知识和各类专业知识，如机械工程材料以及金属热加工的基本知识，机械设计基础理论知识，电子、液压、气动以及信息技术在工艺设备及装备中的应用技术知识，机械加工及装配的常规工艺知识，计算机基础应用方面的基本知识。掌握企业管理及技术经济分析的基本知识。一定的夹具和模具设计知识，CAD/CAM软件应用知识。能力结构包括专业职业能力与基本能力，包括具有编制与实施机械加工工艺规程和产品装配工艺规程的能力；具有设计工艺装备的能力；具有分析解决现场生产技术问题的基本能力；具有一定的操作技能和检测试验技能；具有编写数控加工程序及操作的能力；应用微机控制技术的初步能力；具有读本专业一般外文资料的初步能力；具有CAD/CAM软件的应用能力。

---

[1] 引自常校1987年制订、1990年修订的机械制造专业教学计划。

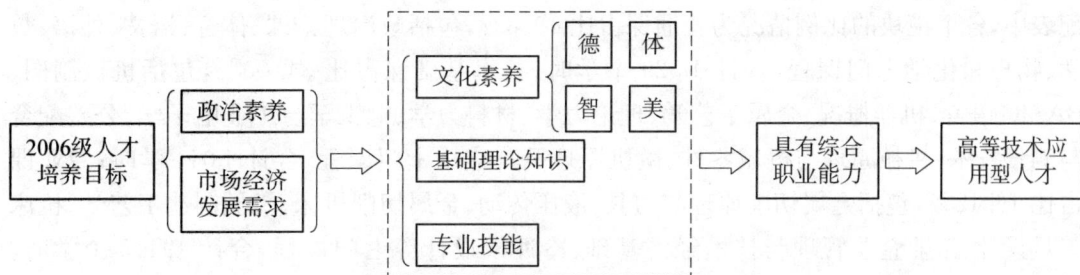

图 6-1　2006 级机械制造与自动化专业人才培养目标结构

素质目标是以相对抽象的术语来规定，如政治思想、团队精神、工作作风、学习态度、就业及创业能力、吃苦耐劳与健康体魄。从机械制造与自动化专业教学计划的专业知识、能力、素质结构表（2006 级）中可以看到其人才培养的路径。能力分类主要有三种类型：人才素质、基本能力与专业职业能力。能力目标对应于相应的课程，因此依循的是客观知识统领的教育路径，是典型的技术知识"应用"型教育路径。例如人才素质目标的各个内容都统一归到所有的文化类课程中，包括思想道德修养与法律基础、毛泽东思想、邓小平理论和"三个代表"重要思想概论、社会实践、就业与创业指导。吃苦耐劳与健康体魄的教育目标归到体育与心理健康课程中，英语应用能力归到英语与专业应用中，等等。

2008 级学生人才培养目标也是同样包括三部分内容：①从宏观意义上包括政治素养方面要求拥护党的基本路线，要适应社会主义市场经济需要。②文化素养方面，德、智、体、美等方面全面发展。③专业层面，掌握机械制造行业所需的专业基础知识及专业技能。

查阅 2017 级教学标准，可以发现其中人才培养目标仍然是三部分核心内容：文化素质、理论知识与技术能力，最终的定位为具有综合职业能力的高素质技术技能型人才。其中素质目标位于目标结构中的首位，需要德、智、体、美全面发展，具有良好的综合素质；其次是"掌握"专业理论知识；最后是基本技术。由此可以看出，时隔 30 年，素质目标、知识目标和能力目标一直稳定地构成了人才培养目标的基本三要素。

（二）教学内容：课程体系框架基本保持不变

尽管人才培养方案的名称经历了"教学进程计划及时间分配"表"专业教学计划表""人才培养方案"和"专业教学标准"四个阶段的变化调整，梳理其核心的教学内容体系框架发现并未发生根本性变化，主要内容框架为文化基础课、专业基础课、专业技术课、专业选修课、实验（实践）课五大模块。

1. "教学进程计划及时间分配表"阶段

从 1987 级、1988 级机械制造与自动化专业使用的教学进程计划及时间分配表看，教学内容主要包括普通课、技术基础课、专业课、专业选修课、实验（实践）课五大部分。其中，普通课、技术基础课、专业课和专业选修课四大内容集中安排在教学进程计划及时间分配表上，"实验与实践教学环节安排"单独设有一张实验教学进度表。从各个模块所占比例看，普通课占比最高，其次是技术基础课，再次是技术专业课，最后是选修课。

如表 6-1 所示，以 1987 级使用的教学计划为例，学生使用的教学进程计划及时间分配表中,各个模块的比例情况为普通课占比 49.8%,包括政治理论课、体育、语文、外语、数学、物理和化学七门课程,合计 1 529 个学时;技术基础课占比 34.03%,包括机械制图、BASIC 语言、机器概况、金属工艺学、理论力学、材料力学、电工学与工业电子学、公差配合与测量技术、机械原理与机械零件、微机原理及其应用十门课程,合计 1 044 学时;专业课占比 16.12%,包括金属切削原理与刀具、液压传动、金属切削机床、机械制造工艺学、机床夹具设计、工业企业管理与技术经济基础、冷冲模设计等七门课程,合计 494.5 个学时。以上三种类型的课程合计 3 067.5 个学时。专业选修课并没有合计到前面三类课程中,包括专业英语、机械制造工艺过程自动化引论、精密测量(讲座)。

同样,从 1988 级到 1999 级的教学进程计划表中看到类似的课程内容体系结构以及各模块的比例情况。其间不断有课程的增减调整变化,如 1992 年增加了德育课,选修课程从 1992 级开始做了大的调整,课程得到了增加,从 1988 级的三门课程增加为六门课程,总课时数为 142 个学时,包括模具、专业外语、机电市场营销、可编程控制器、数控机床、机床电气控制,主要变化为机床技术系列课程的增加。1994 级选修课程从 1992 级六门课程改为三门课程,共计 144 个学时,包括冷冲模工艺与冷冲模设计、数控机床及应用、专业英语。1999 级学生使用的教学计划表调整较大的是公共基础课,德育课程从 1994 级取消后 1999 级又恢复,政治理论课程取消,增加了创业课程和计算机应用课程。1999 级把技术基础课与专业课合在一起。选修课程从 1999 级开始包括九门课程,是相对过去几年最多的选修课,包括冷冲模设计等课程。文化基础课程中增加了创业课程、计算机应用课程,取消了德育课,选修课程里增加了文献检索、公共关系学、市场营销、钳工、车工。其中变化明显的是,围绕计算机的课程明显增加,包括计算机应用课程、文献检索与机械 CAD/CAM 课程。该变化说明:①计算机技术应用在学生专业课学习的比重在增加。②市场经济带来的对营销知识的需求。③职业资格变化的要求开始对学校教育内容模块发生影响。课程性质也会不断调整,如数控机床技术从原来的选修课变成了必修课,体现了机械技术发展对于学校教学内容调整的直接推动。课程的增减变化与专业教学计划内容的不断调整,说明学校为了适应社会技术的发展变化从而不断地调整人才培养方案的内容,课程的微调并没有改变整个课程体系框架结构和各类课程的功能定位,如表 6-1 所示。但可以肯定的是,社会层面机电技术的发展直接影响和推动着课程内容的变化与调整。

2. "专业教学计划表"阶段

从 2002 级起常校从中专校升格为大专校后开始招收高中毕业生和五年制初中毕业生。2006 级专业教学计划较之前面的教学计划内容结构更为具体,除了招生对象与学制、教学进程安排外,还包括人才培养目标与业务范围、人才培养规格、专业主干课程、教学周次分配、职业能力要求、教学时数统计与学分要求、公共选修模块七块内容。课程体系内容模块变化的只是名称,基本结构和教育功能归属并未发生实质性变化,如总体结构包括公共基础模块、专业公共模块、专业方向模块、专业选修模块、综合实践模块五部分内容。

3. "人才培养方案"阶段

从 2008 级到 2011 级人才培养方案开始似乎是为了凸显能力达成与归属课程之间的

表6-1 1984级—2017级机械制造专业课程结构变化情况①

阶段	级(届)	文化基础课		专业基础课		专业技术课		综合实践课		选修课			合计
		课时	占比(%)	课时	占比(%)	课时	占比(%)	课时	占比(%)	课时	课程门数	占比(%)	总课时
教学进程计划及时间分配表	1987级	1529	49.8	1044	34.03	494.5	16.12	周计		未计入总课时	3		3067.5
	1988级	1514	47.98	985	31.22	656.5	20.5	周计			3		3155.5
	1989级	1514	47.43	1022	32.02	642	20.11	周计		14	1	0.43	3192
	1992级	1456	46.25	1000	31.77	550	17.47	周计		142	6	4.5	3148
	1994—1997级	1341	41.90	1268	39.63	447	13.97	周计		144	3	4.5	3200
	1999级	1433	46.3	1256	31.8			周计			9		2689
专业教学计划	2006级	736	31.24	732	31.07	136	5.77	672	8	160	4	6.79	2356
	2007级	636	25.08	544	21.45	256	10.09	1036	40.85	64	4	2.52	2536
	2008级	604	18.83	824	25.69			1652	51.5	64	4	1.99	3208
人才培养方案	2009级	660	20.89	768	24.30	596	18.87	1008	31.90	64	4	2.02	3160
	2010级	656	20.73	776	32.6	596	25.04	1008	42.35	128	4	4.04	3164
	2011级	672	21.13	1002	42.1	596	25.04	1008	42.35	128	4	4.03	3180
	2012级	672	20.22	844	25.39	672	20.22	1008	30.32	128	4	3.85	3324
	2013级	672	21.65	944	30.41	352	11.34	1008	32.47	128	4	4.12	3104
	2014级	672	22.61	820	27.59	344	11.57	1008	33.92	128	4	4.31	2972
教学标准	2015级	584	19.97	820	28.04	384	13.13	1008	34.47	128	4	4.38	2924
	2016级	584	20.7	820	29.1	384	12.3	1008	35.7	128	4	4.38	2924
	2017级	648	22.59	444	15.39	528	18.31	1008	34.95	256	14	8.82	2884

1987级四类课程名称分别为:普通课、技术基础课、专业课和专业基础课、技术课和专业实践课;1999级将技术基础课与专业技术课合并;到2008级将技术基础课与专业技术课合并;1999级将基本素质课与专业拓展课程;综合实践课程;综合实践课程、综合实践课程;到2015级将四类课程名称改为公共基础课、专业基础课程、专业专项课程、专业综合课程。

---

① 参考常校1987级到2017级机械制造专业教学进程计划及时间分配表、专业教学计划、人才培养方案和专业教学标准。

关系,将四项课程名称分别改为基本素质课程、专业能力课程、素质拓展课程(包括基本素质拓展课程、专业素质拓展课程)、综合实践课程,其中综合实践课程包括了专业专项课程。"素质"这一概念进入了课程体系结构名称中。从 2008 年开始教学实践环节课时量的增加可以看出,注重动手能力培养,"做中学"的教学理念开始在人才培养方案中有了体现。

4."专业教学标准"阶段

在专业教学标准阶段,从 2012 级到 2014 级仍然沿用基本素质课程、专业能力课程、素质拓展课程、综合实践课等名称。2015 级到 2017 级改为公共基础课程、专业基础课程、专业专项课程、专业综合课程。在课程体系中可以看到,四类课程分别对应通识能力、专业基础能力、专业专项能力和专业综合能力。可见,在课程体系模块名称中看不到"素质"的字眼。

(三)教育路径:能力目标达成归属课程类别保持不变

从 1988 级的教学进程计划表到 2006 级的专业教学计划表、2008 级的人才培养方案,再到 2017 级的教学标准,可以发现人才培养目标的三要素都是分别归属三类不同模块的课程教学中,就自然带来了三目标分别开展的教育模式。如在 2006 级和 2007 级的人才培养目标中只是抽象提出"德、智、体、美"全面发展,并未出现明确的可操作可测量的素质教育目标内容。从 2008 级开始,素质目标明确列出,包括法律意识与遵纪守法能力、学习能力、团队合作能力、语言表达能力等内容,专业知识和专业能力较前变化不大。2008 级到 2014 级,从课程体系中可以看出,三类课程对应于三项基本能力达成,并且直接将四类课程以目标来命名:基本素质课程、专业基本能力课程、专业专项能力课程、专业综合能力课程。2015 级到 2017 级将"素质""能力"从课程中分离出来,课程体系中以图解的形式标明,通识能力对应于公共基础课程,专业基础能力对应于专业基础课程,专业专项能力对应于专业专项课程,专业综合能力对应于专业综合课程。

除了对应于相应教育目标的归属模块课程名称在不断调整,技能考核也开始与课程内容对接。从 2010 级人才培养方案开始,出现了课程内容、教学内容与技能考核要求对接的安排,从一定程度开始了客观知识学习和专业技术能力对接的教育路径,但是其本质还是客观知识统领下的教育路径,还是属于技术知识应用的教育路径。如课程机械制造工艺的主要教学内容包括:①工艺技术机械加工工艺规程的制订;②典型零件的加工工艺;③通过操作实践熟悉机床、刀具及常规量具;④基本掌握保证零件精度的方法。技能考核项目要求包括:①能对常规零件进行工艺编制;②通过工艺实习,会应用工艺设计原则,对典型零件进行基本操作练习,从中熟悉精度保证方法及相应检测方法。

可见,三十余年的专业教学课程体系发展历程,变化的只是课程称谓的变化,各类课程的功能定位从本质上并未发生任何变化,能力的培养仍对应功能课程来实现。

(四)教学方法:理实教学先后分别开展的模式保持不变

在课程教学体系安排中,依然依循的是"先理论教学后实践应用"的教学路径。

1."教学进程计划及时间分配表"阶段

如从机械制造专业 1988 届起使用的机械制造专业四年制教学计划开始,与专业相关的实践内容都是以整周的形式在一个学期进行,包括测绘 1 周、热加工 4 周、机加工 4 周、钳工 4 周、电工 2 周、零件 2 周、刀具 1 周、夹具 1 周、机床 1 周、液压 1 周。1989—1993 级专业教学计划表中，一到四年级的教学环节安排如表 6-2 所示。

表 6-2—表 6-7　机械制造专业教学环节安排

表 6-2	1989—1993 级机制工艺及模具专业教学计划表教学环节安排
学期	内容安排
1	入学教育 1 周，军训 1 周，钳工实习 2 周，考试 1 周，课堂教学 16 周
2	热加工实习 2 周，劳动 1 周，考试 1 周，课堂教学 17 周
3	机加工实习 4 周，劳动 1 周，考试 1 周，课堂教学 15 周
4	机加工实习 4 周，测绘 1 周，劳动 1 周，考试 1 周，课堂教学 14 周
5	钳工实习 2 周，机械拆装 1 周，劳动 1 周，考试 1 周，课堂教学 16 周
6	钳工实习 3 周，零件设计 2 周，公差设计 0.5 周，电气实习 1 周，劳动 1 周，考试 1 周，课堂教学 12.5 周
7	生产实习 2 周，劳动 1 周，液压设计 1 周，模具设计 1 周，刀具设计 1 周，考试 1 周，课堂教学 14 周
8	毕业设计（毕业劳动）8 周，工艺及夹具设计 2 周，模具设计 1 周，考试 1 周，毕业教育 1 周，课堂教学 8 周

2."专业教学计划表"阶段

在三年制高职中，理论教学与实践教学分开的模式同样体现在 2006 级、2007 级的人才培养方案中。以 2006 级为例，专业教学计划中除了毕业的第六个学期，其他五个学期集中的理论教学周都在平均 13—14 周，共计至少 65 周；专业实习是集中在特定学期的 2—3 周，共计 12—13 周，如表 6-3 所示。

表 6-3　2006 级教学计划表教学周次分配表[①]							
项目　　学期周数	1	2	3	4	5	6	小计
入学教育、军训	2						2
理论教学	13	14	13/14	14/13	11		65
课程设计			2	0/1	2		4/5
实习		4	3/2	4	2		13/12
毕业设计（论文）					3		3
毕业实践						16	16
考试	1	1	1	1	1		5
机动、放假	1	1	1	1	1		5
总计	17	20	20	20	20	16	113

---

① 参考常校 2006 级机械制造与自动化专业教学计划。

从 2007 级开始,常校从原有的"2.5+0.5"模式改为"2+1"模式,即原来是两年半在学校学习理论,加上固定时间的实践实训,最后半年是实习毕业季。到 2007 年改为,接受学校两年专业教育,在大二学期结束后的暑期集中一个月开展综合实践课,之后 8 月份学生开始到对口企业顶岗实习,时间为一年,加上毕业设计,即"2+1"模式,如表 6-4 所示。这一安排更加突出了"先理论教学后理论实践应用"的教学模式。

项目＼学期＼周数	1	2	3	4	短学期	工学结合	小计
入学教育、军训	2						2
理论教学	14	13	13	13			53
课程设计			2	2			4
实习		5	3	3	4		15
毕业设计(论文)						8	8
毕业实践						8	8
考试	1	1	1	1			4
机动、放假	1	1	1	1			4
总计	18	20	20	20	4	16	98

表 6-4 2007 级专业教学计划教学周次分配表①

3. "人才培养方案"阶段

2008 级到 2011 级人才培养方案中类似的表格仍然表明,理论教学与实践教学是分开进行的。如表 6-5 所示,2008 级教学周次分配表中,在校期间的学期调整为 4.5 个学期,第三学年共计 28 周都是在顶岗实习和实践中,和 2007 教学路径类似。此后在 2009 到 2011 级的人才培养方案中同样可以看到类似的教学周次分配表。

项目＼学期＼周数	1	2	3	4	4.5	5	6	小计
入学教育、军训	2							2
理论教学	13	12	13	12				50
课程设计			2	2				4
实习		6	3	4	4			17

表 6-5 2008 级教学计划表教学周次分配表②

---

① 参考常校 2007 级机械制造与自动化专业教学计划。
② 参考常校 2008 级机械制造与自动化专业教学计划。

（续表）

项目 ＼ 周数 ＼ 学期	1	2	3	4	4.5	5	6	小计
毕业设计						8		8
毕业实践						12	16	28
考试	1	1	1	1				4
机动、放假	1	1	1	1				4
总计	17	20	20	20	4	20	16	117
备注	一年级暑假安排 2 周社会实践。							

4.“专业教学标准”阶段

从 2012 级开始“教学标准”阶段,同样的教学路径仍然可以通过教学周次分配表看出,如表 6-6 所示。不同的是,从 2012 级、2013 级开始,可以看到实践的周数明显增加,和理论教学相比,实践教学时间约为理论教学时间的 50%。

表 6-6　2012 级教学计划表教学周次分配表[①]

项目 ＼ 周数 ＼ 学期	1	2	3	4	4.5	5	6	小计
按学时安排教学	12	12	11	11				46
按整周安排教学	3	6	7	7	4			27
毕业设计						8		8
顶岗实习						12	16	28
考试	1	1	1	1				4
机动、放假	1	1	1	1				4
总计	17	20	20	20	4	20	16	117
备注	一年级暑假安排 4 周社会实践。							

2014 级到 2017 级教学标准中,相比 2012—2013 级,整周实践周次都相对缩减。以 2014 级为例,如表 6-7 所示,在校期间实践总周次占到理论课时周次的 30.36%。在总周次不变的背景下,只能通过减少或增加理论周次来增加或减少实践周次。由此可见,在进行教学安排时,理论和实践的占比应该是多少,也一直在困扰着教育实践者。但是可以看到整个教学仍然是集中理论学习和集中实践应用的模式,尤其是“2+1”的模式,更是体现了技术知识应用型教育路径。

---

① 参考常校机械制造与自动化专业 2012 级教学标准。

表6-7　2014级教学计划表教学周次分配表①

项目 \ 周数 \ 学期	1	2	3	4	4.5	5	6	小计
按学时安排教学	12	14	14	15				55
按整周安排教学	3	4	4	3	4			18
毕业设计						8		8
顶岗实习						12	16	28
考试	1	1	1	1				4
机动、放假	1	1	1	1				4
总计	17	20	20	20	4	20	16	117
备注	一年级暑假安排4周社会实践。							

二、市场需求与技术教育

（一）"人才培养目标"定位不断变化

1987年制订的教学计划中对于人才培养目标的定位为"中等技术人才"。2006级定位为"高等技术应用型人才"，2007级、2008级人才培养目标定位为"高素质技能型专门人才"，到2013级教学标准中仍然定位为高素质技能型专门人才。在2014级人才培养方案中对于人才培养目标有了新的定位，用"高素质技术技能型人才"取代了"高素质技能型人才"。人才培养目标定位在"素质""技术""技能"间不断调整组合，究竟"素质""技术""技能"之间是什么样的内在联系，对此是否有着清晰合理的认识？厘清三者之间的关系，需要以清晰界定技术知识的内在构成要素为前提，而这其实一直在困扰着高职教育工作者。

（二）实践教学课时比发生变化

考察专业课教学的理论与实践课时构成比变化，发现实践课时随着时间的推移在逐渐增加。

1. "教学进程计划及时间分配表"阶段

分析1987级使用的教学计划表中含有实践环节的各专业课程中理论课时与实验（实践）课时的比例发现，实验（实践）课时占比普遍很低，如表6-8所示，实验（实践）课时占比最高的是微机原理及其应用（30%）课程，理论力学课程没有实验（实践）课时。合计所有含有实践环节课程的实践课时总量发现，总实践课时量占总的课时量比例为13.37%。由此可见实践或实验环节课时数比例之少，约86%—87%为理论教学，只有13%—14%为实践教学。

---

① 参考常校机械制造与自动化专业2014级教学标准。

表 6-8—表 6-20 机械制造专业实践课时占比变化

课程类型（占总课时比）	课程名称	总学时	实验或实践课	实验或实践课时占比
表 6-8 机械制造专业理论课时中实践课时占比情况（1987 级）①				
普通课（49.8%）	政治理论课	195	0	100%
	体育	178	178	0
	语文	248	0	0
	外语	248	0	0
	数学	372	0	0
	物理	192	34	17.71%
	化学	96	16	16.67%
	小计	**1 529**	**228**	**14.91%**
技术基础课（34.03%）	机械制图	231	0	0
	BASIC 语言	60	12	20.00%
	机器概况	30	4	13.33%
	金属工艺学	130	10	7.69%
	理论力学	101	0	0
	材料力学	84	8	9.52%
	电工学与工业电子学	162	36	22.22%
	公差配合与测量技术	78	22	28.21%
	机械原理与机械零件	108	9	8.33%
	微机原理及其应用	60	18	30.00%
	小计	**1 044**	**119**	**11.40%**
专业课（16.12%）	金属切削原理与刀具	78	14	17.95%
	液压传动	90	11	12.22%
	金属切削机床	132.5	22	16.60%
	机械制造工艺学	109	10	9.17%
	机床夹具设计	51	4	7.84%
	冷冲模设计	34	2	5.88%
	小计	**494.5**	**63**	**12.74%**
专业选修课	专业英语	/	/	/
	机械制造工艺过程自动化引论	/	/	/
	精密测量（讲座）	/	/	/
合计		**3 067.5**	**410**	**13.37%**

---

① 参考常校 1987 级机械制造专业进程计划及时间分配。

如表 6-9 所示,与 1987 级教学进程计划及时间分配表相比,在 1988 级教学进程中,有以下几项情况:①普通课课时量占总课时比例下降,从 49.8％下降到 47.98％。②技术基础课课时比下降,从 34.03％下降到 31.22％。③专业课课时比提升,从 16.12％提高到了 20.5％[①]。④所有课程的合计实践课时总比变化不大,从 13.37％变化为 13.09％,比例变化不大。可见,在总的课时增加的同时,实践课时并没有相应地增加。

表 6-9　机械制造专业理论课时中实践课时占比情况(1988 级)

类型 (占总课时比)	科目	总课时	实践课时	实践课时占比
普通课 (47.98％)	政治理论课	197	0	0
	体育	181	181	100％
	语文	248	0	0
	外语	248	0	0
	数学	343	0	0
	物理	198	34	17.17％
	化学	99	16	16.16％
	小计	**1 514**	**231**	**15.26％**
技术基础课 (31.22％)	机械制图	245	0	0
	BASIC 语言	60	12	20.00％
	机器概论	30	4	13.33％
	金属工艺学	130	10	7.69％
	理论力学	102	0	0
	材料力学	90	8	8.89％
	电工学与工业电子学	171	36	21.05％
	公差配合与测量技术	81	22	27.16％
	机械原理与机械零件	16	9	56.25％
	PC 机讲座	60	18	30.00％
	小计	**985**	**119**	**12.08％**
专业课(20.5％)	金属切削原理与刀具	96	14	14.58％
	液压传动	82.5	11	13.33％
	金属切削机床	124	22	17.74％
	机械制造工艺学	118	10	8.47％

---

① 第①②③项参考机械制造专业教学进程计划及时间分配表(1987 级起用)和机械制造专业教学进程计划及时间分配表(1988 级起用)。

（续表）

类型 （占总课时比）	科目	总课时	实践课时	实践课时占比
	机床夹具设计	66	4	6.06%
	工业企业管理与技术经济基础	66	0	0
	冷冲模与型腔模设计	104	2	1.92%
	小计	**656.5**	**63**	**9.60%**
专业选修课	专业英语	/	/	/
	机械制造工艺过程自动化引论	/	/	/
	精密测量（讲座）	/	/	/
	合计	**3 155.5**	**413**	**13.09%**

与 1988 级教学进程计划及时间分配表相比，1989 级四类课程总课时数增加，实践课时数也增加，但总的实践课时比例有所降低，从 13.09% 降低到 11.28%，如表 6-10 所示。

表 6-10 机械制造专业理论课时中实践课时占比情况（1989 级起用）

类型（占总课时比）	课程名称	总课时	实践课时	实践课时占比
普通课 （47.43%）	政治理论	196	0	0
	体育	180	180	100%
	语文	248	0	0
	外语	248	0	0
	数学	344	0	0
	物理	198	40	20.20%
	化学	100	14	14.00%
	小计	**1 514**	**234**	**15.46%**
技术基础课 （32.02%）	机械制图	244	0	0
	BASIC 语言	60	12	20.00%
	机械概论	30	4	13.33%
	金属工艺学	130	10	7.69%
	理论力学	102	0	0
	材料力学	90	8	8.89%
	电工学与工业电子学	170	36	21.18%
	公差配合与测量技术	82	12	14.63%
	机械原理与机械零件	114	0	0
	小计	**1 022**	**82**	**8.02%**

（续表）

类型（占总课时比）	课程名称	总课时	实践课时	实践课时占比
专业课（20.1%）	金属切削原理与刀具	108	6	5.56%
	液压传动	80	10	12.50%
	金属切削机床	118	12	10.17%
	机械制造工艺学	112	8	7.14%
	机床夹具设计	70	4	5.71%
	工业企业管理与技术经济基础	70	0	0
	冷冲模与型腔模设计	84	0	0
	小计	**642**	**40**	**6.23%**
选修课（0.4%）	可编程控制器	14	4	28.57%
合计		**3 192**	**360**	**11.28%**

与1989级教学计划表相比，1992级四类课程总课时数有所减少，总的实践课时数基本不变，总实践课时比例基本持平，如表6-11所示。

表6-11　机械制造专业理论课时中实践课时占比情况（1992级）

类型（占总课时比）	课程名称	总课时	实验或实践课时	实验或实践课时占比
普通课（46.25%）	德育	62	0	0
	政治理论	198	0	0
	体育	180	180	100%
	语文	186	0	0
	外语	232	0	0
	数学	310	0	0
	物理	192	40	20.83%
	化学	96	14	14.58%
	小计	**1 456**	**234**	**16.07%**
技术基础课（31.77%）	机械制图	248	0	0
	计算机语言	64	12	18.75%
	金属工艺学	130	10	7.69%
	理论力学	102	0	0
	材料力学	90	8	8.89%
	电工学与工业电子学	170	36	21.18%
	公差配合与测量技术	82	12	14.63%

（续表）

类型 （占总课时比）	课程名称	总课时	实验或实践课时	实验或实践课时占比
	机械原理与机械零件	114	0	0.00%
	小计	**1 000**	**78**	**7.8%**
专业课（17.47%）	金属切削原理与刀具	106	6	5.66%
	液压传动	80	10	12.50%
	金属切削机床	118	12	10.17%
	机械制造工艺学	112	8	7.14%
	机床夹具设计	72	4	5.56%
	工业企业管理与技术经济基础	62	0	0
	小计	**550**	**40**	**7.27%**
选修课（4.51%）	模具	52	/	/
	专业外语	26	/	/
	机电市场营销	16	/	/
	可编程控制器	16	4	25.00%
	数控机床	/	/	/
	机床电气控制	32	/	/
	小计	**142**	**4**	**2.82%**
合计		**3 148**	**356**	**11.31%**

与1992级教学计划表相比，1994级四类课程总的课时数增加，实践总课时变化不大，总的实践课时占总课时比例变化也不大，从11.31%提升到11.47%，都在说明强调和重视理论教学的主流趋势，如表6-12所示。

表6-12 机械制造专业理论课中实践课时占比情况（1994、1995级）				
类型（占总课时比）	课程名称	总课时	实践课时	实践课时占比
普通课 （41.90%）	政治理论	224	0	0
	体育	186	186	100%
	语文	215	0	0
	英语	248	0	0
	数学	264	0	0
	物理	136	28	20.59%
	化学	68	7	10.29%
	小计	**1 341**	**221**	**16.48%**

（续表）

类型（占总课时比）	课程名称	总课时	实践课时	实践课时占比
技术基础课 （39.63%）	机械制图	230	0	0
	BASIC 语言	68	12	17.65%
	金属工艺学	80	8	10.00%
	理论力学	0	0	0
	电工基础	80	0	0
	电工实验	32	0	0
	工业电子学	78	12	15.38%
	材料力学	78	8	10.26%
	机械原理与机械零件	110	2	1.82%
	公差配合与测量技术	78	20	25.64%
	机床电气控制	36	8	22.22%
	液压传动	86	11	12.79%
	机械原理与机械零件	110	2	1.82%
	机床电气控制	36	8	22.22%
	液压与气动	86	11	12.8%
	小计	**1 268**	**102**	**8.04%**
专业课 （13.97%）	金属切削原理与刀具	68	4	5.88%
	单片机及应用	48	8	16.67%
	金属切削机床	105	14	13.33%
	机床夹具设计	56	6	10.71%
	机械制造工艺学	114	6	5.26%
	企业管理与技术经济基础	56	0	0
	小计	**447**	**38**	**8.5%**
选修课 （4.5%）	冷冲压工艺与冷冲模设计	56	0	0.00%
	数控机床及应用	56	6	10.71%
	专业英语	32	0	0
	小计	**144**	**/**	**/**
	合计	**3 200**	**367**	**11.47%**

2. "专业教学计划"阶段

2007 级专业教学计划中，如表 6 - 13 所示，公共基础课模块比例开始下降，综合实践课以课时形式出现，实践课的总体比例开始得到提升，如专业公共课模块中机械制图的实践课时比例高达 50％，SolidWorks 应用基础的实践课比例为 53.57％，总体实践课时比例占总课时比从 1994/1995 级的 11.47％提升到 52.92％，从这一比例的提升可以看出，实践教学环节的教学意义开始得到重视，但是理论课与实践课的教学方式主要以先后分开为主，并且实践课集中教学。

表 6-13 机械制造专业理论课中实践课时占比情况（2007 级）

类型 （占总课时比）	课程名称	总课时	实践课时	实践课时占比
公共基础模块 （25.08％）	思想道德修养与法律基础	48	0	0
	毛泽东思想、邓小平理论和"三个代表"重要思想概论	64	0	0
	体育	144	144	100％
	高等数学	64	0	0
	英语	176	0	0
	计算机应用基础	56	42	75.00％
	军事理论	36	0	0
	形势与政策	16	0	0
	职业生涯规划	16	0	0
	就业与创业指导	16	0	0
	小计	**636**	**186**	**29.25％**
专业公共模块 （21.45％）	机械制图	112	56	50.00％
	工程力学	56	0	0
	电工学与工业电子学	48	4	8.33％
	模具工程技术基础	48	6	12.50％
	机械制造基础	96	2	2.08％
	机械设计基础	80	2	2.50％
	SolidWorks 应用基础	56	30	53.57％
	数控编程	48	0	0
	小计	**544**	**100**	**18.52％**
专业方向模块 （10.09％）	电气控制与 PLC	56	4	7.14％
	机械制造工艺与装备	96	4	4.17％
	液压与气动技术	48	10	20.83％
	数控机床	32	2	6.25％
	机械专业英语	24	0	0
	小计	**256**	**20**	**7.8％**

（续表）

类型 （占总课时比）	课程名称	总课时	实践课时	实践课时占比
专业选修模块 （2.52%）	高速切削技术及应用	32	0	0
	表面处理	32	0	0
	现代制造技术	32	0	0
	设备安全技术与环境保护	32	0	0
	小计	**64**	**0**	**0**
综合实践模块 （40.85%）	入学教育、军训	56	56	100%
	钳工实习	84	84	100%
	AutoCAD 集训	56	56	100%
	机加工实习	168	168	100%
	机械设计基础课程设计	56	56	100%
	机械制造工艺与装备课程设计	56	56	100%
	数控实习	84	84	100%
	PLC 实习	28	28	100%
	毕业设计	224	224	100%
	毕业实践	224	224	100%
	小计	**1 036**	**1 036**	**100%**
合计		**2 536**	**1 342**	**52.92%**

3. "人才培养方案"阶段

同样在 2008 级教学计划表中可以看到总的实践课时比在提升，如表 6-14 所示，其中基本素质课程中的思想道德修养与法律基础以及毛泽东思想、邓小平理论和"三个代表"重要思想概论都增加了实践环节，实践课时占总课时比达到了 62.47%，进一步说明了实践课时的教学意义和价值得到了重视，并落实到人才培养计划中与教学实践中。

表 6-14　机械制造专业理论课中实践课时占比情况（2008 级）

类型 （占总课时比）	科目	总课时	实践课时	实践课时占比
基本素质课程 （18.83%）	思想道德修养与法律基础	48	12	25.00%
	毛泽东思想、邓小平理论和"三个代表"重要思想概论	64	16	25.00%
	体育	112	112	100%
	高等数学	64	0	0
	英语	176	0	0

（续表）

类型 （占总课时比）	科目	总课时	实践课时	实践课时占比
公共基础课程	计算机应用基础	56	42	75.00％
	军事理论	36	0	0
	形势与政策	16	0	0
	职业生涯与发展规划	16	0	0
	就业指导	16	0	0
	小计	**604**	**182**	**30.13％**
专业能力课程 （25.69％）	机械制图 B	168	84	50.00％
	工程力学	56	0	0
	机械制造基础 A	96	6	6.25％
	机械设计基础 B	80	2	2.50％
	机械制造工艺与装备	96	10	10.42％
	液压与气动技术 B	48	10	20.83％
	电工学与工业电子学	48	4	8.33％
	电气控制与 PLC	56	4	7.14％
	SolidWorks 应用基础	56	30	53.57％
	数控加工技术	96	20	20.83％
	机械专业英语	24	0	0
	小计	**824**	**170**	**20.63％**
综合实践课程 （51.5％）	入学教育、军训	56	56	100％
	钳工实习 C	84	84	100％
	AutoCAD 集训（二维）C	56	56	100％
	机加工实习 E	140	140	100％
	机械测绘实习	28	28	100％
	机械设计基础课程设计 B	56	56	100％
	工艺装备课程设计	56	56	100％
	工艺实习	56	56	100％
	数控实习 B	84	84	100％
	PLC 实习	28	28	100％
	毕业设计（机械制造与自动化方向）	224	224	100％
	毕业实践（机械制造与自动化方向）	784	784	100％
	小计	**1 652**	**1 652**	**100％**

（续表）

类型 （占总课时比）		科目	总课时	实践课时	实践课时占比
素质能力 拓展课程（2%）	基本素质拓 展课程	学院公共选修课程	64	0	0
	专业能力拓 展课程	高速切削技术及应用 B	32	/	/
		表面处理	32	/	/
		现代制造技术 A	32	/	/
		设备安全技术与环境保护	32	/	/
		小计	**64**	/	/
合计			**3 208**	**2 004**	**62.47%**

2009 级实践课比例为 61.33%，较 2008 级变化不大，如表 6-15 所示。

表 6-15　机械制造专业理论课中实践课时占比情况（2009 级）

类型（占总课时比）		科目	总课时	实践课时	实践课时占比
基本素质课程 （20.89%）		入学教育、军训	56	56	100%
		思想道德修养与法律基础	48	12	25.00%
		毛泽东思想、邓小平理论和"三个 代表"重要思想概论	64	16	25.00%
		体育	112	112	0
		高等数学	64	0	0
		英语	176	0	0
		计算机应用基础	56	42	75.00%
		军事理论	36	0	0
		形势与政策	16	0	0
		职业生涯与发展规划	16	0	0
		就业指导	16	0	0
		小计	**660**	**238**	**36.06%**
专业能 力课程 （75.06%）	专业基本能力 课程（24.30%）	机械制图	112	56	50%
		AutoCAD 集训（二维）	56	56	100%
		工程力学 A	56	0	0
		机械制造基础 A 项目课程	96	6	6.25%
		机械设计基础 A	64	2	3.13%
		液压与气动技术 B	48	10	20.83%

（续表）

类型（占总课时比）		科目	总课时	实践课时	实践课时占比
		电工学与工业电子学A	48	4	8.33%
		电气控制与PLCA	56	4	7.14%
		SolidWorks应用基础	56	30	53.57%
		机械专业英语	24	0	0
		数控编程与加工技术	96	20	20.83%
		数控实习A	56	56	100.00%
		小计	**768**	**244**	**31.77%**
	专业专项能力课程（18.86%）	钳工实习C	84	84	100%
		机加工实习D	112	112	100%
		机械设计基础课程设计B	56	56	100%
		机械制造工艺技术	144	56	38.89%
		机床夹具设计	144	84	58.33%
		工艺装备课程设计	56	56	100%
		小计	**596**	**448**	**75.17%**
	专业综合能力课程（31.90%）	毕业设计	224	224	100%
		毕业实践	784	224	100%
		小计	**1 008**	**1 008**	**100%**
		小计	**2 372**	**1 700**	**71.67%**
素质能力拓展课程	基本素质拓展课程	按学院文学、体育、艺术等公共选修课程	64	/	/
	专业能力拓展课程	高速切削技术及应用	32	/	/
		表面处理	32	/	/
		现代制造技术	32	/	/
		设备安全技术与环境保护	32	/	/
		小计	**128**	**/**	**/**
		合计	**3 160**	**1 938**	**61.33%**

　　到2010级比例进一步提升到61.95%,如表6-16所示;2011级比例为60.38%,如表6-17所示。

表 6-16　机械制造专业理论课中实践课时占比情况(2010 级)

类型 (占总课时比)		课程名称	总课时	实践课时	实践课时占比
基本素质课程 (20.73%)		思想道德修养与法律基础	48	12	25.00%
		毛泽东思想和中国特色社会主义理论体系概论	64	16	25.00%
		形势与政策	16	/	/
		英语	176	/	/
		高等数学	64	/	/
		军事理论	24	/	/
		职业生涯与发展规划	16	/	/
		就业与创业指导	16	/	/
		职业素养提升	8	/	/
		军事技能训练(含入学教育)	56	56	100%
		计算机应用基础	56	42	75.00%
		体育	112	112	100%
		小计	**656**	**238**	**36.28%**
专业能力课程 (75.22%)	专业基本能力课程(24.53%)	机械制图	112	56	50.00%
		AutoCAD 集训(二维)	56	56	100.00%
		工程力学 A	56	0	0
		机械制造基础项目课程 A	96	28	29.17%
		机械设计技术	48	2	4.17%
		液压与气动技术 B	48	10	20.83%
		电工学与工业电子学 A	48	4	8.33%
		电气控制与 PLC	56	4	7.14%
		SolidWorks 应用基础	56	30	53.57%
		机械专业英语	48	0	0
		数控加工技术	96	20	20.83%
		数控实习 A	56	56	100.00%
		小计	**776**	**266**	**34.28%**
	专业专项能力课程(18.84%)	钳工实习 C	84	84	100%
		机加工实习 D	112	112	100%
		机械零件课程设计	56	56	100%

（续表）

类型 （占总课时比）		课程名称	总课时	实践课时	实践课时占比
		机械制造工艺技术	144	56	38.89%
		机床夹具设计	144	84	58.33%
		工艺装备课程设计	56	56	100.00%
		小计	**596**	**448**	**75.17%**
	专业综合能力 课程(31.86%)	毕业设计	224	224	100%
		毕业实践	784	784	100%
		小计	**1 008**	**1 008**	**100%**
	小计		**2 380**	**1 722**	**72.35%**
素质能力 拓展课程 (4.05%)	基本素质拓展 课程	按学院文学、体育、艺术等公共选修 课程	64	/	/
	专业能力拓展 课程	UG 应用	32	/	/
		表面处理	32	/	/
		现代制造技术 A	32	/	/
		设备安全技术与环境保护	32	/	/
	小计		**128**	**/**	**/**
合计			**3164**	**1960**	**61.95%**

表6-17　机械制造专业理论课中实践课时占比情况（2011级）

类型（占总课时比）	课程名称	总课时	实践课时	实践课时占比
基本素质课程 （21.13%）	思想道德修养与法律基础	48	12	25.00%
	毛泽东思想和中国特色社会主义 理论体系概论	64	16	25.00%
	形势与政策	16	0	0
	英语	176	0	0
	应用数学	64	0	0
	大学生心理健康与发展	16	0	0
	军事理论	24	0	0
	职业生涯与发展规划	16	0	0
	就业与创业指导	16	0	0
	职业素养提升	8	0	0
	军事技能训练（含入学教育）	56	56	100%

（续表）

类型（占总课时比）		课程名称	总课时	实践课时	实践课时占比
		计算机应用基础	56	42	75.00%
		体育	112	112	/
		小计	**672**	**238**	**35.42%**
专业能力课程（74.84%）	专业基本能力课程（31.51%）	机械制图	112	20	17.86%
		AutoCAD集训（二维）	56	56	100.00%
		工程力学	56	0	0
		机械制造基础项目课程	96	14	14.58%
		机械设计技术	48	0	0
		液压与气动技术B	48	22	45.83%
		电工学与工业电子学A	48	4	8.33%
		电气控制与PLC	56	4	7.14%
		SolidWorks应用基础	56	30	53.57%
		机械专业英语	48	0	0
		数控加工技术	96	20	20.83%
		数控实习A	56	56	100.00%
		小计	**776**	**226**	**29.12%**
	专业专项能力课程（18.74%）	钳工实习C	84	84	100%
		机加工实习D	112	112	100%
		机械零件课程设计	56	56	100%
		机械制造工艺技术	144	56	38.89%
		机床夹具设计	144	84	58.33%
		工艺装备课程设计	56	56	100.00%
		小计	**596**	**448**	**75.17%**
	专业综合能力课程（31.7%）	毕业设计	224	224	100%
		毕业实践	784	784	100%
		小计	**1 008**	**1 008**	**100%**
		小计	**2 380**	**1 682**	**70.67%**
素质能力拓展课程（4.03%）	基本素质拓展课程	按学院文学、体育、艺术等公共选修课程	64	/	/
	专业能力拓展课程	UG应用	32	/	/
		表面处理	32	/	/

（续表）

类型（占总课时比）		课程名称	总课时	实践课时	实践课时占比
		现代制造技术 A	32	/	/
		设备安全技术与环境保护	32	/	/
		小计	**128**	/	/
	合计		**3 180**	**1 920**	**60.38%**

4.“专业教学标准”阶段

到教学标准阶段有更多的理论课程增加了实践环节。在基本素质课程中，心理健康教育课、军事理论课、创业教育课、就业指导与职业素养提升课都开始相应地增加了实践环节。专业基本能力课程中工程力学、机械设计技术、公差配合与技术测量等课程都增加了实践课时，从而使得 2012 级总的实践课时比例为 63.46%，高于 2009 级、2010 级、2011级，如表 6-18 所示。

表 6-18 机械制造专业理论课中实践课时占比情况（2012 级）

类型（占总课时比）		课程名称	总课时	实践课时	实践课时占比
基本素质课程 （21.13%）		思想道德修养与法律基础	48	16	33.33%
		毛泽东思想和中国特色社会主义理论体系概论	64	16	25.00%
		形势与政策	16	0	0
		英语	144	0	0
		高等数学	64	0	0
		学业指导与入学教育	16	8	50%
		军事技能训练	56	56	100%
		大学生心理健康与发展	32	16	50%
		军事理论	24	16	66.67%
		创业教育	16	8	50%
		就业指导与职业素养提升	24	4	16.67%
		计算机应用基础	56	42	75.00%
		体育	112	112	100%
		小计	**672**	**294**	**43.75%**
专业能力课程 （74.84%）	专业基本能力课程（26.54%）	机械制图	112	56	50.00%
		AutoCAD 集训（二维）	56	56	100.00%
		工程力学	56	4	7.14%
		机械制造基础	64	4	6.25%

(续表)

类型(占总课时比)		课程名称	总课时	实践课时	实践课时占比
		机械设计技术	56	4	7.14%
		液压与气动技术 B	48	10	20.83%
		电工学与工业电子学 A	48	4	8.33%
		SolidWorks 应用基础	56	30	53.57%
		公差配合与技术测量	48	10	20.83%
		数控机床操作与编程基础	48	24	50%
		数控实习 A	56	56	100.00%
		钳工实习	84	84	100%
		机加工实习	112	112	100%
		小计	**844**	**454**	**53.79%**
	专业专项能力课程(16.6%)	制造业自动化	48	6	12.5%
		机械制造工艺技术	144	56	38.89%
		电气控制与 PLC	56	4	7.14%
		机械零件课程设计	56	56	100%
		机床夹具设计	144	84	58.33%
		机械专业英语	24	0	0
		工艺装备课程设计	56	56	100.00%
		小计	**528**	**262**	**49.62%**
	专业综合能力课程(31.69%)	毕业设计	224	224	100%
		毕业实践	784	784	100%
		小计	**1008**	**1008**	**100%**
		小计	**2380**	**1724**	**72.44%**
素质能力拓展课程(3.85%)	基本素质拓展课程	按学院文学、体育、艺术等公共选修课程	64	/	/
	专业能力拓展课程	UG 应用	32	/	/
		柔性制造系统	32	/	/
		现代制造技术	32	/	/
		高速加工技术	32	/	/
		小计	**128**	**/**	**/**
		合计	**3180**	**2018**	**63.46%**

但是到了 2013 级,实践教学课时比例进一步提高,有实践教学环节的课程总的实践

课时占比也进一步增多到 65.72％,如表 6-19 所示。到 2014 级,实践课时所占比例又开始下降,部分课程在 2013 级增加的实践课时又被取消,如军事理论、机械设计基础、机械制造工艺艺术、机床夹具设计等课程增加的实践环节被取消,总的实践课时比例又降低为 59.89％,如表 6-20。

除了实践教学课时量的增加,项目化教学、"做中学"的教学理念也开始在教育实践中逐渐形成共识。

从 2013 级教学标准中,教学方法、手段与教学组织形式建议中开始出现了"做中学、做中教"的教学理念,如努力将专业课程尽量安排在实训室或实训基地进行。专业课的课堂教学以学生为中心,能够激发学生专业学习的兴趣;实行任务驱动、项目导向等多种形式的"做中学、做中教"教学模式。

表 6-19 机械制造专业理论课中实践课时占比情况(2013 级)

类型(占总课时比)		课程名称	总课时	实践课时	实践课时占比
基本素质课程(21.65％)		思想道德修养与法律基础	48	16	33.33％
		毛泽东思想和中国特色社会主义理论体系概论	64	16	25.00％
		形势与政策	16	0	0
		英语	144	0	0
		高等数学	64	0	0
		学业指导与入学教育	16	8	50％
		军事技能训练	56	56	100％
		大学生心理健康与发展	32	16	50％
		军事理论	24	16	66.67％
		创业教育	16	8	50％
		就业指导与职业素养提升	24	4	16.67％
		计算机应用基础	56	42	75.00％
		体育	112	112	100％
		小计	**672**	**294**	**43.75％**
专业能力课程(74.23％)	专业基本能力课程(30.41％)	机械制图	112	56	50.00％
		AutoCAD 集训(二维)	56	56	100.00％
		工程力学	56	0	0
		机械制造基础	64	10	15.63％
		机械设计基础	48	4	8.33％
		液压与气动技术	48	10	20.83％

（续表）

类型（占总课时比）		课程名称	总课时	实践课时	实践课时占比
		电工电子技术基础	48	6	12.5%
		SolidWorks 应用基础	56	30	53.57%
		公差配合与技术测量	48	4	8.33%
		数控机床操作与编程基础	48	24	50%
		机械专业英语	24	0	0
		数控铣削实训	56	56	100.00%
		钳工实训	112	112	100%
		机加工实训	112	112	100%
		机械拆装与测绘实训	56	56	100%
		小计	**944**	**536**	**56.78%**
	专业专项能力课程（11.34%）	制造业自动化	48	6	12.5%
		机械制造工艺技术	88	44	50%
		工艺技术应用	56	28	100%
		机床夹具设计	48	24	50%
		夹具设计应用	56	28	50%
		工艺装备课程设计	56	56	100%
		小计	**352**	**186**	**52.84%**
	专业综合能力课程（32.47%）	毕业设计	224	224	100%
		毕业实践	784	784	100%
		小计	**1 008**	**1 008**	**100%**
		小计	**2 304**	**1 730**	**75.09%**
素质能力拓展课程（4.12%）	基本素质拓展课程	按学院文学、体育、艺术等公共选修课程	64	0	/
	专业能力拓展课程	数控加工技术	32	0	/
		高速加工技术	32	0	/
		现代制造技术	32	0	/
		UG 应用	32	16	/
		小计	**128**	**16**	**12.5%**
		合计	**3 104**	**2 040**	**65.72%**

表6-20 机械制造专业理论课中实践课时占比情况（2014级）

类型（占总课时比）		课程名称	总课时	实践课时	实践课时占比
基本素质课程 （22.61%）		思想道德修养与法律基础	48	16	33.33%
		毛泽东思想和中国特色社会主义理论体系概论	64	16	25.00%
		形势与政策	16	0	0
		英语	144	0	0
		高等数学	64	0	0
		学业指导与入学教育	16	8	50%
		军事技能训练	56	56	100%
		大学生心理健康与发展	32	16	50%
		军事理论	24	0	0
		创业教育	16	12	75%
		就业指导与职业素养提升	24	4	16.67%
		计算机应用基础	56	42	75.00%
		体育	112	100	89.29%
		小计	**672**	**270**	**40.18%**
专业能力课程 （73.08%）	专业基本能力课程（27.59%）	机械制图	96	48	50.00%
		AutoCAD集训（二维）	28	28	100.00%
		工程力学	32	0	0
		机械制造基础	64	2	3.13%
		机械设计基础	48	0	0
		液压与气动技术	48	10	20.83%
		电工电子技术基础	48	6	12.5%
		SolidWorks应用基础	56	20	35.71%
		公差配合与技术测量	32	0	0
		数控机床操作与编程基础	64	20	31.25%
		机械专业英语	24	0	0
		数控铣削实训	56	56	100.00%
		钳工实训	84	84	100%
		机加工实训	84	84	100%
		机械拆装与测绘实训	56	56	100%
		小计	**820**	**414**	**50.49%**

（续表）

类型（占总课时比）		课程名称	总课时	实践课时	实践课时占比
专业专项能力课程（11.57%）		制造业自动化	48	6	12.5%
		机械制造工艺技术	88	0	0
		工艺技术应用	56	28	50%
		机床夹具设计	48	0	0
		夹具设计应用	56	28	50%
		电气控制与PLC	48	10	20.83%
		小计	**344**	**72**	**20.93%**
专业综合能力课程（33.92%）		毕业设计	224	224	100%
		毕业实践	784	784	100%
		小计	**1 008**	**1 008**	**100%**
		小计	**2 172**	**1 494**	**68.78%**
素质能力拓展课程（4.31%）	基本素质拓展课程	按学院文学、体育、艺术等公共选修课程	64	0	/
	专业能力拓展课程	数控加工技术	32	0	/
		高速加工技术	32	0	/
		现代制造技术	32	0	/
		UG应用	32	16	/
		小计	**128**	**16**	**12.5%**
合计			**2 972**	**1 780**	**59.89%**

在2014级人才培养方案中,教学部门通过调研后在调研报告中指出在专业建设中需要打破学科课程体系领下的专业教学,并指出这已成为专业教学改革的一种现实需求。通过调研发现,为了培养社会需求的高素质技能型人才,课程教学要以培养学生的技能为主,而目前高职院校的大多数课程仍然是学科式教学模式,以理论教学为主,缺乏实践技能训练,不能满足社会的人才需求。故有以下建议:①对核心专业课程进行改革,采取过程导向,以来自企业生产一线的实际项目为教学内容开展教学。②课程内容根据企业需求增加数控加工、设备管理与维护的教学内容。③师资队伍建设要切实加强"双师型"教师的培养,例如派对口专业到企业进行跟岗锻炼,及时学习企业最新的技术和工艺,建立来自企业的兼职教师库。④建设校外实习基地,加强培养学生的职业技能和专业技术能力。

2014级教学标准中的调研报告内容中,尤其是对教学改革的建议进一步说明推动学校教学改革的内在动力正在孕育,不断成熟,因为已经嗅到了学科体系规制下的人才培养质量与市场人才规格需求之间的重大差别,如果不进行改革,势必在市场经济体系中处于被动的地位,市场人才需求与学校人才供给之间的矛盾将会更加凸显。当内在的需求已经明确,如果有了外在条件的推动,在该专业进行教学改革将会成为一种必然。

此外更为明显的变化是常校实验实训硬件设施的不断完善。如校中厂的设立、实训中心的建立以及由企业捐赠的最新实验实训现代化设备的配备等都在彰显,常校为了进一步提高专业教学质量一直在不断地努力。

比较从 1987 级开始到 2014 级机械制造专业课程体系结构及总实践课程课时的占比变化,以 2007 年为界,可以分为两个阶段,有以下两个特征的变化:如表 6 - 21,图 6 - 2 和表 6 - 22,图 6 - 3 所示,其一是在 2007 年之前,文化课(基本素质课程)占总课时比接近 50％,2007 年之后该比例减少到 20％—23％。这一变化说明了学校对于专业理论课教学的重视程度。其二是在 2007 年之前,实验(实践)课程占总课时比在 11％—14％之间,从 2007 年以后,该比例开始大幅提升,占到 50％—75％。这一变化说明在总的课程结构中实践教学的比重越来越高。两个阶段共同的特征是,课程基本结构没有发生质的变化,仍然是文化基础课、专业技术课、专业专项课、专业综合课与选修课的基本结构。

表 6 - 21 教学进程计划及时间分配表阶段课程结构及实验(实践)课时占比情况(%)

级次	普通课	技术基础课	专业课	专业技术课	专业选修课	实验(实践)课
1987 级	49.8	34.03	16.12	**50.15**	—	13.37
1988 级	47.98	31.22	20.5	**51.72**	—	13.09
1989 级	47.43	32.02	20.1	**52.12**	0.4	11.28
1992 级	46.25	31.77	17.47	**49.24**	4.51	11.31
1994/95 级	41.9	39.63	13.97	**53.3**	4.5	11.47

备注:1. 专业技术课比例是技术基础课与专业课比例之和;
　　　2. 实验(实践)课时占比是指总的实践课时占总课时的比例。

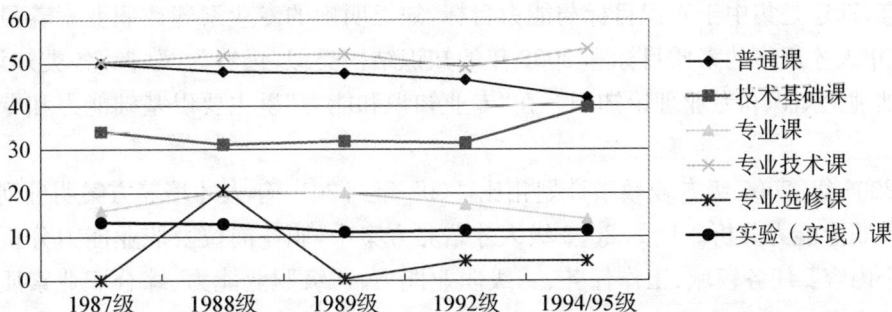

图 6 - 2 教学进程计划及时间分配表阶段课程结构及实验(实践)课时占比情况(%)

表 6-22　人才培养方案及教学标准阶段课程结构及实验(实践)课程占比情况(%)

级次	基本素质课程	专业基本能力课程	专业专项能力课程	专业综合能力课程	专业能力课程	素质能力拓展课程	实验(实践)课
2009 级	20.89	24.3	18.86	31.9	75.06	4.05	61.33
2010 级	20.73	24.53	18.84	31.86	75.22	4.05	61.95
2011 级	21.13	31.51	18.74	31.7	74.84	4.03	60.38
2012 级	21.13	26.54	16.6	31.69	74.84	4.02	63.46
2013 级	21.65	30.41	11.34	32.47	74.23	4.12	65.72
2014 级	22.61	27.59	11.57	33.92	73.08	4.31	59.89

备注：1. 专业能力课程占比是专业基本能力课程、专业专项能力课程、专业综合能力课程占比之和；
　　　2. 实验(实践)课时占比指总的实践课时占总课时的比例。

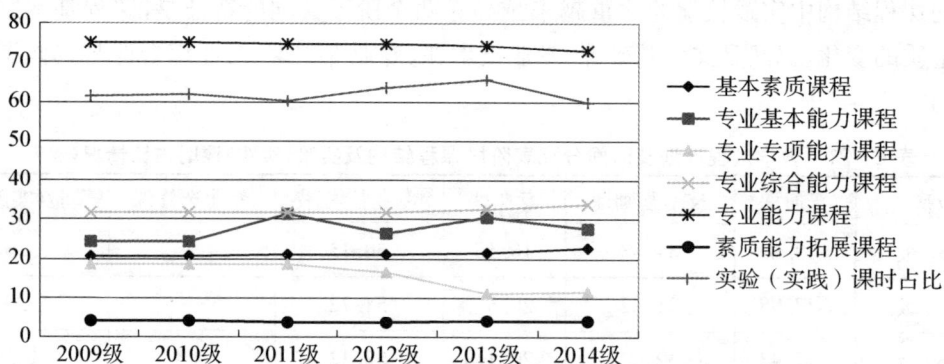

图 6-3　人才培养方案及教学标准阶段课程结构及实验(实践)课程占比情况(%)

(三)素质目标内容越来越清晰

2006 级、2007 级专业教学计划中,明确列出了知识目标和能力目标;2008 级到 2011 级人才培养方案是将素质目标明确列出,而知识目标与能力目标是合在一起的。但是分析三要素各自的具体内容可以发现,事实上具体内容是有交叉的,并没有严格区分列出各自的内容,即还是集中于知识目标与能力目标,缺乏明确的专业素养或职业素养目标。例如 2008 年人才规格的素质目标和 2006 年的知识结构类似,仍然为"掌握"各类知识,包括文化基础理论知识和专业理论知识。在"专业知识和能力"里主要以基础能力和专业能力为主。

与 2006 级、2007 级专业教学计划相比,2008 年到 2011 年人才培养方案明确列出了职业岗位及职业能力分析。例如 2008 级人才培养方案中,职业岗位及职业能力分析表主要包括五个内容:任务领域、工作任务、一级职业能力、二级职业能力、综合职业素质。其中综合职业素质一栏还是属于空白。这说明企业的职业能力层次开始进入人才培养方案中,但是具体的职业素养内容还属于未知状态。

在 2009 级、2010 级人才培养方案中,人才培养规格内容中明确列出了基本素质教育目标、知识目标与能力目标。如基本素质中包括：遵守法律、法规和有关规定，具有良好的团队协作精神，爱岗敬业，具有高度责任心；具备对新知识、新技能的学习能力和创新能力；具有运用计算机处理工作领域内的信息和技术交流能力；具有一定的语言文字表达能力和社会活动能力；具有一定的立业创业能力。相对而言，这些内容都是处于抽象描述的阶段，并未有具体的可操作化指标可供测量和考核，尽管它们都归属在相应的文化基础课程中。

与2008级、2009级人才培养方案相比，2010级、2011级人才培养方案中开始将职业素质能力要求放在与职业能力（包括一级职业能力和二级职业能力）并列的位置，这说明企业的人才规格要求开始影响到学校的人才培养内容，因为出现在职业能力要求中说明达成该类能力的必要性，而不仅仅停留在书面上的人才培养目标要素，需要落实在具体的教育内容中。

从2012级到2017级，人才培养计划改成了"专业教学标准"，主要变化为增加了两个方面的内容：①机械制造与自动化专业人才需求与专业改革调研报告；②课程标准。从2012年开始，通过对用人单位进行市场调研，关于人才培养目标三要素得到进一步确定。例如在2012年常校机械制造与自动化专业进行的市场调研中发现，在列出的该专业主要职业能力和素质要求中，职业素养能力和机械图样的识读能力与常用工具、量表的使用处于并列第一的位置，而其他专业基础能力和专业技术能力位居其后。如100%调查对象选择职业素养能力（包括爱岗敬业、文明礼貌、勤思肯钻、身心健康、乐于接受新东西）、机械图样的识读和常用工具、量具的使用三项能力。其他如计算机辅助设计与制造87.8%，工艺及工装设计的基本能力83.7%，合理使用技术资料为82.7%，机械加工的基本能力为75.8%，机械安装调试及维护为58.6%，先进程序控制设备应用为30.5%，常用设备结构及工作原理只有45.8%。该调研结果让专业团队更加确信职业素养能力在人才培养规格中的重要性。因此，在2012、2013级教学标准的人才培养目标中，已经没有了从2006级到2011级人才培养方案中的政治要求以及适应社会主义市场经济需要的德智体美全面发展的综合能力要求。在人才培养规格中明确列出了三项基本要素：基本素质、专业知识和专业能力，尽管这三要素从2009到2011级开始就被列在首位要素中。

但是素质教育的目标的落实与考核并未能实现。以机械制图课程为例，2013级教学标准中，课程目标中包括课程知识目标和职业能力目标两部分，在考核中并未出现素质的专项考核。在课程考核中并未看到学生素养考核的内容，仍然以理论学习效果考核为主。如包括过程考核和结果考核两个方面，过程包括学习态度考核和项目实践考核；学习态度考核包括作业完成情况、课堂回答问题、学生出勤情况等，占比20%；项目实践考核主要考核学生的实践情况，采用多主体评价方式，期末考核以笔试为主。

2014级教学标准中，通过人才需求市场调研进一步明确了职业素养的重要性。例如用人单位对于毕业生的考核除了专业知识与技能外，还需要考查其身心素质、道德能力、行业基本职业素养。在身心素质中包括心理素质（32%）、身体健壮（37%）、行为灵敏（12%）；道德素质方面包括遵纪守法能力（32%）、集体主义能力（23%）、乐于奉献精神

（20%）、合作能力（14%）、关心环境（11%）；行业职业素养方面包括安全与创新意识（22%）、团结协作和认可企业文化（21%）、职业道德能力（20%）、再学习提升能力（16%）。从上述调研结果看，一方面说明该专业教学团队已经认识到职业素养的重要性，从而在这一方面开展了更为详细的调研，一方面说明了去除专业能力之外其他能力的多元性和综合素养结构的复杂性，从而使得教育主体更加意识到学校教育内容与市场人才规格之间的差距。2014级教学标准，与2012级相比，其素质目标更加聚焦于素养能力，与专业基础能力和专项能力明确区分。如素质目标中包括合格的思想政治和道德素养，健康的身体和心理素质；较好的工作态度和责任意识；较强的团队意识和合作意识；较强的学习能力和开拓意识，较强的表达能力和沟通能力。最为明显的变化是计算机信息处理能力在素质目标中去除。

2015年教学标准的"人才培养实施与保障"中明确提出了开展素质教育的重要性，并将素质教育放置在与专业教育同样重要的位置。一方面要加强学生的思想教育，如学校要努力营造良好的文化氛围风貌，加强学风建设，培养学生良好的思想政治素质，包括培养学生正确的价值观、集体主义观、责任心等，这些都是企业非常看重的方面。另一方面提出培养学生专业素养能力与职业素养能力，包括积极主动学习的能力、善于思考的能力、人际交往能力、语言表达能力、团队合作能力等。

2015级机械制图课程标准中，在课程目标中列出来素质目标，如认真负责的工作态度和工作作风；国标法典意识以及遵守国标的能力；自学能力和独立工作能力、审美能力及竞争效益意识；创新思维能力和科学的工作方法等。但是在具体考核中发现还是缺乏对这些内容的考核。

在2017级教学标准中，"德智体美"的要求又出现在其人才培养目标段落的开头，说明更加认可了素质教育在学校教育内容中必不可少的地位，但是如何开展仍然是一个困惑问题。

（四）开始对接职业岗位与职业能力要求

在2008级人才培养方案中出现了职业岗位及职业能力分析表，分出了任务领域、工作任务、一级职业能力、二级职业能力等。例如"工艺、工装设计"任务领域的工作任务为编制零件加工工艺、零件的定位、夹紧方案分析、工装的结构设计。其中编制零件加工工艺的一级职业能力包括：①掌握常规机械加工设备的性能；②理解常见零件工艺流程，能编制一般零件的单件，批量加工工艺两类。二级能力包括：①了解常见机床的型号、规格、加工范围参数；②掌握机加工工艺规程制定基本原则；③会合理选用切削用量及常规刀具、夹具、量具；④掌握典型零件加工。

2009级人才培养方案中，工作任务、一级职业能力、二级职业能力更为具体翔实。例如同样是编制零件加工工艺，增加了一级职业能力，如熟悉常规机床加工原理，具备选择定位基准、拟定工艺路线的基本能力。二级职业能力增加了以下内容：能提出常规零件形状的加工成形过程，并熟悉常规加工方法所能达到的精度、粗糙度的能力；能利用工艺尺寸链原理进行工序尺寸及其公差的计算；具备选择毛坯、确定加工余量的基本能力。同时，调研发现企业反映学生缺乏吃苦耐劳精神，专业基础知识掌握较弱，机械制造工艺实施能力较弱，并且缺乏通过查找资料解决实际问题的能力，尽管各类证书较多，但实用性差。这些都在说明学校人才培养质量与市场人才规格之间的距离。但是可以肯定的是，通过调研从实践层面了解市场人才规格需求和学校人才质量之间的差距，这为进一步缩小学校人才培养质量和市场人才需求之间的鸿沟提供了理论的可能性。

基于市场调研，到 2013 级教学标准中进一步出现了岗位群、职业岗位和典型工作任务、职业技能证书的具体内容，如岗位群包括主要就业岗位（工艺技术员、质量检验员和机床操作员）、相关职业岗位（生产调度员、售后服务员和项目经理）和发展职业岗位（技术主管和高级工）。企业相关岗位和任务出现在教学标准中，也表明了理论上企业人才需求与学校人才培养之间的对接。

三、小结

通过上述纵向地对常校人才培养方案的梳理，结合客观主义知识观（将知识看作是静态的客观的事实性内容）、应用型技术知识观和生成型技术知识观，我们可以将其中四个"保持不变"的根本原因归为其依托了客观主义知识观，依循知识"应用"型教育路径。之所以在"应用"上加引号，旨在区分其与技术知识应用观，因为后者所适用的社会的技术知识库，是对隶属社会的科学知识库的应用，而依托客观主义知识观，必然会依循知识"应用"型教育路径。通过前面叙事研究、量的调查发现依循知识"应用"型教育路径教育效果明显较弱，随着时代的变迁其中的"四个变化"是在市场经济需求的推动下，教育主体所作的适时调整，但是人才培养目标的定位一直在技术与技能之间游离，职业素质教育的重要性和优先性已经明确，但是如何培养似乎还处于无解和探索状态，因为在教育内容和目标考核中还未看到人才规格中的素质教育内容，文化基础课仍然承担着素质教育的重任，任务驱动、项目教学、"做中学"的理念似乎已经得到了认可，但是如何有效开展仍然是摆在常校面前的大难题。

第二节 知识生成型教育路径

这一部分将呈现完全不同于非实验班教育的两种教育路径：一种是以德国机电一体化 AHK 职业资格证书为依托的 AHK 实验改革教育路径，一种是完全基于项目化教学的胡格教育实验模式。两种教育模式都是依循知识生成的教育路径。不同的是，AHK 实验班教育路径旨在培养学生系统地分析问题、解决问题的能力；胡格教育路径旨在培养学生的综合职业行动能力。

一、职业资格证书与技术教育

常校作为教育主体在不断适应市场经济的努力中，已经发现了摆在面前的影响其人才培养质量的绊脚石，如学科体系教育的局限、素质教育如何落实的问题等。如何进行教育改革以有效开展专业教育,只要外在的客观条件具备时,改革实验势必落地,"万事俱备,只欠东风","万事"更多的是一种内在的驱动力,唯有改革才能找到新出路。2013年9月,常市科教城教育管理委员会与AHK上海工商会双方共同成立"AHK常市科教城研究发展中心",并正式启动双元制职业教育合作。2013年10月,常市科教城组织开展中德双元制合作专业人才培养项目启动。常校中德双元制AHK项目以机电一体化技术专业为试点正式加入了改革实验的队伍中,2013级常校在校生经过自主报名、学院组织考核选拔,第一个AHK改革实验班成立,共有24名学生。到2020年1月1日,AHK实验班已经毕业四届,2020年7月将迎来第五届毕业生。每一届限制班级规模为30人以内。

(一)系统理论学习依循知识生成的教育路径

2017级机电一体化专业AHK实验班教学标准从基本结构框架看,似乎与普通班2017级教学标准并无大的差异。如教育目标是以综合素质提升为起点,包括德智体美全面发展,以职业岗位所需的专业基础知识和专业技能为主要内容,最终培养学生的综合职业能力,在人才层次仍然定位为高素质技术技能型人才。培养规格依然包括三个方面:知识结构、能力结构和素质结构,并且通识能力、专业基础能力、专业专项能力和专业综合能力分别归属到公共基础课程、专业基础课程、专业专项课程和专业综合课程中。专业核心课程统领下包括学习目标和学习内容,如电机与电气控制技术课程,学习目标以理论学习和"掌握"为主,包括:①"掌握"电动机基本操作的原理及方法;②熟悉常用低压电器的一些基本结构、基本原理、型号类型、规格、用途以及选用原则;③"掌握"低压电器元件的文字、图形符号及电路图识读;④熟练"掌握"典型电气控制环节工作原理和分析方法。学习内容对应三项核心内容,包括常用低压电器内容、电气控制电路基本环节内容和典型设备电气控制线路分析。① 和非实验班一样,素质教育目标还是停留在三要素的结构框架中,在考核中并未得到落实。总体看,仍然是课程内容体系统领下的教育内容和教育路径,依然将各素质目标达成归属到各个课程体系模块中。

但是,结合前面对毕业生的定量研究发现,在校期间有更多的动手实践操作机会,学习者的学习效果会得到明显提高。因为系统的理论知识如果能够及时经过实践应用,则会很快转化为学习者自己已经理解了的技术知识,已经具备了应用的潜在能力。AHK实验班系统知识理论的教学方式,采用6:4的理论与实践的课时比,能够保证及时将所学理论通过对应的理论操作发现、验证,理解和实践转化为自己理解了的个体技术理论知识,再通过AHK考试对专业系统能力的培养,学习者获得的知识是以生成的知识为特征的知识类型。

(二)人才培养目标的本质为生成的技术知识

与非实验班主要的不同在于获得德国AHK机电一体化工职业资格证书。考取这一证书需要经过两个阶段的考试,在教学标准中作为两门专业课程列入,分别为AHK毕业考试Ⅰ和AHK毕业考试Ⅱ,都是属于必修课程,课程性质为理实一体化课程。其中

---

① 参考常校《2017机电一体化专业(双元制)人才培养方案》。

AHK 毕业考试Ⅰ在大二年级第四学期进行，占两次考试总成绩的 40%；AHK 毕业考试Ⅱ在第六学期进行，占总成绩的 60%；两次均获得合格等次以上，方可获得 AHK 证书。

之所以将 AHK 证书获得的路径称为知识生成的教育路径，原因在于：①充足的专业实践课时保证了系统的专业理论知识能够及时地发现、验证、理解和应用，学生因而生成了技术知识；②AHK 证书的考试阶段是在专业基础课程和专业专项课程已经经过系统学习的基础上开展，因此是对已学核心课程理论和能力的训练和检验，本质的意义是对已学理论的发现、验证、理解和应用，因此获得的知识是生成的知识，内含有技术知识的内在结构要素。前续学习的课程包括机械工程技术、机械零件的手动加工和机床加工、机械和控制系统装配技术、电子技术基础、气液传动控制技术、电气安装技术、PLC 控制技术等课程。同时又为其后续的专业理论学习奠定了技术知识基础，包括个人参与要素，如学习兴趣、好奇心、疑惑、思维路径、熟练技能等得到了铺垫，并且进一步稳固地生成了自己的专业知识库。这一资格考试旨在为学生走向企业奠定扎实的专业理论知识基础。与普通教学班的"认知型""掌握型"教育目标不同，AHK 证书考试旨在考核学生生成的技术知识内涵和外延，可以通过比较 AHK 考试作为一门课程和机电类普通课程的课程标准，看出其教育目标本质的不同。

AHK 考试课程的目标也包括知识目标、能力目标和素质目标，如表 6−23 所示。在 AHK 考试的知识目标中，对于 a1−1 安全生产的目标，不是对其安全知识认知与记忆的考核，而是实践操作考核，一方面要遵循生产管理规范，一方面要科学组织生产实施，这就要学习者不仅要知道安全知识，更为重要的，需要知道如何运用安全规则进行实际操作，体现了将安全知识转化为学习者自己的知识并能够运用的能力。对于客观知识的考核同样除了记忆型理论考试外，更为重要的是考核学习者对所学理论知识的理解程度和运用能力。

表 6−23　AHK 毕业考试课程与电机与电气控制技术课程人才培养规格比较

	AHK 考试课程	电机与电气控制技术课程
知识目标	a1−1：安全文明生产：遵循生产管理规范，科学组织生产实施	a2−1：掌握常用电机、变压器的工作原理、结构、使用方法
	a1−2：工作谈话：在实施中能熟练、流利地解读教师及考官提出的专业问题	a2−2：掌握常用电动机的基本工作特性、机械特性
	a1−3：电气安装：能严格按照德国 VDE100 的电气标准完成考试要求中的电气部分接线与安装	a2−3：掌握电动机的起动、调速、制动的原理和方法
	a1−4：机械制造：严格按照考试要求，完成机械部件的制造及机械系统的安装与调试	a2−4：熟悉常用低压电器的基本结构、原理、型号、规格和用途和选用原则
	a1−5：功能测试：自行完成整个系统功能的实现、测试与改进	a2−5：掌握低压电器元件的文字、图形符号及电路图识读
	a1−6：报告及专业谈话：在规定时间内按要求完成书面报告，并参加由考试委员会组织的专业谈话，回答考试委员会考官的提问	a2−6：熟练掌握典型电气控制环节工作原理与分析方法

AHK 考试课程	电机与电气控制技术课程
b1-1：能对考试项目图纸熟练地识读和分析	b2-1：熟练选择、使用、维护常用电机、变压器的能力
b1-2：能对西门子 PLC 控制系统进行接线及编程	b2-2：能够根据给定电气控制原理图进行安装接线
b1-3：能独立加工和装配中期考试项目中的机械部分	b2-3：具备阅读分析一般电气控制系统电路的能力
b1-4：能独立布置、连接中期考试项目中的气动部分	b2-4：能根据故障现象分析常见电气故障原因并利用仪表检查线路
b1-5：能按照标准独立布置、连接中期考试项目中的电气部分	
b1-6：能对项目所涉及各部分进行合理布局	
b1-7：能在规定时间内完成系统调试	
b1-8：具备良好的专业知识以及语言表达能力	
c1-1：培养热爱科学、实事求是的严谨学风	c2-1：培养学生遵守作息时间、劳动纪律及安全操作规程等基本职业素养
c1-2：具备辩证思维和一定的创新能力	c2-2：培养学生互相帮助、相互配合、团队协作和勇于创新的精神
c1-3：具备敬业精神、团结协作的意识	c2-3：养成学生完成工作任务后对工作场所进行 5S 整理的良好习惯
c1-4：具有安全文明生产的职业素养：遵循生产管理规范，科学组织生产实施	

（左侧纵向标签：能力目标、素质目标）

　　依据波兰尼的个人知识观，当焦点觉知转化为附带觉知时，语言表达就是对默会知识部分的适当表达，以默会知识部分为基础，个人的可言述性知识方可形成。如 a1-2 工作谈话考核的正是学生基于实践操作具身地形成了对理论知识的发现、验证、理解和应用的能力，因此也是一种对生成的知识的考核。a1-3 电气安装内容同样考核的是运用电气安装的规则程序性知识，进行实际的电气部分的接线与安全能力。a1-4 机械制造考核的也是实际操作能力，而实际操作中首先是建立在理解了规则性程序性知识的基础上，考察的是完成机械部件的制造以及机械系统的安装与调试工作能力。a1-5 功能测试考核的是学生独立进行工作的能力，需要自行完成整个机电系统功能的实现、测试与改进的系列工作。a1-6 报告及专业谈话考核的是对整个任务的总结和反思，包括书面表达能力与语言表达能力、对问题的敏感度以及专业知识面宽度等的考核。

　　对照 2017 级机电一体化专业双元制方向教学标准中电机与电气控制技术课程的知识目标，可以发现与非实验班的知识目标类似，还是属于对客观知识的认知阶段，会用"掌握"这一词语来描述目标。如从 a2-1 到 a2-6 都是使用"掌握"来定位知识目标，"掌握"

的对象是机器结构、工作原理和工作方法等，如表 6-23 所示。在《现代汉语词典》中对"掌握"的解释中有一条为"了解事物，因而能充分支配或运用"，组词为掌握技术、掌握理论、掌握原则、掌握规律等。[①] 从生成的视角看，不论是生成的客观知识还是生成的能力，该解释体现了"掌握"是建立在生成的知识或能力的基础上，体现了个人的具身参与对于掌握能力的重要意义。对技术的客观知识的真正掌握，是建立在其经历了"发现、验证、理解和实践"之后的应用基础上。因此，如果只是停留在对技术知识内容的认知层面，如果实践间隔时间过长或者缺乏实践与应用，则该"掌握"就需要注引号了，因为其实并非真正的掌握。对比 AHK 考试课程中的知识目标与该课程的知识目标，可以发现，前者考核的学生生成的知识，包括了生成的知识的内在构成要素，这些要素在各个子知识目标中都得到考核。

在能力目标中继续将 AHK 考试课程和电机与电气控制技术加以对照，发现在 AHK 中考核学生的能力包括对项目图纸的识读与分析能力，对 PLC 控制系统的接线和编程能力，独立进行考试项目中机械部分、电气部分的操作工作，合理设计规划能力，以及专业知识的理解与表达能力，如表 59 中 b1-1 到 b1-8 的内容所示，进一步体现了对学生生成的技术知识的应用能力的考核。在电机与电气控制技术课程中，能力描述相对抽象，缺乏明确的个体理解、表达、思考、设计以及独立解决问题的能力考核，相对可测量、可操作化程度弱。

在素质目标中，二者共同的内容为，都强调良好工作习惯、安全规范意识以及创新精神的培养。不同之处在于，在 AHK 考试课程中提出需要具备：①热爱科学、实事求是的学风的培养；②辩证思维能力与创新能力的培养。这都说明了其对学习者个体主动参与的要素、主动思考的能力的重视。在波兰尼的知识发现中，这些都具有举足轻重的意义。

综合上述对比分析可以发现，AHK 课程考核的并非对系统理论的记忆认知以及知识面的广度，而是考核学习者的一组能力，包括分析、设计、规划和解决问题的能力，对相关知识的理解和表达能力，因此总体设计的思路完全不同于以客观知识的讲授和记忆为主要任务的传统的学科式教学模式。在任务的驱动下，将学生放在问题情境中，使其面对困难、发现问题、分析和问题，进而获得了对客观的程序性知识的发现、验证、理解，最终生成了系列知识，其中包括理解了的系统知识、系列能力、具身参与过程以及探照到的未知的知识域与问题域，典型地依循了知识生成和技术知识生成的教育路径，我们称之为技术知识生产的路径。

二、主体参与与技术教育

2013 年有了 AHK 实验班改革的开始，更为重要的是，多次对用人单位人才规格的调查研究发现，素养能力和专业能力之于人才培养的重要性。当更为强调职业素养和专业能力培养相结合来推动专业教育改革的胡格教育模式到来，经过长期改革实践探索的教育管理者发现，这正如随风飘落的种子落到了适合其生长的土壤上一样。2013 年 10 月常

[①] 参考中国社会科学院语言研究所词典编辑室编. 现代汉语词典(第五版). 北京：商务印书馆，2005：1718.

市科教城教育管理委员会与德国巴符州教育部、巴符州教师进修学院签署合作备忘录,合作开展跨省"中德合作机械制造与自动化专业教学改革试点"项目,并成立常市中德教育培训中心。2014 年 3 月,"中德合作机械制造专业胡格教育模式试点班"项目正式启动,全国涉及江苏省、山东省和广东省三个省份,共有五所高职院校加入了这一合作改革实验的队伍中,常校便是其中之一。每个班规模在 30 人左右,是从刚入校的机械制造与自动化一年级所有班级中随机抽取的一个整班作为实验对象。目前该类实验班共计已经有三届毕业生走上工作岗位,2020 年 7 月将迎来第四届毕业生,且从 2018 年起每年开设两个实验班,胡格教育模式正在全校范围内展开应用与推广。

（一）**培养目标：能力与知识生成**

在 2014 级《机械制造自动化胡格模式人才培养方案》中规定了胡格教育模式的培养目标为"本专业主要培养受教育者具有独立、负责任的(在团队条件下)有效完成工作任务的能力"[①]。分析这一目标内容,去除所有的限定语,核心词为"能力",实质为"能力集"。围绕特定的工作任务在胡格教育模式中将其培养目标界定为培养学习者的职业行动能力,包括方法能力、社会能力、人格能力和专业能力。其中方法能力是指运用经验、知识库解决问题的能力,是一种普遍意义上的能力;社会能力指的是团队协作和化解冲突的能力;人格能力是指对自己的管理能力,包括责任心能力、控制力、坚持力等;专业能力是运用专业技术知识,独立完成典型工作任务的能力。进一步对该四项能力进行分析可以发现,人格能力为波兰尼个人"寄托"意义上的理性能力,内含了个人的具身参与系数,包括执着、集中注意力、探索精神等,这是获得个体知识的首要条件。社会能力内涵沟通能力、表达能力和团队协作能力,是个体知识获得的保障。方法能力内涵个人的思维能力,分析问题和解决问题的能力。专业能力是指有效完成专业技术任务的能力,内涵利用已有的专业规则性知识解决专业技术问题达成目标的能力。结合生成的技术知识的内在构成要素,其中的核心内容包括四项要素:个体具身参与生成的能力域,理解了的规则性知识域,应用知识解决问题的能力,探照到的未知的客观知识域和问题域。胡格教育模式之教育目标为培养学生的综合职业行动能力,内含了四项能力,从内在构成要素看,个体生成的技术知识结构与综合职业行动力结构具有相对共同的内在要素,如图 6-4 所示。

（二）**教学内容：项目完成与知识生成**

在胡格人才培养方案中,并没有如非实验班人才培养方案一样,明确列出详细的知识目标、能力目标和素质目标,而是将培养目标中的四项能力(方法能力、社会能力、人格能力、专业能力)进一步可操作化,可供测量,都是通过学习者动手实践的过程来生成能力,其中借助各种教学方法来达成对各项能力的培养。同样分专业基础能力、专业专项能力和专业综合能力,胡格和非实验班不同的是,每一项能力都是通过完成三项可操作化项目加以培养。例如第一学年培养学生的专业基础能力,完成手动冲压机制造项目;第二学年培养学生的专业专项能力,完成搬运机器人制造项目;第三个学年培养学生的专业综合能

---

① 引自常校 2014 级《机械制造与自动化专业胡格模式人才培养方案》。

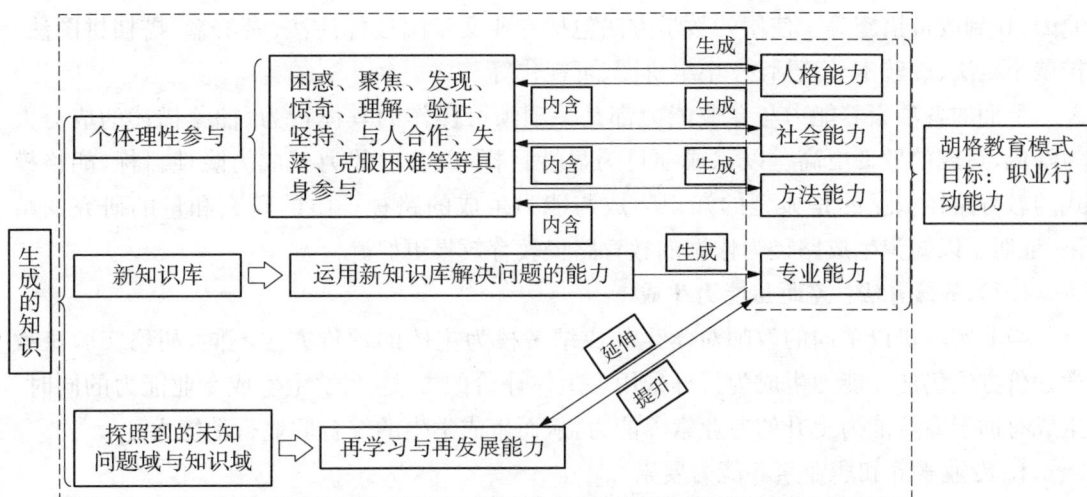

图6-4　生成的知识、能力与胡格教育模式培养目标

力,完成小型机器人设计项目,最终达成的教育成果是"专业能力＋职业精神"能力素养集。

以第一学年手动冲压机制造项目为例,它可拆分为五个核心零部件,分别为工作台、底座部件、冲头、压头支架、立柱。将需要达成的专业能力与素养能力归属到每一个部件的完成过程中,通过相应的教学方法进行培养,并对目标达成情况进行考核。教学方法多样化是胡格教育模式的主要创新之处。仅仅在手动充压机完成过程中包括了独立学习、小组讨论、学习卡片、关键词、可视化、专业文章阅读标注法、魔法盒、搭档拼图法、扩展小组法(自测、互测、小组测)、旋转木马谈话法、小组拼图、任务驱动、现场演示、典型案例教学、讨论、思维导图、小组交流、单独工作18种教学方法。最终对学生的能力培养不仅仅局限于专业能力的培养,方法能力与社会能力、人格能力都得到了提升。按照波兰尼的个人知识构成论观点,胡格教育模式将技术知识的两大构成要素——个体默会能力要素与专业能力要素——都进行了有效培养,无疑学习者获得的技术知识是生成的技术知识。

以完成手动冲压机各个部件的教育目标和教育方法为例,完成底座部件需要完成三项内容:制造内连接板,制造左右侧立板以及装配。在完成内连接板时,素养能力包括能够接受新知识(简单的练习),能够友好地与同学相处,能够且愿意探索世界,能够快速浏览一页的简要信息,能够保持周围环境干净整洁,能够"清晰明确地"向他人口头转述信息、能够积极参与等;专业能力包括能认识常用测量器具,能认识锉削工具锉刀,掌握安全操作与环境保护,能了解操作方法与安全操作,掌握制图基本规则,能分析、查阅和标注,掌握常用材料的应用;教学方法包括独立学习法、小组讨论法、学习卡片法、关键词方法、可视化方法等。完成左右侧立板,培养的素养能力包括建立时间概念,能收集相关信息,会分析零件的特征,运用相关工具书籍,能够与人协作并共同完成一项任务;专业能力包括能根据图纸获取简单产品的形状、尺寸、加工质量要求信息,识读图纸标题栏信息,能根据工艺要求正确加工零件(平面划线、打样冲、锉削平面、钻孔、攻丝),能了解产品误差的原因，找到改进措施等。使用的教学方法包括专业文章阅读标注法、魔法盒、搭档拼图法、扩展小组法、旋转木马谈话法/小组拼图、可视化等。

上面的各项素养能力与专业能力都是一项项可操作的具体行为，抽象描述的成分大为降低，达成的效率更高。以完成项目为显性目标，以各项能力生成为隐性目标，胡格模式的教育路径依循的是典型的知识生成与能力生成的路径。质的研究和量的研究的结果，证明了以知识生成路径为依据的教育路径教育效果更好。

（三）考核方法：差距与能力生成

与非实验班以单向的教师对学生的成绩考核为主体的评价方法不同，胡格实验班教学评价方法仍然以能力生成为目标采用多主体评价的方法，在学生生成专业能力的同时，生成有助于专业能力提升的专业素养能力，从而生成学生的综合职业行动能力。

1. 专业素养和职业素养能力要素

德国工商协会围绕企业对员工素养的要求进行调查研究，依此为基础总结出了11项关于专业素养能力的具体测量指标，包括批判的能力、团队合作能力、坚持力、沟通交往能力、责任能力、守时能力（守信）、独立自主能力、整洁性能力、处理矛盾冲突的能力、工作投入能力、待人接物能力。这11项指标尽管侧重点不同，但适用于各行各业，具有普遍通用意义。胡格实验班选择其中6项与学生职业行动能力关系密切的指标（坚持力、批判、责任、团队、守时、沟通）对学生加以培养。默顿对科学探索精神、波兰尼对个人发现过程、桑内特关于匠艺提升的探索以及波普尔对客观知识的研究，最终都发现个体知识的生成离不开个人主观能力的生成，包括思维能力、探索的兴趣与欲望、有耐心、坚持力、责任心等具有优先的重要性。胡格教育模式更为注重学生专业素养能力的培养，这也是基于其发现专业素养之于专业能力和职业行动能力的重要性，正如胡格实验班教学团队在未参加改革实验前就已经发现职业素养之于工作能力提升的优先重要性一样，基于本书学理的验证、实证研究的验证、实践效果的验证、教育目标的溯源四个方面都在说明生成的知识内在构成的复杂非单一性特征。

2. 非专业素养能力的生成过程

对于学生的非专业素养能力，胡格模式采用发展性评价方法。首先是对各个子素养能力加以操作化，并制作测量表，以便测评者能够通过观察具体行为，给予一定的分值，如批判能力的定义为，既能够接受他人对自己提出的建议，也能够给别人提出建设性意见的能力，对于意见不同者能够正常相处。作为学生，如既能够接受同学或教师提出的更好的建议，也不会因为受到他人批评而拒绝合作。批判力在不同的场景中有着不同的要求，因此需要操作化以适合对不同对象行为的测量。再比如团队能力的可操作化定义为，能够与团队其他成员一起为实现某个目标而共同工作，并且能在工作过程中顾及其他成员的利益和感受。如学生能够积极帮助他人，在小组活动中积极主动，喜欢合力完成事情等。其次，教师、学生和小组同学分别分阶段评价，并将自己评价得分和师生评价得分的平均分进行比较，从而让学生找到自己的优势以及需要改进的空间，在教师一对一的指导和帮助下加以改进和提升。

可见,测量专业技术能力以及职业素养能力的发展性评价方法旨在使学生基于自己的经验基础和特定的差距性目标,并通过师生的共同努力,尤其以学生自己的努力为主,提升自己,生成能力,典型地依循能力生成的路径。胡格实验班毕业生对自己在校期间自我生成的专业素养能力的认可以及对于工作后工作能力提升的正功能意义说明,依循技术知识生成的教育路径教育效果更好。

第三节　教育目标、教育内容与教育路径

通过前面两种不同类型的技术教育路径的对比,发现本源的不同在于教育目标的界定的不同。技术知识"应用型"教育路径对人才培养目标的定位的不断变化调整说明,其对于技术知识本体的认知的不确定与模糊性。亚里士多德对技术、技能、经验等做了区分;桑内特提出了熟练技能之于技术提升的意义所在;波兰尼通过焦点觉知向附带绝知的转化,这些都在强调熟练技能之于技术知识生成的优先性意义。在技术知识生成的逻辑顺序后,技术知识已经内含熟练技能的成分。AHK 实验班的 AHK 证书考试课程和胡格实验班以能力培养为核心,从生成的意义看,能力的本质即生成的知识。因此实验班和非实验班的根本区分在于对技术知识本质的认识不同。"应用"型教育路径依托客观主义知识观,即认为技术知识主要为规则性知识,只要"掌握"就可加以应用,就可以转化为能力,遗漏了技术知识生成过程中的"黑箱"部分。生成型教育路径依托的是生成的技术知识观和能力观,学习者个体的理性参与成分成为学习过程的主要内容,其中胡格实验班更为注重个人理性参与能力的培养,因此是典型的依循了技术知识生成的教育路径。可见,教育目标不同,教育内容和教育路径也会截然不同。

追溯实验班和非实验班之不同教育效果的原因,追溯不同的教育路径发现本质在于教育目标的不同,进一步追溯,即对基本的教育目标——技术知识的认知不同所致。因此我们可以得出结论,基于对技术知识本质及其构成要素的认识不同带来了对技术教育目标定位的不同,因而也就决定了不同的技术教育内容和技术教育路径,技术教育效果也就相应不同了。

第七章

结论与讨论

　　以生成的个体技术知识观为依据,借助于班级类型与教育效果之显性相关关系的发现,通过基于问卷的量的研究和基于口述的、历史文献的质的研究的相互印证和促进,本书通过个案研究,在技术知识观、技术教育目标、技术教育内容、技术教育路径与技术教育效果之间进一步发现了显性相关关系。这为确立技术知识生成的本体路径,技术知识本体的构成要素以及技术教育的本体路径提供了学理的和实证的依据。

第一节　结论

一、个体技术知识本体的生成路径

　　本书通过文献梳理提出个体技术知识本体的生成路径为六个阶段:①感知与疑惑阶段;②发现问题阶段;③探照知识阶段;④发现、验证、理解、认知知识阶段;⑤应用规则性技术知识阶段;⑥生成个体技术知识阶段。通过基于问卷调查的量的研究和基于访谈口述的质的研究发现,不论是学生个体,还是企业技术领导的技术知识获得,都是依循了知识生成的路径。技术知识本体生成路径表明,对于规则性技术知识的掌握必须放置在其产生的情境中,学习者需要经历"疑惑-发现问题-探照知识-发现、验证、理解明述性知识-认知明述性知识"五个环节后,方可达到对规则性知识的理解性认知,应用是建立在个体理解性认知的基础上。技术知识的生成路径如图7-1所示,任何一项技术都是个体(或团队)、场域、问题以及对规则性知识的发现、验证与运用等各个要素交织在一起的动态网络,并非简单的固态人工制品。规则性知识只有通过被发现、被认知,最后通过实践运用才能转化为现实生产力。

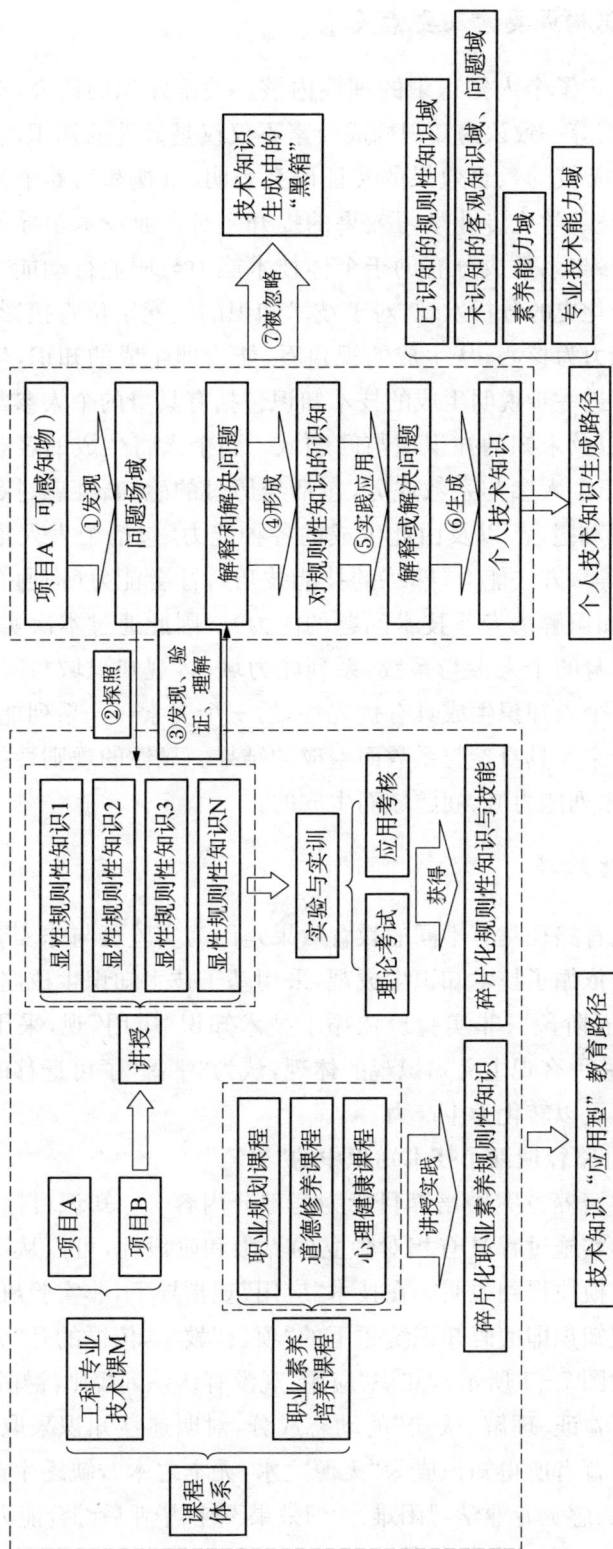

图 7 - 1　个人技术知识生成路径及技术知识"应用型"教育路径

二、个体技术知识构成要素及要素关系

人文主义知识观肯定了个人知识中的理性内核。关于知识的研究,波兰尼、桑内特、波普尔、默顿、科塞、舒茨等一致认为知识构成要素不仅仅是显性的知识内容,还包括了个人具身的参与成分。对常校的教育效果的实证研究表明,重视和培养个体知识中的个人参与系数成分,直接有益于学生专业学习效果的提升。对企业技术领导的口述访谈实证研究发现,具身的个体参与系数成分有助于个体技术能力与职业行动能力的提升。对常校人才培养方案发展变化史的分析发现,对于技术知识的内涵定位直接影响着教育效果。实验班的教育目标以能力为核心,从生成的视角看,能力即生成的知识,生成的知识即能力。实验班教育效果好进一步说明生成的技术知识包括有具身的个人参与系数成分在内的能力域、客观知识域以及未知的知识域与问题域。当个人将生成的客观知识以显性的形式表达出来,这是基于个人参与系数成分,包括经历过的感知、疑惑、探照、发现、验证、理解和认知等各个阶段和过程,以及由此生成的各种能力,包括个人人格能力(坚持、负责、习惯、兴趣、理解力等),方法能力(熟练的技能技巧),社会能力(沟通合作),专业技术能力(运用生成的客观知识解决专业技术问题的能力)。因此通过本次实证研究发现,技术知识构成要素包括具身的个人参与系数、系列能力域、客观知识域与问题域四个要素。其中个人参与系数对于个人知识生成具有优先性,后三个要素——系列能力域、客观知识域和问题域——是基于个人具身参与系数而生成的结果。显性的规则性技术知识正是内含个体具身参与系数、系列能力域、问题域而生成的。

三、技术教育本体路径

常校两种不同的教育路径具有不同的教育效果是因为实验班与非实验班依循了不同的技术知识观。实验班依循了技术知识生成观,采用基于技术知识生成路径的教育路径,即依循了知识生成的"五阶段";非实验班依循了技术知识"应用"观,采用基于技术知识"应用"的教育路径,是一种客观主义知识观的体现,认为"掌握"了可迁移的规则性技术知识,就可以拿来"应用",可以转化为生产力。

(一)"应用"型教育路径遗漏了技术知识中的"黑箱"

常校非实验班人才培养方案中培养目标为三部分内容——知识目标、能力目标和素质目标。对三者的教学实施过程具有相对独立的界限和阶段性,可以从不同的目标对应于不同类型的课程体系模块得到说明。在技术"应用"观指导下,非实验班尽管采取了"项目"式教学,但仍是课程知识即编码知识统领下的"项目"教学,依循的是"先理论学习后实践应用"的教育路径(如图7-1所示),知识"应用"观没有认识到规则性知识的原始生成中内含"疑惑-问题-发现、验证、理解、认知"的动态成分,对明述性知识采取"拿来主义",必将在教育领域导致受教育者所得知识成为"无源之水,无本之木",缺乏生产能力。非实验班学生普遍学习兴趣低、感觉专业学习困难、学习效果不佳、毕业后综合能力较弱等,是这一原因的现象性结果。具备了技术知识结构中的个人参与系数成分,依循技术知识生成的路

径,学习者获得了生成的知识,积极的教育效果自然产生。

(二) 生成型教育路径蕴含了技术知识生成机理

胡格实验班学生相比有着更为浓厚的学习兴趣和问题意识,学习主动性强,有着"5W"的思维路径与思维能力,懂得合作沟通,学会表达,主要原因在于其教育目标中将个人人格能力、社会能力作为核心目标内容加以培养,因而保证了技术知识的内在构成要素——个人参与系数的参与及其能力的生成,这些是个体生成客观知识的前提和基础,因此其教育路径依循了技术知识本体生成的客观规律,依循技术知识本体的生成路径。AHK 实验班学生解决问题的能力强,在于其教育路径中对于客观知识的学习依循了知识生成的路径,即系统的客观知识能够通过及时的发现、验证,理解与认知从而转化为个体理解了的客观知识,进而输入到个体知识库中,在问题情境中可以随时调用个人知识库中的规则性客观知识。

(三) 技术教育本体路径为技术知识生产的路径

当关于高等教育的知识生产研究集中于学校作为知识生产主体,如何产出更多的科技成果,如何进行高深知识的生产,从而提高高校的社会贡献率时,高校作为知识生产主体的另一个功能往往被理解为是知识的传承或"再生产"。传承和"再生产"具有可复制的内涵,具有重复性和相似性。一方面,依据知识生成观,知识内在构成要素中的所有要素,从主体能力的生成到显性客观知识的生成,都是基于学习者的具身参与而生成,具有不可复制、不可传递的特征,必须依赖主体的顿悟、概括以及应用而生成个人知识,具有独特性特征。本书从学理的视角和实证研究的视角进一步验证了这一点。另一方面,技术知识是不同于科学发现的知识类型,具身性特征更为强烈。基于此,以生成的技术知识为教育目标、依循技术知识生成的路径开展技术教育的教育类型,在本书中被视为技术教育知识生产路径,是技术教育的本体路径。实证研究结果说明,以技术知识生成观为依托开展技术教育教育效果更好,一方面注重学习者个体具身参与能力的生成(包括人格能力、社会能力与方法能力),如胡格实验班的教育路径;一方面注重学习者系统专业技术能力的生成,如 AHK 实验班,如果将二者有机结合,将会成为高职工科技术教育开展技术知识生产应然的、本体的路径。

四、高职工科技术教育的知识生产①

高职工科技术教育进行技术知识生产,需要以生成的个体技术知识构成要素为实践原点,以技术知识本体生成路径为实践依据,分别明确定位教育四要素:教育目标、教育主体、教育内容及教育路径。

(一) 复合交织而非独立并列:教育目标

高职院校开展工科技术教育应该基于技术生成而非"应用"的知识观设定教育目标,

---

① 李艳,丁钢. 高职工科技术教育路径探究——技术知识生成视域下的实证研究. 高等工程教育研究[J]. 2018(1): 182－187.

需要突破学科的、认知情境的教育目标,还原促进技术知识生成的基础要素——"动态网络"在教育目标中的核心地位。在该动态网络中,可感知物、疑惑、对规则性知识的探照、发现、验证、实践和应用等都是交织在一起的。个体客观规则性知识的生成离不开个体的具身参与。定位技术教育目标,忽略了个人具身参与系数以及由此而生成的系列能力,简单地定位为知识目标、能力目标和素质目标,这是由于缺乏对技术知识本体构成要素以及相互关系的认识。"实践动手操作机会多"对教育效果具有很强的解释力,有力验证了技术知识内在构成要素互依互存的复杂关系。

(二)技术知识生产者而非技术知识传授者:教育主体

不论是为企业输送技术人才还是解决技术难题,高职工科技术教育主体都在承担着知识生产者角色。如果将自己设定为规则性知识的"集装箱",通过学生将"技术知识"输送到企业中去加以实践应用,这一角色定位的简单化,至少将会导致三方面消极连环影响:一是学生对学校所学"系统"知识的"知其然"而不知"其所以然"的诸多尴尬;二是企业对高职工科技术教育主体期望值的降低;三是学校在对接企业人才需求方面的被动地位。只有教育主体科学认识技术知识本体内涵,并且朝着技术知识生产者方向发展,才能在以智能制造为特征的新时代制造业市场经济体系中获得主动地位。

(三)深层嵌入而非表层双元:教育内容

依据生成的路径,开展工科技术教育必须具备以下四个方面的要素:①典型企业产品载体。对技术问题的捕捉、思考、探索与发现、验证与应用都离不开可感知技术项目作为载体。②足够的实训设备与实训场所。不论是对规则性理论的发现还是对已习得规则理论的应用都离不开问题场域或生产场景。③教育者"双元能力"的提升。在同一教育者那里既能通晓技术原理,更要具备技术实践能力,这将会成为将来我国高职工科技术教育领域师资队伍建设的核心和重中之重。④基于联结企业典型产品成果的校企双重评价体系。脱离了企业端的考核评价作为教育效果的检验终端,学院内部专家团体认定的学科标准、专业标准又会使得知识记忆的考核居于主导,而技术生成过程中的动态能力生成包括习惯、态度、合作能力等往往又被遗漏,而这些本身都是技术知识本体生成的基础和首要要素。

(四)动态生成而非单线认知与应用:教育路径

AHK实验班与胡格实验班在教育路径中的本质区分在于,前者更为注重系统理论在实践中的发现、验证与应用,也更为注重对前沿技术的跟踪;后者在注重系统能力生成的同时,更为注重学生在个体技术生成过程中具身理性内核的参与与能力生成,包括习惯、态度、表达能力、合作能力等。二者的共同本质特征在于都是基于理实交叉教学,依循发现、验证与应用的显性知识嵌入能力生成过程的路径开展专业技术教育。

第二节　讨论

当前在高等教育中讨论较为热门的话题为应用型本科院校的建设与发展问题。技术知识一方面是特殊的知识类型,一方面也具有普通知识的特征。技术知识生成的路径同样适应于普通类知识生成的路径。当我们将个体参与系数、能力域、客观知识域以及未知的客观知识域和未知的问题域放置在生成的知识范围内时,对于普通高等院校的教育路径也需要依循知识生成的路径。已有的研究成果表明,我国专业学位研究生教育往往会最终滑向学术学位研究生教育的培养路径上。实验班教师面临的知识结构的挑战,企业技术领导反思学校学科式教育带来的知识结构的缺陷从实证的层面,验证了生成的知识观之于教育效果的显性社会意义。事实上,依据生成的知识观,未来的中等教育、普通高等教育、研究生教育可能都会从以"知识应用"的路径为主转为以"知识生成"的路径为主。

参考文献

著作类：

［1］［奥］阿尔弗雷德·舒茨. 社会世界的意义构成［M］. 游淙祺译. 北京：商务印书馆，2012.

［2］［英］阿弗烈·诺夫·怀特海. 教育的目的［M］. 庄莲平，王立中译. 上海：文汇出版社，2014.

［3］［印］阿玛蒂亚·森、［美］玛莎·努斯鲍姆. 生活质量［M］. 龚群译. 北京：社会科学文献出版社，2008.

［4］［美］阿瑟·阿萨·伯格著. 通俗文化、媒介和日常生活中的叙事［M］. 姚媛译. 南京：南京大学出版社，2000.

［5］［美］爱德华·希尔斯. 论传统［M］. 傅铿，吕乐译. 上海：上海人民出版社，2014.

［6］［美］艾恺. 最后的儒家：梁漱溟与中国现代化的两难［M］. 王宗昱，冀建中译. 南京：江苏人民出版社，2011.

［7］［法］埃米尔·涂尔干. 社会分工论［M］. 渠东译. 北京：生活·读书·新知三联书店，2005.

［8］［以］艾米娅·利布里奇等著. 叙事研究：阅读、分析和诠释［M］. 王红艳译. 重庆：重庆大学出版社，2008.

［9］［法］奥古斯特·孔德. 论实证精神［M］. 黄建华译. 南京：译林出版社，2011.

［10］［波］芭芭拉·查尔尼娅维斯卡. 社会科学研究中的叙事［M］. 鞠玉翠译. 北京：北京师范大学出版社，2010.

［11］［法］巴扎尔·安凡丹·罗德里格. 圣西门学说释义［M］. 王永江，黄鸿森，李昭时译. 北京：商务印书馆，2011.

［12］［英］彼特·伯克著. 法国史学革命：年鉴学派，1929—1989［M］. 刘永华译. 北京：北京大学出版社，2006.

［13］［美］布莱恩·阿瑟. 技术的本质：技术是什么，它是如何进化的［M］. 曹东溟，王

健译. 杭州：浙江人民出版社,2014.

　　[14] 蔡德贵. 孔子与基督[M]. 北京：世界知识出版社,2008.

　　[15] [美]查尔斯·赖特·米尔斯. 权力精英[M]. 王崑,许荣译. 南京：南京大学出版社,2005.

　　[16] 陈洪捷. 中德之间——大学、学人与交流[M]. 北京：北京大学出版社,2015.

　　[17] 陈向明. 质的研究方法与社会科学研究[M]. 北京：教育科学出版社,2000.

　　[18] [法]德尼·狄德罗主编. 狄德罗的《百科全书》[M]. [美]坚吉尔,英译. 梁从诚,汉译. 广州：花城出版社,2007.

　　[19] 邓洪波. 中国书院史(增订版)[M]. 武汉：武汉大学出版社,2013.

　　[20] [英]蒂莫西·斯迈利. 哲学对话：柏拉图、休谟和维特根斯坦[M]. 张志平译. 桂林：漓江出版社,2013.

　　[21] 丁钢. 历史与现实之间：中国教育传统的理论探索[M]. 北京：教育科学出版社,2002.

　　[22] 丁钢. 声音与经验：教育叙事探究[M]. 北京：教育科学出版社,2009.

　　[23] 丁钢. 文化的传递与嬗变——中国文化与教育[M]. 上海：上海教育出版社,1990.

　　[24] 丁钢. 中国佛教教育：儒佛道教育比较研究[M]. 成都：四川教育出版社,2010.

　　[25] 丁钢,王枬. 教学与研究的叙事探究：中加合作上海工作坊[M]. 桂林：广西师范大学出版社,2010.

　　[26] [德]恩斯特·卡西尔. 论人——人类文化哲学导论[M]. 刘述先译. 桂林：广西师范大学出版社,2006.

　　[27] [德]恩斯特·卡西尔. 人文科学的逻辑：五项研究[M]. 关子尹译. 上海：上海译文出版社,2013.

　　[28] [英]Francis Bacon. The New Organon [M]. 北京：外语教学与研究出版社,2000.

　　[29] [挪威]弗雷德里克·巴特等. 人类学的四大传统——英国、德国、法国和美国的人类学[M]. 高丙中译. 北京：商务印书馆,2008.

　　[30] [英]弗里德里希·奥古斯特·冯·哈耶克. 科学的反革命——理性滥用之研究[M]. 冯克利译. 南京：译林出版社,2003.

　　[31] [美]弗洛里安·兹纳涅茨基. 知识人的社会角色[M]. 郏斌祥译. 南京：译林出版社,2012.

　　[32] [美]格奥尔格·伊格尔斯. 二十世纪的历史学：从科学的客观性到后现代的挑战[M]. 何兆武译. 沈阳：辽宁教育出版社,2003.

　　[33] 葛兆光. 思想史研究课堂讲录：视野、角度与方法[M]. 北京：生活·读书·新知三联书店,2005.

　　[34] 顾月琴. 日常生活变迁中的教育：明清时期杂字研究[M]. 北京：光明日报出版

社,2013.

[35] 关永强. 近代中国的收入分配:一个定量的研究[M]. 北京:人民出版社,2012.

[36] [德]汉斯·尤尔根·格尔茨. 歌德传[M]. 伊德,赵其昌,任立译. 北京:商务印书馆,1997.

[37] [美]赫伯特·马尔库塞. 单向度的人——发达工业社会意识形态研究[M]. 刘继译. 上海:上海译文出版社,2008.

[38] 郝舫. 伤花怒放——摇滚的被缚与抗争[M]. 南京:江苏人民出版社,2003.

[39] 贺国庆,朱文富. 外国职业教育通史(上下卷)[M]. 北京:人民教育出版社,2014.

[40] 贺晓星. 教育·文本·弱势群体[M]. 北京:中国社会科学出版社,2012.

[41] [美]霍华德·加德纳. 智能的结构[M]. 沈致隆译. 杭州:浙江人民大学出版社,2013.

[42] 黄孟复. 中国民营经济史纪事本末[M]. 北京:中华工商联合出版社,2010.

[43] [美]黄仁宇. 万历十五年[M]. 北京:中华书局. 2007.

[44] 黄书光. 中国社会教化的传统与变革[M]. 济南:山东教育出版社,2005.

[45] 黄一农. 两头蛇:明末清初的第一代天主教徒[M]. 上海:上海古籍出版社,2006.

[46] 黄瓒. 教育场域中的资源争夺、创造与博弈——浙南小镇在城镇化进程中的教育演化与办学故事[J]. 丁钢,主编. 中国教育:研究与评论[M]. 北京:教育科学出版社,2009.

[47] [美]贾可·辛提卡. 维特根斯坦[M]. 方旭东译. 北京:中华书局,2002.5(2014.8重印).

[48] 姜丽静. 历史的背影:一代女知识分子的教育记忆[M]. 北京:教育科学出版社,2012.

[49] [美]杰罗姆·布鲁纳. 故事的形成:法律、文学、生活[M]. 孙玫璐译. 北京:教育科学出版社,2006.

[50] 晋永权. 红旗照相馆:1956—1959 年中国摄影争辩[M]. 北京:金城出版社,2009.

[51] 鞠玉翠. 走近教师的生活世界——教师个人实践理论的叙事探究[M]. 上海:复旦大学出版社,2004.

[52] [英]卡尔·波普尔. 客观知识——一个进化论的研究[M]. 舒炜光,卓如飞等译. 上海:上海译文出版社,2015.

[53] [美]凯瑟琳·坎普·梅休. 杜威学校[M]. 王承绪,赵祥麟等译. 北京:教育科学出版社,2007.

[54] [加]克兰迪宁主编. 叙事探究:焦点话题与应用领域[M]. 鞠玉翠等译. 北京:北京师范大学出版社,2012.

[55] [加]克兰迪宁,康纳利.叙事探究:质的研究中的经验和故事[M].张园译.北京:北京大学出版社,2008.

[56] [美]克利福德·格尔茨.文化的解释[M].韩莉译.南京:译林出版社,2002.

[57] Keith·W.霍斯金.教育与学科规训制度的缘起——意想不到的逆转[J].[美]伊曼纽·华勒斯坦等.学科知识权力[M].刘健芝译.北京:三联书店、牛津大学出版社,1999.

[58] [美]库尔特·考夫卡.格式塔心理学[M].李维译.北京大学出版社,2010.

[59] [美]赖特·米尔斯.社会学的想象力[M].陈强,张永强译.北京:生活·读书·新知三联书店,2005.

[60] [法]勒内·笛卡尔.谈谈方法[M].王太庆译.北京:商务印书馆,2014.

[61] [美]理查德·尼斯贝特.思维的版图[M].李秀霞译.北京:中信出版社,2006.

[62] [美]理查德·桑内特.匠人[M].李继宏译.上海:上海译文出版社,2015.

[63] 李剑萍,杨旭.中国现代教育史——中国教育早期现代化研究[M].北京:人民教育出版社,2010.

[64] [法]列维·斯特劳斯.列维·斯特劳斯文集1:结构人类学(1—2)[M].张祖建译.北京:中国人民大学出版社,2006.

[65] 梁启超.中国历史研究法[M].上海:上海古籍出版社,2011.

[66] 刘海峰.科举学导论[M].武汉:华中师范大学出版社,2005.

[67] 刘海峰,史静寰.高等教育史[M].北京:高等教育出版社,2010.

[68] 流心.自我的他性——当代中国的自我系谱[M].常姝译.上海:上海人民出版社,2005.

[69] [美]刘易斯·芒福德.技术与文明[M].陈允明等译.北京:中国建筑工业出版社,2009.

[70] 路宝利.中国古代职业教育史[M].北京:经济科学出版社,2011.

[71] [奥]路德维希·约瑟夫·约翰·维特根斯坦.哲学研究[M].李步楼译.北京:商务印书馆,2015.

[72] [美]罗伯特·金·默顿.科学社会学(上下册)[M].鲁旭东,林聚任译.北京:商务印书馆,2010.

[73] 吕思勉.中国通史(上下卷)[M].成都:成都时代出版社,2014.

[74] 吕思勉.中国制度史[M].上海:上海教育出版社,1985.

[75] [德]马丁·海德格尔.存在与时间[M].陈嘉映,王庆节译.北京:商务印书馆,2015.

[76] [德]马丁·海德格尔.海德格尔自述[M].李乾坤译.南京:南京大学出版社,2015.

[77] [德]马丁·海德格尔.路标[M].孙周兴译.北京:商务印书馆,2011.

[78] [德]马丁·海德格尔.面向思的事情[M].陈小文,孙周兴译.北京:商务印书

馆,2011.

[79] [德]马克斯·舍勒. 知识社会学问题[M]. 艾彦译. 北京：北京联合出版公司,2014.

[80] [德]马克斯·韦伯. 社会科学方法论[M]. 李秋零,田薇译. 北京：中国人民大学出版社,2012.8.

[81] [德]马克斯·韦伯. 新教伦理与资本主义精神[M]. 彭强,黄晓京译. 西安：陕西师范大学出版社,2002.

[82] [德]马克斯·韦伯. 学术与政治[M]. 钱永祥等译. 桂林：广西师范大学出版社,2010.9.

[83] [德]马克斯·韦伯. 中国宗教：儒教和道教[M]. 康乐,简惠美译. 桂林：广西师范大学出版社,2010.

[84] [法]马奎斯·孔多塞. 人类思想进步纲要史[M]. 何兆武,何冰译. 北京：北京大学出版社,2013.

[85] [英]迈克尔·波兰尼. 个人知识——迈向后批判哲学[M]. 许泽民译. 贵州：贵州人民出版社,2000.

[86] [英]迈克尔·吉本斯. 新知识生产的模式——社会科学研究的动力学[M]. 陈洪捷,沈钦等译. 北京：北京大学出版社,2011.

[87] [法]莫里斯·梅洛-庞蒂. 知觉现象学[M]. 姜志辉译. 北京：商务印书馆,2012.

[88] [英]齐格蒙·鲍曼. 现代性与大屠杀[M]. 杨渝东,史建华译,南京：译林出版社,2002.

[89] 齐涛. 中国古代经济史[M]. 济南：山东大学出版社,2011.

[90] 渠敬东,王楠. 自由与教育：洛克与卢梭的教育哲学[M]. 北京：生活·读书·新知三联书店,2012.

[91] [法]让-雅克·卢梭. 爱弥儿（上下卷）[M]. 李平沤译. 北京：商务印书馆,1978.

[92] [法]让-雅克·卢梭. 忏悔录（上下卷）[M]. 李平沤译. 北京：商务印书馆,2010.

[93] [法]让-雅克·卢梭. 论科学与艺术的复兴是否有助于使风俗日趋纯朴[M]. 李平沤译. 北京：商务印书馆,2012.

[94] [法]让-雅克·卢梭. 论人与人之间不平等的起因和基础[M]. 李平沤译. 北京：商务印书馆,2012.

[95] [法]让-雅克·卢梭. 社会契约论[M]. 李平沤译. 北京：商务印书馆,2011.

[96] [美]史景迁. 王氏之死：大历史背后的小人物命运[M]. 李璧玉译. 上海：上海远东出版社,2005.

[97] 司洪昌. 嵌入村庄的学校：仁村教育的历史人类学探究[M]. 北京：教育科学出版社,2009.

[98] 孙崇文. 学生生活图景：世俗内外的教育冲突[M]. 北京：教育科学出版社,2008.

[99] 谭光鼎,王丽云.教育社会学:任务与思想[M].上海:华东师范大学出版社,2009.

[100] 涂又光.中国高等教育史论[M].武汉:华中科技大学出版社,2014.

[101] [美]托马斯·库恩.科学革命的结构[M].金吾伦,胡新和译.北京:北京大学出版社,2012.

[102] 王保星.外国教育史[M].北京:北京师范大学出版社,2013.

[103] 王笛.茶馆:成都的公共生活的微观世界(1900—1950)[M].王笛译.北京:社会科学文献出版社,2010.

[104] 王笛.街头文化:成都公共空间、下层民众与地方政治(1870—1930)[M].李德英,谢继华,邓丽译.北京:商务印书馆,2013.

[105] 王川.西方近代职业教育史稿[M].广州:广东教育出版社,2011.

[106] 汪海波.中国现代产业经济史(1949.10—2009)[M].太原:山西经济出版社,2011.

[107] 王仁湘,贾笑冰.中国史前文化[M].北京:商务印书馆,2007.

[108] [美]威廉·E.布隆代尔.《华尔街日报》是如何讲故事的[M].徐扬译.北京:华夏出版社,2006.

[109] 吴刚.知识演化与社会控制:中国教育知识史的比较社会学分析[M].北京:教育科学出版社,2002.

[110] 吴小如,吴同宾(编著).中国文史工具资料书举要[M].北京:中华书局,1982.

[111] 肖同庆.影像史记[M].广州:南方日报出版社,2005.

[112] 谢长法.中国职业教育史[M].太原:山西教育出版社,2011.

[113] [加]许美德.思想肖像:中国知名教育家的故事[M].周勇等译.北京:教育科学出版社,2008.

[114] 徐志辉,徐莹晖.陶行知论教育的功能[M].成都:四川教育出版,2011.

[115] [古希腊]亚里士多德.尼可马克伦理学[M].廖申白译注.北京:商务印书馆,2015.

[116] [古希腊]亚里士多德.形而上学[M].程诗和译.北京:台海出版社,2016.

[117] 严中平.中国近代经济史统计资料选辑[M].北京:中国社会科学出版社,2012.

[118] 叶圣陶.倪焕之[M].北京:人民文学出版社,2000.

[119] [德]伊曼努尔·康德.论教育学(附系科之争)[M].赵鹏,何兆武译.上海:上海人民出版社,2005.

[120] [德]伊曼努尔·康德.实用人类学[M].邓晓芒译.上海:上海人民出版社,2005.

[121] 郁振华.人类知识的默会维度[M].北京大学出版社,2012.

[122] [美]约翰·杜威.民主主义与教育[M].王承绪译.北京:人民教育出版

社,1990.

[123] [美]约翰·杜威.我们怎样思维·经验与教育[M].姜文闵译.北京:人民教育出版社,2008.

[124] [荷]约翰·德·穆尔.有限性的悲剧——狄尔泰的生命释义学[M].吕和应译.上海:上海三联书店,2013.

[125] [英]约翰·洛克.理解能力指导散论[M].吴棠译.北京:人民教育出版社,2005.

[126] [美]约翰·R.霍尔,玛丽·乔·尼兹.文化:社会学的视野[M].周晓虹译.北京:商务印书馆,2002.

[127] [美]约瑟夫·熊彼特.经济分析史(一、二、三卷)[M].朱泱等译.北京:商务印书馆,2015.

[128] 张法琨.古希腊教育论著选[M].北京:人民教育出版社,2007.

[129] 张竞生.卢梭教育理论之古代源头[M].莫旭强译.广州:暨南大学出版社,2012.

[130] 张平,王树华.产业结构理论与政策[M].武汉:武汉大学出版社,2009.

[131] 张素玲.文化、性别与教育:1900—1930年代的中国女大学生[M].北京:教育科学出版社,2008.

[132] 张铁志.声音与愤怒:摇滚乐可能改变世界吗?[M].桂林:广西师范大学出版社,2011.

[133] 赵德馨.中国近现代经济史(1842—1991)[M].厦门:厦门大学出版社,2013.

[134] 郑岩,汪悦进.庵上坊——口述、文字和图像[M].北京:生活·读书·新知三联书店,2008.

期刊及学位论文类文献:

[1] 芭芭拉科姆.通向博士的路径——在精英选拔与规模扩张之间[J].北京大学教育评论,2009(4).

[2] 陈洪捷.北大高等教育研究——学科发展与范式变迁[J].北京大学教育学评论,2010(10).

[3] 陈洪捷.蔡元培对德国大学理念的接受——基于译文德意志大学之特色的讨论[J].北京大学教育评论,2008(7).

[4] 陈洪捷.德国博士生教育及其发展新趋势[J].学位与研究生教育,1998(4).

[5] 陈洪捷.高等教育研究之困惑:记汪永铨先生[J].国家教育行政学院学报,2006(10).

[6] 陈洪捷.论高深知识与高等教育[J].北京大学教育评论,2006(10).

[7] 陈洪捷.什么是洪堡的大学思想[J].中国大学教学,2003(6).

[8] 陈洪捷.学术还是为职业——德国大学学习传统及其变迁[J].职业技术教育,2005(15).

［9］陈洪捷.知识生产模式的转变与博士质量的危机[J].高等教育研究,2010(1).

［10］陈洪捷.中国博士培养质量、成就、问题与对策[J].学位与研究生教育,2011(6).

［11］陈洪捷.中国古代通识教育的传统及其问题——知识的视角[J].清华大学教育研究,2014(4).

［12］陈劲,周杨.后学院时代高校知识生产模式研究[J].西安电子科技大学学报(社会科学版),2012(3).

［13］陈烨.我国高等职业教育定位问题研究[D].武汉:华中师范大学:2006.

［14］程海东,刘炜.情境:技术认知的一个必要维度[J].科学技术哲学研究,2014(3).

［15］邓正来.知识生产机器的反思与批判:迈向中国学术规范化讨论的第二阶段[J].西南政法大学学报,2004(5).

［16］丁钢.教育亟待关注的问题——注重学生个体生命的发展[J].探索与争鸣,2002(5).

［17］丁钢.教育经验的理论方式[J].教育研究,2003(2).

［18］丁钢.教育叙事的理论探究[J].高等教育研究,2008(1).

［19］丁钢.教育叙事研究的方法论[J].全球教育展望,2008(3).

［20］丁钢.教育研究的叙事转向[J].现代大学教育,2008(1).

［21］丁钢.教育与日常实践[J].教育研究,2004(2).

［22］丁钢.未来中国教师教育的特性与方向——基于全国27所高等师范院校的调查[J].新疆师范大学学报,2014(12).

［23］丁钢.叙事范式与历史感知——教育史研究的一种方法维度[J].教育研究,2009(5).

［24］丁钢.早期教育现代化的选择与失落——一个比较视角[J].高等教育研究,2004(5).

［25］窦军生.家族企业代际传承中企业家默会知识和关系网络的传承机理研究[D].杭州:浙江大学,2008.

［26］樊春良.科学知识的生产模式分析[J].科学学研究,1997(9).

［27］方明.缄默知识面面观——有关缄默知识的心理学探讨[D].南京:南京师范大学,2002.

［28］傅翠晓.知识生产研究综述[J].科技进步与对策,2009(1).

［29］郭瑞迎.教育学知识生产模式的转型与问题[J].教育理论与实践,2014(7).

［30］郭晓辉.试论技术的发生学本质[J].科学技术与辩证法,1998(6).

［31］何继江.从邦格技术定义的发展看技术哲学[J].自然辩证法研究,2012(12).

［32］胡继妹,黄祖辉.产学研合作中的地方政府行为——基于浙江省湖州市的个案研究[J].浙江学刊,2007(5):176-180.

［33］胡丽莎.知识生产的新模式与创业型大学的兴起[J].教育学术月刊,2012(3).

[34] 黄婷婷. 高职教育多元化办学机制研究[D]. 湘潭大学：2012.

[35] 姜尔林. 工程硕士研究生教育中的路径依赖与制度创新——新制度经济学的视角[J]. 中国高教研究，2011(3).

[36] 蒋文昭. 基于模式Ⅲ的大学知识生产方式变革[J]. 黑龙江高教研究，2017(4).

[37] John Ziman. 知识的生产[J]. 科学学研究，2003(1).

[38] 蒋逸民. 新的知识生产模式及其对我国高等教育改革的启示[J]. 外国教育研究，2009(6).

[39] 蒋逸民. 新的知识生产模式对大学教学和科研的影响[J]. 中国高教研究，2010(2).

[40] 雷德鹏. 论亚里士多德《形而上学》中的技术观点[J]. 科学技术与辩证法，2007(6).

[41] 李宏伟. 技术阐释的身体维度——超越工程与人文两种研究传统的技术哲学理路[J]. 自然辩证法研究，2012(7).

[42] 李习保，解峰. 我国高校知识生产和创新活动影响因素的实证研究[J]. 数量经济技术经济研究，2013(1).

[43] 李艳，丁钢. 从经验到教育实验——反刍杜威教育实验的思想遗产[J]. 教育研究与实验，2016(5).

[44] 李艳，丁钢. 高职工科技术教育路径探究——技术知识生成视域下的实证研究[J]. 高等工程教育研究，2018(1).

[45] 李志峰. 知识生产模式的现代转型与大学科学研究的模式创新[J]. 教育研究，2014(3).

[46] 刘红. 专业学位研究生课程建设——知识生产新模式的视角[J]. 高等教育研究，2011(4).

[47] 刘诗白. 论现代知识生产[J]. 福建论坛（人文社会科学版），2005(4).

[48] 刘诗白. 知识产品价值的形成与垄断价格[J]. 社会科学研究，2005(3).

[49] 刘诗白. 知识及其生产功能[N]. 人民日报，2004-4-6.

[50] 陆根书，顾丽娜，刘蕾论. 高校在知识生产中的地位与作用[J]. 西安交通大学学报(社科版)，2006(2).

[51] 罗琳，邬明建，李清泉. 产学研合作中大学的基本定位——以武汉大学为例[J]. 科技进步与对策，2008(7).

[52] 马万华. 研究型大学知识生产模式的变革与学术研究的多元发展机制[J]. 北大教育评论，2009(1).

[53] 潘懋元. 建立高等职业教育独立体系自议[J]. 教育研究，2005.

[54] 普林林. 本科院校办高等职业教育关键性问题研究[J]. 云南民族大学学报（哲社版），2006(5).

[55] 钱兆华. 科学、技术、经验——谈"李约瑟难题"[J]. 科学学研究，1999(3).

[56] 卿云晖.SA 职业学院品牌定位研究[D].成都：电子科技大学,2010.

[57] 沈国麟,李娈.高校智库建设：构建知识生产和社会实践的良性互动[J].新疆师范大学学报(哲学社会科学版),2015(4).

[58] 石仿,刘仲林.意会(隐性)知识：在当代中国的崛起与沉思[J].自然辩证法研究,2012(1).

[59] 石伟平.从国际比较的角度看我国当前高职发展中的问题[J].外国教育资料,1998.

[60] 王建安.科学作为一种知识生产制度[J].科研管理,2006(9).

[61] 王玉丰.美国大学技术转移政策驱动下的知识生产方式变革[J].高教探索,2012(4).

[62] 王志康.论科学与技术的划界问题[J].自然辩证法研究,2007(1).

[63] 王志玲.知识生产模式 II 对我国研究型大学优势学科培育的启示[J].中国高教研究,2013(3).

[64] 王志强.研究型大学知识生产与扩散方式的变革——基于国家创新系统的分析[J].全球教育展望,2014(8).

[65] 韦进.对英国高教界知识生产模式划分争论的分析[J].高等教育研究,2013(10).

[66] 吴刚.奔走在迷津中的课程改革[J].北京大学教育评论,2013(4).

[67] 吴刚.建构主义与学习科学的崛起[J].南京社会科学,2009(6).

[68] 吴刚.教育创新的目标选择[J].教育研究,1999(3).

[69] 吴刚.迈回新千年的课程变革[J].全球教育展望,2002(10).

[70] 吴刚.脑科学研究的教育意涵[J].全球教育展望,2001(5).

[71] 吴刚.上海的 PISA 测试全球第一的奥秘何在——基于中国教育文化传统的视角[J].探索与争鸣,2014(1).

[72] 吴刚.学习型社会：理念与结构[J].全球教育展望,2003(10).

[73] 吴刚等.一种新的学习隐喻：拓展性学习的研究——基于"文化-历史"活动理论视角[J].远程教育杂志,2012(3).

[74] 吴海江."科技"一词的创用及其对中国科学与技术发展的影响[J].自然辩证法研究,2006(5).

[75] 吴晓义.国外缄默知识研究述评[J].外国教育研究,2005(9).

[76] 武学超.模式：知识生产观的提出与学术争论[J].江苏高教,2010(3).

[77] 肖丁丁,朱桂龙.产学合作中的知识生产效率——基于"模式 II"的实证研究[J].科学学研究,2012(6).

[78] 徐建培.论高等学校的知识生产活动[J].清华大学教育研究,2003(6).

[79] 杨庆峰."空间性"：技术及其进步的先验基础[J].自然辩证法研究.2008(24).

[80] 杨庆峰.物质身体、文化身体与技术身体——唐·伊德的"三个身体"理论之简

析[J].上海大学学报(社会科学版),2007(1).

[81] 杨天舒.新知识生产模式视角下企业人才培养对高等教育提供的启示与借鉴[J].现代教育管理,2012(9).

[82] 易显飞.论"技术先于科学"——一种对技术与科学关系的存在论解释[J].内蒙古社会科学(汉文版),2012(6).

[83] 禹智潭等.技术:实践性的知识体系[J].科学技术与辩证法.1998(15).

[84] 张成岗.理解"技术实践"——基于科学、技术的划界[J].安徽大学学报(哲学社会科学版),2009(6).

[85] 张国昌,胡赤弟.知识生产方式变迁下的产业—教学—科研—学习连结体的组织特征[J].高等教育研究,2012(11).

[86] 张丽萍.我国高职院校定位与特色建设摭探[D].济南:山东师范大学:2009.

[87] 张乾友.个人知识、专业知识与社会知识——知识生产的历史叙事[J].自然辩证法通讯,2017(1).

[88] 张少辉.山东高职教育发展的调查分析与评价研究[D].天津:天津大学:2010.

[89] 张延.知识生产函数、规模报酬和经济增长模式——RD模型对中国的实证检验[J].当代财经,2010(3).

[90] 赵伟,姜照华,刘则渊.OECD国家知识增长动力模型与科技知识生产量测算[J].科技管理研究,2006(1).

[91] 周丽昀.唐·伊德的身体理论探析:涉身、知觉与行动[J].科学技术哲学研究,2010(5).

[92] 周建松.高职教育人才培养目标的历史演变与省略——兼论培养高适应性职业化专业人才[J].中国高教研究,2013(2).

[93] 周倩.分散性知识生产:高等学校在变革中调适[J].现代教育管理,2010(12).

[94] 朱冰莹.大学知识生产动力源解读——对美国研究型大学科研崛起的分析[J].高教探索,2013(6).

[95] 朱冰莹,董维春.大学知识生产"动力源"解读——对美国研究型大学科研崛起的分析[J].高教探索,2013(6).

[96] 卓泽林.大学知识生产范式的转向[J].教育学报,2016(2).

[97] Anders Lundgren. The Transfer of Chemical Knowledge: The Case of Chemical Technology and Its Textbooks [J]. *Science & Education*, 2006(15): 761 - 778.

[98] Blanca Borro-Escribano, Angel Del Blanco, Javier Torrente, Itziar Martínez Alpuente, Baltasar Fernández-Manjon. Developing Game-like Simulations to Formalize Tacit Procedural Knowledge: The ONT Experience [J]. *Education Technology Research and Developent*, 2014(62): 227 - 243.

[99] Joacim Andersson, Leif Östman. A Transactional Way of Analysing the Learning of "Tacit Knowledge" [J]. *Interchange*, 2015(46): 271 - 287.

［100］ Jocelyn L. N. Wong. How Do Teachers Learn Through Engaging in School-Based Teacher Learning Activities? Applying a Knowledge Conversion Perspective [J]. *Asia-Pacific Education Researcher*，2015(1)：45 – 55.

［101］ John Stevenson. Technical and Further Education Reforms：Theoretical Issues[J]. *The Australian Educational Researcher*，2007(34)：3.

［102］ Kjeld Schmidt. The Trouble with "Tacit Knowledge" [J]. *Computer Supported Cooperative Work*，2012(21)：163 – 225.

［103］ Larry Stapleton，David Smith，Fiona Murphy. Systems Engineering Methodologies，Tacit Knowledge and Communities of Practice [J]. *AI & Society*，2005(19)：159 – 180.

［104］ Michael Barber. Philosophy and Reflection：A Critique of Frank Welz's Sociological and "Processual" Criticism of Husserl and Schutz [J]. *Human Studies*，2006.

［105］ Muhammad Ali Khalidi. How Scientific Is Scientific Essentialism? [J]. *Journal for General Philosophy of Science*，2009 (1)：85 – 101.

［106］ Nina Kilbrink，Veronica Bjurulf. Transfer of Knowledge in Technical Vocational Education：A Narrative Study in Swedish Upper Secondary School [J]. *Intenational Journal of Technology and Design Eduction*，2013(23)：519 – 535.

［107］ Paul Ernest. Forms of Knowledge in Mathematics and Mathematics Education：Philosophical and Rhetorical Perspectives [J]. *Educational Studies in Mathematics*，1999(38)：67 – 83.

［108］ Pinar Demiray，Ahmet Tasdere. The Examination of Science and Technology Questions in Level Determining Exam (SBS) in Terms of Some of the Variables [J]. *Procedia-Social and Behavioral Sciences*，2012，46：1147 – 1151.

［109］ Rodrigo Ribeiro. Tacit Knowledge Management [J]. *Phenomenology & the Cognitive Sciences*，2013(12)：337 – 366.

［110］ Rory J. Glass. Tacit Beginnings Towards a Model of Scientific Thinking [J]. *Science & Education*，2013(22)：2709 – 2725.

［111］ Samia Satti Osman Mohamed Nour. The Importance (Impacts) of Knowledge at The Macro-Micro Levels in the Arab Gulf Countries [J]. *Joural of the Knowledge Economy*，(2014)5：521 – 537.

［112］ Semra Demir. The Effect of Storyline Method on Students' Achievements in 5th Grade of Science and Technology Courses [J]. *Procedia-Social and Behavioral Sciences*，2012，46：5026 – 5029.

［113］ Shiying Zhang. The Double Meanings of "Essence"：The Natural and Humane Sciences—A Tentative Linkage of Hegel，Dilthey，and Husserl [J]. *Frontiers of Philosophy in China*，2009（1）：143-155.

[114] Stephen G. Henry Y. Recognizing Tacit Knowledge in Medical Epistemology [J]. *Theoretical Medicine and Bioethics*，2006(27)：187-213.

[115] Suvi Tala. Knowledge Building Expertise：Nanomodellers' Education as An Example [J]. *Science & Education*，2013(22)：1323-1346.

[116] Tim Thornton. Tacit Knowledge as the Unifying Factor in Evidence Based Medicine and Clinical Judgement [J]. *Philosophy，Ethics，and Humanities in Medicine*，2006(1)：2.

Afterword

后 记

　　本书是基于我在华东师范大学读博士时的论文所撰写。该书能够付梓出版，是老师们悉心指导、单位同事们鼎力相助、朋友和家人们默默支持和辛苦付出的共同成果。

　　首先，感谢我的导师丁钢教授。丁老师精益求精的治学态度、诲人不倦的教学精神深深地影响着我，一直激励着我要在治学之道上勤奋浇灌，以恒心与毅力坚守。导师的谆谆教导铭记在心，终生难忘。

　　感谢在学期间所有指导过我的老师，他们是吴刚教授、周勇教授、杨小微教授、黄书光教授和杨向东教授。感谢毛毅静老师、汪亚琼老师，师妹胡乐野、王独慎、张传月、樊洁等在我论文写作过程中给予了很多帮助。

　　感谢我的单位和同事。该书的实证资料是完全建立在对学校发展史料收集、对学校师生及合作企业进行大量访谈和问卷调查的基础上完成的。校领导和部门领导的大力支持，让我能够有充足的时间集中精力读书。部门同事，还有很多的专业课教师、班主任、学生、毕业生和合作企业领导，正是因为他们对我的资料收集工作给予大量的支持和无私帮助，研究才得以展开和深入。特别感谢曹根基书记、沈琳校长、朱平副书记、王志平纪委书记、许朝山副校长、马宇副校长、黄宝玲副校长、段来根处长、王继水处长、陆建军院长、陈其中处长、吴荣处长、柴建国主任、姚宏院长、蔡敏燕老师、马雪峰老师、张维老师、黄新栋老师、于华艳老师、李道军老师、徐洁老师、崔柏伟老师、陈学斌老师、莫莉萍老师、战崇玉老师、任春玲老师、陈基伟老师、马仕麟老师、马剑老师、沙胜南老师、李丹屏老师、辛岚老师、顾兴华老师、张秋玲老师、邓玉真老师、鲁武霞老师和李双老师。在此对所有关心、支持和帮助我的同事们表达诚挚的感恩。

　　最后感谢家人在我读书期间对我的理解、支持与默默的付出。从女儿幼儿园中班起我便开始了读书生活。我的父母、先生，他们不辞辛苦地照顾我年幼的宝贝,对我的学习给予大力的支持,才可以让我安心读书、外出调研、全身心地投入到论文写作中。可爱的女儿给我的读书生活带来了更多幸福的元素。

本书获得了"联校教育社科医学研究论文奖计划"一等奖资助。在此,对该"论文奖计划"提供无偿资助的香港圆玄学院和汤伟奇博士、"联校论文奖计划"发起人之一的杜祖贻教授表示衷心的感谢!

2020 年 6 月

索　引